Datenschutz bei unternehmensint
Whistleblowing-Systemen

Verena Karen Steigert

Datenschutz bei unternehmensinternen Whistleblowing-Systemen

PL ACADEMIC RESEARCH

Bibliografische Information der Deutschen Nationalbibliothek
Die Deutsche Nationalbibliothek verzeichnet diese Publikation in der Deutschen Nationalbibliografie; detaillierte bibliografische Daten sind im Internet über http://dnb.d-nb.de abrufbar.

Zugl.: Münster (Westfalen), Univ., Diss., 2012

D 6
ISSN 0531-7312
ISBN 978-3-631-64100-2

PL Academic Research ist ein Imprint der Peter Lang GmbH.
Peter Lang – Frankfurt am Main · Berlin · Bruxelles · New York · Oxford · Warszawa · Wien

www.peterlang.de

Vorwort

Die vorliegende Arbeit wurde im Wintersemester 2012/2013 von der juristischen Fakultät der Westfälischen Wilhelms-Universität Münster als Dissertation angenommen.

Bedanken möchte ich mich zunächst bei meinem Doktorvater, Herrn Prof. Dr. Thomas Hoeren, für die Betreuung der Dissertation und für die interessante und schöne Zeit am Institut für Informations- Telekommunikations- und Medienrecht.

Herrn Prof. Dr. Rainer Böhme danke ich für die zügige Erstellung des Zweitgutachtens.

Des Weiteren bedanke ich mich ganz herzlich bei Frau Dr. Patricia Maria Rogosch, Herrn Dr. Sebastian Neurauter sowie Herrn Ingo Plett für die schnelle und gewissenhafte Durchsicht des Manuskripts und für ihre wertvollen Anregungen.

Ein besonderer Dank gilt an dieser Stelle meinen Eltern, Elke und Dietmar Steigert, und meiner Großmutter Irene für ihre Unterstützung und ihren fortwährenden Zuspruch während der Erstellung dieser Arbeit.

Hamburg, im Januar 2013 — Verena Karen Steigert

Inhaltsverzeichnis

Abkürzungsverzeichnis

BaFin	Bundesanstalt für Finanzdienstleistungsaufsicht
BDSG-E	Entwurf eines Gesetzes zur Regelung des Beschäftigtendatenschutzes
BKMS	Business Keeper Monitoring System
BORA	Berufsordnung für Rechtsanwälte
CNIL	Commission Nationale de l`Informatique et des Libertés
PCAOB	Public Company Accounting Oversight Board
PIDA	Public Interest Disclosure Act 1998 (Groß Britannien)
Rdnr.	Randnummer
SEC	Securities and Exchange Commission
Sec.	Section
SOX	Sarbanes-Oxley Act
WP	Working Paper

Im Übrigen wird verwiesen auf: *Kirchner/Pannier*, Abkürzungsverzeichnis der Rechtssprache, 6. Auflage, Berlin 2008.

Teil 1: Einleitung

§ 1 Gesellschaftliche Bedeutung des Whistleblowings, Problemaufriss

Anonyme Hinweisgeberverfahren, sogenannte Whistleblowing-Systeme, werden zunehmend zum Gegenstand unserer gesellschaftlichen Realität. Auch zahlreiche deutsche Unternehmen, darunter die Siemens AG, die Thyssen Krupp AG, die Bayer AG, die Daimler AG und die BASF AG[1], führten in den letzten Jahren – zumeist im Rahmen umfassenderer Ethikrichtlinien – Verfahren zur Meldung von Verhaltensverstößen ein. Entsprechende Telefonhotlines (Whistleblower-Hotlines) werden dabei oftmals bei großen Wirtschaftsrechtskanzleien eingerichtet; so etwa von der Bayer AG und der BASF AG. Im angloamerikanischen Rechtsraum sind derartige Maßnahmen schon länger keine Seltenheit mehr. Zwar tauchte der Begriff des „Whistleblowing" in der amerikanischen Rechtssprache erst in den 60er und 70er Jahren auf.[2] Erste Regelungen zur Förderung der Mithilfe Privater bei der Bekämpfung illegaler Praktiken erließ die US-Regierung jedoch bereits im Jahre 1863 mit dem „False Claims Act"[3].[4] Es folgte eine Vielzahl an gesetzlichen und verwaltungsrechtlichen Regelungen, die das Whistleblowing zum Gegenstand haben.[5] Aus diesem Grund verwundert es nicht, dass letztlich auch ein amerikanisches Gesetz – der Sarbanes-Oxley Act of 2002 (im weiteren Verlauf kurz SOX) – Auslöser der wachsenden Beschäftigung deutscher Unternehmen mit dem Thema „Whistleblowing" ist. Der SOX schreibt für an der US-Börse notierte Unternehmen zwingend die Implementierung anonymer Meldeverfahren in den Bereichen Buchhaltung, Rechnungsprüfung, Buchprüfung sowie im Kampf gegen Bestechung, Bank- und Finanzkriminalität vor. Aufgrund einer tatsächlichen oder vermeintlichen Verpflichtung durch die

---

1 Diese und weitere Beispiele finden sich im Rahmen einer empirischen Untersuchung zur Effektivität von Whistleblowing-Systemen in den DAX-30-Unternehmen bei *Pittroff*, Whistle-Blowing-Systeme, S. 132f.

2 *Deiseroth*, Berufsethische Verantwortung, S. 234; *Graser*, Whistleblowing, S. 14.

3 31 U.S.C. §§ 3729-3732, insbesondere § 3730 (h).

4 *Westman*, Whistleblowing, S. 3; *Nezmeskal-Berggötz*, CCZ 2009, 209, 212; *Schürrle/Fleck*, CCZ 2011, 218.

5 *Schürrle/Fleck*, CCZ 2011, 218; näher hierzu Teil 4 § 1 A II.

Vorgaben des SOX oder im Zuge selbstauferlegter Compliance-Programme zur Steigerung der Unternehmensintegrität führen auch europäische Unternehmen vermehrt Whistleblowing-Systeme ein.

Gerade in Deutschland stand und steht man dieser Entwicklung – nicht zuletzt aufgrund der historischen Erfahrungen, die während des Nationalsozialismus und in der ehemaligen DDR mit einem staatlich gesteuerten Hinweisgebertum gemacht wurden – jedoch skeptisch gegenüber.[6] Der Whistleblower gilt hierzulande als Denunziant[7] und wird oftmals mit Verrätern und Spitzeln verglichen[8]. Um dieses generelle Unwohlsein in Bezug auf das Whistleblowing zu erklären, ist ein kurzer Blick auf historische Formen von Hinweisgebersystemen angezeigt. Denn Personen, die tatsächliche oder nur vermeintliche Missstände bei den für zuständig erachteten Stellen anzeigten, gab und gibt es seit jeher.

Als früheste Form des Denunziantentums kann die *denunciatio canonica* bezeichnet werden. Bei ihr handelt es sich um ein innerkirchliches Verfahren, das zur moralischen Disziplinierung des Klerus eingesetzt wurde.[9] Die *denunciatio canonica* geht zurück auf Matthäus 18, 15.[10] Hier heißt es:

> *„Sündigt aber dein Bruder an dir, so gehe hin und strafe ihn zwischen dir und ihm allein. Hört er dich, so hast du deinen Bruder gewonnen. Hört er dich nicht, so nimm noch einen oder zwei zu dir, auf daß alle Sache bestehe auf zweier oder dreier Zeugen Mund. Hört er die nicht, so sage es der Gemeinde. Hört er die Gemeinde nicht, so halt ihn als einen Zöllner oder Heiden.“*[11]

Die Hinweise bei Matthäus sind eher praktischer Natur und richten sich direkt an den „Denunzianten“. Erfährt dieser von Verfehlungen eines anderen, so soll er sich zunächst an den Missetäter selbst wenden und diesen zur Besserung auffordern. Erst wenn dies keinen Erfolg hat, sollen Dritte einbezogen werden, das heißt der Anzeige geht nach Matthäus stets ein interner Klärungsversuch voraus.

Als eine weitere sehr frühe Form eines Whistleblowing-Verfahrens kann auch das Briefkastensystem bezeichnet werden, das im Venedig des 14. Jahrhunderts insbesondere zur Verfolgung der Sodomiter eingesetzt wurde. Unter Angabe ih-

---

6 *Berthold,* Whistleblowing in der Rechtsprechung des BAG, S. 3; Dölling/*Maschmann*, Handbuch Korruptionsprävention, 3. Kapitel, Rdnr. 129; *Altenburg*, Bucerius Law Journal, 1/2008, 3, 4; *Fleischer*, ZGR 2011, 155, 177; *Mahnhold*, NZA 2008, 737; *Reufels/Deviard*, CCZ 2009, 201, 204; *Tinnefeld/Rauhofer*, DuD 2008, 717, 721f.; *Wisskirchen/Körber/Bissels*, BB 2006, 1567 1570.

7 *Hümmerich/Reufels*, Gestaltung von Arbeitsverträgen, § 1 Rdnr. 275; *Wiehen*, Handbuch Wertemanagement, S. 228; *Deinert*, AuR 2008, 90, 91; *Hjort*, AiB 2010, 262; *Niehus*, DB 2004, Heft 23 v. 4.6.2004, S. 1; *Reiter*, RIW 2005, 168, 172.

8 *Berndt/Hoppler*, BB 2005, 2623.

9 *Jerouschek/Marßolek/Röckelein*, Denunziation, S. 15.

10 *Jerouschek/Marßolek/Röckelein*, Denunziation, S. 15; *Sauerland*, Dreissig Silberlinge, S. 245.

11 Das Evangelium nach Matthäus, Kapitel 18, Vers 15.

res Namens, später auch anonym[12], konnten die Venezianer Fälle der sogenannten „widernatürlichen Sünde“ zur Anzeige bringen. Der Entgegennahme dieser Anzeigen dienten dabei der venezianischen Legende nach vor allem die *bocca di leone* („Löwenmäuler“), verzierte Briefkastenschlitze im Dogenpalast.[13] In Florenz wurden zu demselben Zweck kleine Kästen, die sogenannten *tamburi*, an den wichtigsten Pfarrkirchen der Stadt angebracht.[14]

Auch im Rahmen der frühneuzeitlichen Hexenprozesse spielten Hinweise durch Dritte eine entscheidende Rolle. Die sogenannte Besagung vermeintlicher Komplizinnen wurde zusammen mit der *infamia* – dem Gerücht – von den Gerichten als bedeutendstes Indiz für die Eröffnung eines weiteren Hexenprozesses gegen die Besagte eingestuft.[15]

Besondere Bedeutung erlangten (anonyme) Anzeigen nonkonformen Verhaltens jedoch unter der Herrschaft der Nationalsozialisten und in der ehemaligen DDR. Mal mehr wie in der DDR – man denke hier an das System der inoffiziellen Mitarbeiter, das zeitweise bis zu 180.000 Personen umfasste[16] – mal weniger wie im Dritten Reich staatlich gefördert und organisiert, wurden hier Denunziationen zu einem wirksamen Mittel politischer Herrschaft. Angezeigt wurden sämtliche Verhaltensweisen, die der nationalsozialistischen beziehungsweise sozialistischen Ideologie widersprachen. Dabei standen hinter den äußerlich politisch motivierten Anzeigen oft private Gründe wie gesellschaftliche Ressentiments, sozialer Neid, Hass, Rache und Missgunst[17] oder schlicht die Furcht vor persönlichen Nachteilen.[18]

Vor dem Hintergrund dieser Erfahrungen hilft auch der seit 1999 alle zwei Jahre von der Vereinigung Deutscher Wissenschaftler (VDW), der deutschen Sektion der International Association of Lawyers Against Nuclear Arms (IALANA) und der Ethikschutz-Inititative des International Network for Engineers and Scientists for Social Responsibility (INESPE) für kritische Mitarbeiter, die Misstände in ihrem Betrieb aufdecken, vergebene Whistleblower-Preis nur in geringem Maße, das Image des Whistleblowers in der Gesellschaft zu bessern.

Die Bedeutung des Whistleblowings scheint in der gesellschaftlichen Wahrnehmung unterschätzt. Dabei können Hinweise aus den eigenen Reihen – unter

---

12 *Hergemöller*, Denunziation, S. 68.

13 *Hergemöller*, Denunziation, S. 68, Fn. 9.

14 *Hergemöller*, Denunziation, S. 68.

15 *Humborg*, Hexenprozesse in der Stadt Münster, S. 75, 78; *Schormann*, Hexenprozesse in Deutschland, S. 49; *Zwetsloot*, Hexenprozesse, S. 234, 243f.

16 *Saulerand*, Dreissig Silberlinge, S. 111f.; *Vollnhals*, Denunziation, S. 259.

17 Für die Zeit des Nationalsozialismus: *Diewald-Kerkmann*, Denunziation, S. 150f.; *Sauerland*, Dreissig Silberlinge, S. 54.

18 Für die Zeit der DDR: *Sauerland*, Dreissig Silberlinge, S. 136f.

entsprechenden rechtlichen Rahmenbedingungen – durchaus positive Effekte haben: im Zusammenhang mit der Bekämpfung von Korruptionsdelikten, da diese sogenannten „opferlosen Heimlichkeitsdelikte“ sonst oft unentdeckt blieben[19]; im öffentlichen Dienst, um die Glaubwürdigkeit der Amtswalter zu stärken; im Gesundheitswesen sowie im Umweltsektor aufgrund des Wissensvorsprungs der eingeweihten Fachkreise[20]. Kurz, überall dort, wo Missstände für Außenstehende nur schwer erkennbar sind.

Die zur rechtlichen Problematik des Whistleblowings ergangene Rechtsprechung sowie die einschlägige Literatur beschränkten sich bisher vor allem auf die Lösung arbeitsrechtlicher Fragestellungen, wie etwa die der Mitbestimmungspflichtigkeit der Einrichtung anonymer Telefonhotlines[21] oder der Beurteilung der Rechtmäßigkeit der außerordentlichen Kündigung eines Whistleblowers[22].[23] Gerade die Beschränkung auf diese Einzelaspekte zeigt jedoch, dass die deutsche wie auch die europäische Rechtsprechung dem Whistleblowing jedenfalls nicht grundsätzlich ablehnend gegenübersteht. Dies ist zu begrüßen. Whistleblowing-Systeme dienen sowohl den sie einführenden Unternehmen bei einer effektiven Durchsetzung ihrer Corporate Governance-Policy als auch den einzelnen Beschäftigten. Letzteren wird durch das organisierte Whistleblowing eine Möglichkeit an die Hand gegeben, ihre Bedenken über beobachtete Missstände zu artikulieren.

Doch neben dem Arbeitsrecht setzt insbesondere das deutsche Datenschutzrecht dem Whistleblowing Grenzen. Das BDSG wird gerade aus Sicht der Praxis oftmals als Hindernis für die Einführung von Whistleblowing-Systemen empfunden.[24]

Die Einrichtung eines jeden Whistleblowing-Systems birgt die Gefahr schwerwiegender Eingriffe in das allgemeine Persönlichkeitsrecht beziehungs-

---

19 *Bannenberg*, Korruption in Deutschland, S. 377, 382; Dölling/*Maschmann*, Handbuch Korruptionsprävention, 3. Kapitel Rdnr. 125, 127; *Altenburg*, Bucerius Law Journal, 1/2008, 3; *Bussmann/Nestler/Salvenmoser*, Wirtschaftskriminalität 2011, S. 27ff., 70; *Gänßle*, Kritische Justiz 2007, 265f.; *Hofmann*, ZCG 2006, 121; *Koch*, ZIS 2008, 500, 501; *Wybitul*, ZD 2011, 118.

20 *Deiseroth*, ZRP 2007, 25ff. zur Bedeutung des Whistleblowings im Pflegebereich; *Deiseroth/Derleder*, ZRP 2008, 248; *Király*, ZRP 2011, 146.

21 *BAG*, Beschluss v. 22.7.2008, Az. 1 ABR 40/07 = NJW 2008, 3731ff. (Honeywell); *LAG Düsseldorf*, Beschluss v. 14.11.2005, Az. 10 TaBV 46/05 = NZA-RR 2006, 81; *ArbG Wuppertal*, Beschluss v. 15.6.2005, Az. 5 BV 20/05 = NZA-RR 2005, 476 (Wal-Mart).

22 Siehe hierzu die Rechtsprechungsübersicht bei *Müller*, NZA 2002, 424, 432; auf europäischer Ebene *EGMR*, NJW 2011, 3501 (Heinisch/Deutschland).

23 Einen Überblick sowie eine Analyse der Rechtsprechung zum Whistleblowing gibt die Arbeit von *Berthold*, Whistleblowing in der Rechtsprechung des BAG.

24 *Fahrig*, Verhaltenskodex und Whistleblowing, S. 101; *Menzies*, Sarbanes-Oxley und Corporate Compliance, S. 405.

weise in die informationelle Selbstbestimmung des durch einen Hinweis Belasteten sowie – je nach Ausgestaltung – auch des Whistleblowers selbst.[25] Denn im Rahmen von Whistleblowing-Systemen werden personenbezogene Daten an verschiedenen Stellen erhoben, verarbeitet und genutzt (nachfolgend wird für die Trias „Erhebung, Verarbeitung und Nutzung von Daten“ in der Regel einheitlich der Begriff der Datenverarbeitung verwendet). Als in datenschutzrechtlicher Hinsicht besonders problematisch erweisen sich dabei Whistleblowing-Systeme, die dem Hinweisgeber die Wahrung seiner Anonymität gestatten. Hier gipfelt die datenschutzrechtliche Problematik in dem nur schwer auflösbaren Konflikt des anonymen Whistleblowings mit dem sowohl im BDSG als auch im IFG verankerten Recht des Betroffen auf Auskunft.

Die datenschutzrechtliche Zulässigkeit des Whistleblowings wurde bislang nicht in ausreichendem Maße wissenschaftlich untersucht. Rechtliche Ausführungen zu diesem Problemkreis beschränken sich oftmals auf die Feststellung, dass die datenschutzrechtliche Problematik in diesem Zusammenhang „noch nicht abschließend geklärt“ sei.[26] Für Unklarheiten sorgt insbesondere die Frage, ob die vom SOX geforderte anonyme Ausgestaltung von Whistleblowing-Systemen mit dem deutschen Datenschutzrecht in Einklang zu bringen ist.[27] Es ist daher Aufgabe dieser Arbeit aufzuzeigen, in welchem Umfang und unter welchen Voraussetzungen die Implementierung von Hinweisgebersystemen in deutschen Unternehmen datenschutzrechtlich zulässig ist.

§ 2 Begriffsbestimmung und Formen des Whistleblowings

Zu Beginn der Darstellung sollen im Folgenden zunächst kurz Begriff und Formen des Whistleblowings erläutert und für den weiteren Verlauf der Untersuchung definiert werden.

A. Begriff

Der Begriff des Whistleblowings stammt aus der angelsächsischen Rechtssprache. Abgeleitet wird er aus dem englischen „to blow a whistle“ (zu Deutsch „die

---

25 *Mahnhold*, NZA 2008, 737.

26 *Zander*, Ethik- und Verhaltensrichtlinien im Betrieb, S. 128; *Behrendt/Kaufmann*, CR 2006, 642, 648 sprechen insoweit von „Grauzonen“; *Müller-Bonanni/Schell*, ArbRB 2006, 299, 302; *Wisskirchen/Körber/Bissels*, BB 2006, 1567.

27 *Müller-Bonanni/Schell*, ArbRB 2006, 299, 302.

Pfeife blasen"). Er weist hier zunächst neutral auf Informationen für die demokratische Öffentlichkeit hin, durch welche Missstände und Gefahren, insbesondere durch illegales Handeln, aufgedeckt werden sollen.[28] Der Ursprung des Begriffs ist unklar. Ein amerikanisches Gericht – der Supreme Court of South Dakota – führt ihn auf die englischen Bobbies zurück, die bei Gewahrwerden einer Straftat zum Alarm ihre Trillerpfeife bliesen.[29] Andere beziehen ihn auf das Abpfeifen eines Spiels durch den Schiedsrichter.[30] Nach einer weiteren Herleitung soll der Begriff aus der Zeit des amerikanischen Eisenbahnbaus im 19. Jahrhundert stammen. Der „Whistleblower" soll hier Bahnarbeiter vor herannahenden Zügen gewarnt haben.[31]

In der deutschen Rechtssprache gibt es keinen speziellen Terminus für das Phänomen der Arbeitnehmeranzeige.[32] Auch eine Übersetzung des englischen Begriffs „Whistleblowing" bereitet Probleme. So scheitert jeder Versuch einer wörtlichen Übersetzung nahezu zwangsläufig an der negativen Konnotation der entsprechenden deutschen Begrifflichkeit. Insbesondere der häufig anzutreffenden Übersetzung mit „Verpfeifen"[33] haftet ein negativer Beiklang an, der dem Begriff und der gesellschaftlichen Bedeutung des Whistleblowings nicht gerecht wird. Aus diesem Grund soll auch im Folgenden an der englischsprachigen Bezeichnung festgehalten werden. Ohnehin beginnt sich der Begriff des Whistleblowings in der deutschen Rechtssprache zu etablieren.[34]

B. Formen

Nach einer umfassenden Definition versteht man unter Whistleblowing „kritische Äußerungen, Beschwerden oder Anzeigen von abhängig Beschäftigten über Missstände oder Fehlverhalten in ihrem Unternehmen beziehungsweise ihrer

---

28 *Breinlinger/Krader*, RDV 2006, 60.

29 Dahl v. Combined Ins. Co., 621 N.W.2d 163, 167 n.4 (S.D. 2001), abrufbar unter: http://caselaw.findlaw.com/sd-supreme-court/1185162.html; *Reiter*, RIW 2005, 168, 169.

30 *Graser*, Whistleblowing, S. 5; *Jubb*, 21 Journal of Business Ethics, 77 (1999); *Miceli/Near*, Blowing the Whistle, S. 15.

31 *Salvenmoser/Kruse*, Die Bank 2/2007, 75.

32 *Müller*, NZA 2002, 424, 426.

33 Diese Übersetzung findet sich unter anderem bei *Mengel*, Compliance und Arbeitsrecht, S. 66; *Lösler*, WM 2007, 676, 678; *Schmitt*, Whistleblowing, S. 1; *Schuster/Darsow*, NZA 2005, 273, 276.

34 Vgl. *Sänger*, Whistleblowing, S. 24.

Behörde gegenüber staatlichen Stellen, der Presse oder sonstigen Dritten".[35] Gerade in der US-amerikanischen Literatur finden sich zahlreiche Ansätze zur näheren Definition des Phänomens des Whistleblowings. Diese reichen von weiten, organisationstechnischen Begriffsbestimmungen („*Whistleblowing is the disclosure by organization members (former or current) of illegal, immoral or illegitimate practices under the control of their employers, to persons or organizations that may able to effect action*")[36] bis hin zu engeren, mehr ethisch geprägten Definitionsversuchen („*Whistleblowing is a deliberate non-obligatory act of disclosure, which gets onto public record and is made by a person who has or had privileged access to data or information of an organisation, about non-trivial illegality or other wrongdoing whether actual, suspected or anticipated which implicates and is under the control of that organisation, to an external entity having potential to rectify the wrongdoing.*")[37].

Einigkeit besteht insofern, als dass sich bei den konkreten Formen des Whistleblowings in vielfacher Hinsicht differenzieren lässt: nach dem Adressaten der Beschwerde oder Anzeige, hier spricht man von internem beziehungsweise externem Whistleblowing, nach der Bekanntheit des Absenders – anonymes, vertrauliches oder offenes Whistleblowing – sowie nach dem Veranlasser des Whistleblowings.

I. Differenzierung nach dem Adressaten

Von internem Whistleblowing wird gesprochen, wenn sich der Whistleblower mit seinem Vorbringen an eine betriebsinterne Stelle wendet. Bei dieser kann es sich um den direkten Vorgesetzten, ein Mitglied aus der Geschäftsleitung oder den Arbeitgeber des Hinweisgebers selbst handeln. Auch Kollegen können Adressaten des internen Whistleblowings sein.[38] Das im vorliegenden Kontext besonders interessierende Whistleblowing über ein eigens zu diesem Zweck eingerichtetes technisches System (Telefon-Hotline, Internet-Formular) oder gegenüber einer hierfür bestellten Person (Ombudsmann) zählt zudem zu den Erscheinungsformen internen Whistleblowings. Ein Überspringen von Hierarchieebenen

35 *Graser*, Whistleblowing, S. 4; *Schmitt*, Whistleblowing, S. 1; *Döse*, AuR 2009, 189, 190; *Herbert/Oberrath*, NZA 2005, 193, 194; *Müller*, NZA 2002, 424, 426; *Sauer*, DÖD 2005, 121; *Schulz*, BB 2011, 629, 630.

36 *Miceli/Near*, Blowing the Whistle, S. 15.

37 *Jubb*, 21 Journal of Business Ethics, 77, 83 (1999).

38 *Schulz*, BB 2011, 629, 630.

ist dagegen trotz anderslautender Stimmen[39] keine zwingende Voraussetzung für internes Whistleblowing[40].

Als mögliche Adressaten externen Whistleblowings können dagegen außerhalb der betroffenen Stelle stehende staatliche Behörden (etwa Aufsichtsbehörden), die Staatsanwaltschaft und insbesondere die Presse beziehungsweise Medien im Allgemeinen identifiziert werden.[41]

II. Differenzierung nach der Bekanntheit des Absenders

Im Hinblick auf die Offenlegung der Identität des Whistleblowers kann zwischen offenem, vertraulichem und anonymem Whistleblowing differenziert werden. Offenes Whistleblowing liegt vor, wenn das Whistleblowing-System keinerlei Vorkehrungen zum Schutz der Identität des Whistleblowers trifft. Formen des vertraulichen Whistleblowings gewährleisten demgegenüber zwar nicht die Anonymität des Anzeigenerstatters, sichern diesem jedoch die vertrauliche Behandlung seiner Beschwerde zu. Ermöglicht ein Whistleblowing-System dagegen die Entgegennahme anonymer Anzeigen, so kann der Anzeigenerstatter seine Identität vollständig gegenüber dem Adressaten sowie dem Betroffenen des Whistleblowings geheim halten. In Bezug auf die Person des Whistleblowers fallen dann zwar keine personenbezogenen Daten an. In datenschutzrechtlicher Hinsicht sind anonyme Whistleblowing-Systeme dennoch besonders problematisch, da sie de facto zu einem Leerlauf des Rechts des Betroffenen – als dem über das Whistleblowing-System Angezeigtem – auf Auskunft führen. Auf diese Problematik wird im Rahmen dieser Arbeit an späterer Stelle noch ausführlich zurückzukommen sein.[42]

III. Differenzierung nach dem Veranlasser des Whistleblowings, Reichweite

Whistleblowing kann sowohl auf der Selbstinitiative des Whistleblowers beruhen als auch durch das Unternehmen veranlasst sein. Beruht die Einführung eines Systems zur Meldung von Missständen auf der unternehmerischen Entscheidung des Arbeitgebers, so ist weiter zwischen deklaratorischen und konstitutiven Whistleblower-Klauseln zu differenzieren.[43] Deklaratorische Whistleblower-

39 *Weber-Rey*, AG 2006, 406, 407; wohl auch *Peter/Rhode-Liebenau*, AiB 2004, 615.

40 *Schulz*, BB 2011, 629, 630.

41 *Herbert/Oberrath*, NZA 2005, 193, 194; *Kort*, FS Kreutz, 247, 248.

42 Siehe Teil 5.

43 Diese Unterscheidung findet sich erstmals bei *Fahrig*, Verhaltenskodex und Whistleblowing, S. 87ff.

Klauseln geben lediglich aufgrund gesetzlicher Bestimmungen bestehende oder sich aus arbeitsvertraglichen Nebenpflichten gemäß § 241 Abs. 2 BGB ergebende Meldepflichten wieder, konstitutive Whistleblower-Klauseln erlegen den Arbeitnehmern darüber hinaus gehende Verpflichtungen zur Anzeige von Verhaltensverstößen auf.[44] Aus arbeitsrechtlicher Perspektive bestehen in Bezug auf deklaratorische Whistleblowing-Klauseln keine rechtlichen Bedenken.[45] Es wird insoweit die Zulässigkeit der Einführung rein deklaratorischer Whistleblowing-Klauseln über das Direktionsrecht des Arbeitgebers bejaht.[46] Im Hinblick auf das Datenschutzrecht sind derartige Klauseln jedoch gleichfalls problematisch. Auch Meldungen, die auf eine deklaratorische Whistleblower-Klausel hin erfolgen, enthalten personenbezogene Daten, deren Verarbeitung datenschutzrechtlich gerechtfertigt sein muss.

§ 3 Gegenstand, Gang und Ziel der Untersuchung

Gegenstand und Bezugspunkt dieser Arbeit sollen interne, auf Grundlage einer unternehmerischen Entscheidung arbeitgeberseitig eingeführte Whistleblowing-Systeme bilden. Für diese soll untersucht werden, inwieweit ihrer betrieblichen Implementierung datenschutzrechtliche Bedenken entgegenstehen und wie diese Bedenken behoben werden können. Soweit die Einführung von Whistleblowing-Systemen in der öffentlichen Verwaltung besondere (datenschutzrechtliche) Fragen aufwirft, werden diese an gegebener Stelle behandelt.

Der datenschutzrechtlichen Analyse vorangehen soll dabei zunächst ein Blick durch die Brille des Verfassungsrechts: welche Grundrechtspositionen sind auf Seiten der betroffenen Personenkreise (Whistleblower, Gemeldeter, Arbeitgeber) in Ansatz zu bringen (Teil 2)? Die Antwort auf diese Fragestellung wird im Rahmen datenschutzrechtlicher Abwägungsentscheidungen erneut Bedeutung erlangen.

Besonderes Augenmerk soll dann im Folgenden auf die für die Praxis relevante Frage gelegt werden, wie die Einführung eines Whistleblowing-Systems datenschutzkonform ausgestaltet werden kann. Nach einer kurzen Einführung in die datenschutzrechtliche Konfliktlage (Teil 3) bilden praxisrelevante Probleme des Arbeitnehmerdatenschutzes den Schwerpunkt der Arbeit (Teile 4 und 5).

---

44 *Fahrig*, Verhaltenskodex und Whistleblowing, S. 87, 89.

45 *Brox/Rüthers/Henssler*, Arbeitsrecht, Rdnr. 221; *Fahrig*, Verhaltenskodex und Whistleblowing, S. 87; Moll/*Reinfeld*, § 31, Rdnr. 25ff; *Barthel/Huppertz*, AuA 2006, 204, 205; *Kock*, MDR 2006, 673, 674; *Mengel/Hagemeister*, BB 2007, 1386, 1387.

46 *Zander*, Ethik- und Verhaltensrichtlinien im Betrieb, S. 68; *Mengel/Hagemeister*, BB 2007, 1386, 1387; *Schuster/Darsow*, NZA 2005, 273, 276.

Neben möglichen datenschutzrechtlichen Rechtfertigungsgrundlagen für die Einführung von Whistleblowing-Systemen (Einwilligung, Betriebsvereinbarung, gesetzlicher Erlaubnistatbestand – Teil 4 § 3) soll dabei insbesondere auf besondere Probleme der anonymen Ausgestaltung derartiger Systeme eingegangen werden (Teil 5). Hier kollidieren die Rechte des Whistleblowers mit den Rechten des Gemeldeten in besonderem Maße. Beachtet werden müssen daneben – wenn auch im Rahmen dieser Arbeit nur kursorisch – die weiteren Rechte des Betroffenen nach den Datenschutzgesetzen sowie der überwiegend technisch geprägte Aspekt der Datensicherheit (Teil 6). Da das geltende Datenschutzrecht – wie noch zu zeigen sein wird – keine passgenaue Regelung für den Umgang mit Whistleblowing-Systemen bereithält, soll am Ende der Ausführungen ein Vorschlag für die Schaffung eines „Whistleblower-Paragraphen" im BDSG stehen (Teil 7). Ziel dieser Arbeit ist es letztlich, die erforderlichen gesetzlichen wie praktischen Rahmenbedingungen aufzuzeigen, die für eine datenschutzkonforme Ausgestaltung interner Whistleblowing-Systeme erforderlich sind.

Nicht näher eingegangen werden soll im Rahmen der Untersuchung dagegen auf das Problem des externen Whistleblowings auf Initiative einzelner Beschäftigter. Ebenfalls nicht untersucht werden soll außerdem der im Arbeitsrecht zu verortende und insbesondere auch im Zusammenhang mit den hier nicht näher thematisierten Formen des externen Whistleblowings relevant werdende Aspekt des Schutzes des Whistleblowers vor diskriminierenden Maßnahmen durch Arbeitgeber oder Kollegen.[47]

Die konzernweite Implementierung von Whistleblowing-Systemen und die hiermit zusammenhängende Übermittlung von Beschäftigtendaten an ausländische Muttergesellschaften deutscher Unternehmen stellt eine Fragestellung von nicht zu unterschätzender datenschutzrechtlicher Relevanz dar. Dennoch kann und soll auf das Problem der Datenübermittlung an Stellen außerhalb Deutschlands hier nicht näher eingegangen werden. Letztlich stellen sich hierbei keine spezifisch mit dem Phänomen des Whistleblowings im Zusammenhang stehenden Fragen. Das Problem der Datenübermittlung in Länder außerhalb der EU und des Europäischen Wirtschaftsraumes (EWR) sowie die praktische Ausgestaltung der Beauftragung unternehmensexterner Stellen mit dem Betrieb von Whistleblowing-Systemen (Stichwort: Auftragsdatenverarbeitung) sind folglich nicht Gegenstand dieser Arbeit.

Schließen soll die Darstellung mit einer kurzen rechtspolitischen Würdigung der aktuellen (politischen) Entwicklungen im Bereich des Whistleblowings sowie einer Zusammenfassung der gefundenen Ergebnisse (Teil 8).

47 Siehe hierzu insbesondere die Arbeiten von *Graser* und *Neumann* zum Whistleblowing.

Teil 2: Verfassungsrechtliche Einordnung des Whistleblowings

Zu Beginn dieser Arbeit soll eine verfassungsrechtliche – konkreter eine grundrechtliche – Einordnung des Whistleblowings erfolgen. Grundrechte sind in erster Linie Abwehrrechte des Bürgers gegen den Staat.[48] Dennoch beanspruchen sie aufgrund ihrer mittelbaren Drittwirkung auch in Privatrechtsverhältnissen wie insbesondere dem Arbeitsverhältnis Geltung.[49] Gerade im Arbeitsverhältnis besteht ein dem Verhältnis Bürger – Staat vergleichbares Machtungleichgewicht, weshalb hier die mittelbare Grundrechtswirkung in besonderem Maße Bedeutung erlangt.[50] Sollen Whistleblowing-Systeme im öffentlichen Sektor eingeführt werden, so ergibt sich die Grundrechtsbindung des Arbeitgebers sogar unmittelbar aus Art. 1 Abs. 3 GG.[51] Vor dem Hintergrund des Einflusses des Verfassungsrechts, insbesondere der Grundrechte, auf das Arbeitsverhältnis sollen im Folgenden die Grundrechtspositionen der von der Einführung eines Whistleblowing-Systems betroffenen Personengruppen (Whistleblower, Gemeldeter, Arbeitgeber) dargestellt werden. Im Anschluss daran soll die Bedeutung dieser ersten verfassungsrechtlichen Einordnung für die weitere Bearbeitung aufgezeigt werden.

---

48 *Jarass*/Pieroth, GG, Vorb. vor Art. 1 Rdnr. 5; Schmidt-Bleibtreu/Hofmann/Hopfauf/*Müller-Franken*, GG, Vorb. v. Art. 1 Rdnr. 12; *Pieroth/Schlink*, Grundrechte, Rdnr. 76, 80ff.

49 Vgl. zur Geltung der Grundrechte im Privatrecht BVerfGE 7, 198, 204ff. = *BVerfG*, NJW 1958, 257ff. (Lüth-Entscheidung); Münchener Handbuch zum Arbeitsrecht/*Richardi*, Bd. 1, § 12 Rdnr. 10ff.; zur mittelbaren Drittwirkung im Übrigen unter anderem auch *Jarass*/Pieroth, GG, Art. 1 Rdnr. 45ff.; MD/*Herdegen*, GG, Art. 1 Abs. 3 Rdnr. 59ff.; Schmidt-Bleibtreu/Hofmann/Hopfauf/*Müller-Franken*, GG, Vorb. v. Art. 1 Rdnr. 16; *Pieroth/Schlink*, Grundrechte, Rdnr. 196ff.; speziell zur Wirkung der Meinungsäußerungsfreiheit im Arbeitsverhältnis *Deiseroth*, Berufsethische Verantwortung, S. 357.

50 *Deiseroth*, Berufsethische Verantwortung, S. 357; *Michalski*, Arbeitsrecht, S. 13ff.; *Casper*, DuD 2011, 687, 688f.

51 *Deiseroth*, Berufsethische Verantwortung, S. 356; *Graser*, Whistleblowing, S. 110.

§ 1 Grundrechtspositionen der betroffenen Personengruppen

A. Grundrechte des Whistleblowers

I. Meinungsfreiheit, Art. 5 Abs. 1 S. 1, 1. Hs. GG

Durch die Einführung eines Whistleblowing-Systems wird das Grundrecht der Meinungsfreiheit des Whistleblowers aus Art. 5 Abs. 1 S. 1, 1. Hs. GG gleich in zweifacher Hinsicht betroffen. Zum einen fallen die über das System gemachten Meldungen des Whistleblowers in den Schutzbereich der positiven Meinungsfreiheit.[52] Zum anderen berührt eine – etwa über einen Verhaltenskodex eingeführte – Pflicht zum Whistleblowing auch die negative Meinungsfreiheit des Whistleblowers[53]. Die negative Meinungsfreiheit bezeichnet das Recht eines Grundrechtsträgers, eine bestimmte Meinung nicht zu äußern[54].

Zwar liegt in der Meldung eines mutmaßlichen Verhaltensverstoßes (etwa „Kollege XY ist bestechlich“) zunächst einmal eine dem Beweis zugängliche Tatsachenbehauptung. Der Vorwurf der Bestechlichkeit kann sich schließlich nach entsprechender Überprüfung als wahr oder falsch darstellen. Eine derartige Tatsachenbehauptung ist – stellt man auf die Subjektivität des Meinens ab – an sich nicht durch Art. 5 GG geschützt.[55] Allerdings fallen auch Tatsachenbehauptungen dann in den Schutzbereich des Grundrechts auf Meinungsfreiheit, wenn sie Voraussetzung für die Bildung von Meinungen sind.[56]

Damit ist der Schutzbereich des Art. 5 Abs. 1 S. 1, 1. Hs. GG weit gefasst und schließt in der Regel auch über ein Whistleblowing-System eingehende Meldungen ein.[57]

---

52 Dölling/*Maschmann*, Handbuch Korruptionsprävention, 3. Kapitel Rdnr. 135; *Graser*, Whistleblowing, S. 109ff.; *Schmitt*, Whistleblowing, S. 123; *Triskatis*, Ethikrichtlinien, S. 219; *Wolz*, S. 64; *Zander*, Ethik- und Verhaltensrichtlinien im Betrieb, S. 101f.; *Altenburg*, Bucerius Law Journal, 1/2008, 3, 4; *Deiseroth*, Betrifft JUSTIZ 2004, 296, 300; *Mahnhold*, NZA 2008, 737, 738.

53 *Fahrig*, Verhaltenskodex und Whistleblowing, S. 96; *Schemmel/Ruhmannseder/Witzigmann*, 5. Kapitel, Rdnr. 102; *Mahnhold*, NZA 2008, 737, 738.

54 *Jarass*/Pieroth, GG, Art. 5 Rdnr. 6b.

55 BVerfGE 54, 208, 217ff. = *BVerfG*, NJW 1980, 2072; BVerfGE 65, 1, 41 = *BVerfG*, NJW 1984, 419, 421 (Volkszählungsurteil); Sachs/*Bethge*, GG, Art. 5 Rdnr. 27; Schmidt-Bleibtreu/Hofmann/Hopfauf/*Kannengießer*, GG, Art. 5 Rdnr. 3.

56 BVerfGE 61, 1, 8 = *BVerfG*, NJW 1983, 1415, 1416; BVerfGE 94, 1, 7 = *BVerfG*, NJW 1996, 1529; *BVerfG*, NJW 1993, 916, 917; BK/*Degenhart*, GG, Art. 5 Abs. 1 und 2 Rdnr. 103; *Jarass*/Pieroth, GG, Art. 5 Rdnr. 4; *Stern*, StR IV/1, S. 1393f.

57 *Graser*, Whistleblowing, S. 109; *Schmitt*, Whistleblowing, S. 123; wohl auch *Müller*, NZA 2002, 424, 430.

Auch dann, wenn die praktische Ausgestaltung des Whistleblowing-Systems anonyme Meldungen zulässt, können diese anonymen Meinungsäußerungen den Schutz des Art. 5 Abs. 1 S. 1, 1. Hs. GG für sich in Anspruch nehmen.[58] Zwar wird die Schutzfähigkeit anonymer Meinungsäußerungen aufgrund mangelnder Subjektivität der Äußerungen teilweise in Abrede gestellt.[59] Dem kann jedoch – nicht zuletzt mit Blick auf die jüngste Rechtsprechung des BGH[60] – nicht gefolgt werden. Auch anonyme Äußerungen geben die persönliche Einstellung des sich Äußernden wieder, auch wenn sie zunächst keiner namentlich bekannten Person zugeordnet werden können. Im Hinblick auf das Grundrecht der Meinungsäußerungsfreiheit spielt es keine Rolle, ob eine Meinungsäußerung unter Namensnennung oder anonym erfolgt.

Nicht geschützt werden jedoch bewusst unwahre Tatsachenbehauptungen.[61] Ein Whistleblower, der bewusst falsche Angaben macht, kann sich mithin nicht auf das Grundrecht der Meinungsfreiheit berufen.

II. Petitionsrecht, Art. 17 GG

Fraglich ist, ob und inwieweit Whistleblower neben der Meinungsfreiheit auch das über Art. 17 GG grundgesetzlich garantierte Petitionsrecht zur Stärkung ihrer Rechtsposition geltend machen können.

1. Bedeutung des Petitionsrechts im privatrechtlichen Arbeitsverhältnis

Das Petitionsrecht nach Art. 17 GG beschreibt das Recht, sich mit Bitten oder Beschwerden an die zuständigen Stellen und an die Volksvertretungen wenden zu können. Mit einer Bitte wird dabei ein bestimmtes hoheitliches Handeln für die Zukunft begehrt, eine Beschwerde stellt dagegen eine sich gegen ein vergangenes hoheitliches Handeln richtende Beanstandung dar.[62] Geltend gemacht werden können dabei auch Fremd- und Allgemeininteressen.[63] Die Grenze zulässiger Petitionen ist jedoch bei deren Rechtswidrigkeit erreicht.[64]

---

58 BGHZ 181, 328, 341f. = *BGH*, MMR 2009, 608, 612 (spickmich.de); *Schneider*, FS Hassemer, 1211, 1217.

59 BAGE 107, 36, 44 = *BAG*, NZA 2004, 427, 430; *Zander*, Ethik- und Verhaltensrichtlinien im Betrieb, S. 101.

60 BGHZ 181, 328, 341f. = *BGH*, MMR 2009, 608, 612 (spickmich.de).

61 *Jarass*/Pieroth, GG, Art. 5, Rndr. 4.

62 MKS/*Brenner*, GG, Art. 17 Rdnr. 19; *Pieroth/Schlink*, Grundrechte, Rdnr. 1084.

63 *Jarass*/Pieroth, GG, Art. 17 Rdnr. 5.

64 *Jarass*/Pieroth, GG, Art. 17 Rdnr. 5.

In den Schutzbereich des Art. 17 GG fallen damit alle Fälle externen Whistleblowings, in denen sich der Whistleblower mit seinem (rechtmäßigen) Vorbringen an eine für die Beseitigung des vorgebrachten Missstandes oder Verhaltensverstoßes zuständige staatliche Aufsichts- oder Verfolgungsbehörde – etwa an die Staatsanwaltschaft – wendet.[65] Zur Differenzierung zwischen internem und externem Whistleblowing siehe bereits vorstehend.[66] Geschützt ist der Whistleblower (Petent) dabei aber auch im Falle externen Whistleblowings zunächst nur vor Beschränkungen seines Petitionsrechts durch staatliche Stellen.[67] Fälle internen Whistleblowings über ein eigens zu diesem Zweck eingerichtetes unternehmens- oder behördeninternes System, um die es in dieser Arbeit im Schwerpunkt geht, fallen dagegen nicht unmittelbar unter das Petitionsrecht. Art. 17 GG kann im unternehmensinternen Verhältnis zwischen Arbeitgeber und Arbeitnehmern allenfalls über die mittelbare Drittwirkung des Grundrechts Geltung erhalten.[68]

Darüber hinaus lassen sich jedoch der konkreten Ausgestaltung des Petitionsrechts bestimmte Wertungen auch für die Einrichtung unternehmensinterner Whistleblowing-Systeme entnehmen, die im Folgenden aufgezeigt werden sollen.

2. Ausschluss anonymer Petitionen, Wertung für anonyme Whistleblowing-Systeme

Vor allem aus dem Sinn und Zweck des Petitionsrechts wird gefolgert, dass anonyme Anzeigen nicht von Art. 17 GG erfasst werden.[69] Denn dem verfassungsrechtlich geschützten Bescheidungsanspruch kann nicht entsprochen werden, sofern der Petent seine Identität nicht offenlegt.[70] Zudem können bei anonymen Petitionen Zweifel an der Ernsthaftigkeit des Vorbringens aufkommen.[71] Dieser Ansicht schloss sich augenscheinlich auch der Gesetzgeber bei Schaffung des

---

65 *LAG Frankfurt/M.*, U. v. 12.2.1987 – Az. 12 Sa 1249/86 = DB 1987, 1696 (LS); BGB-RGRK/*Corts*, § 626 Rdnr. 92; Staudinger/*Preis*, BGB, § 626 Rdnr. 131; *Graser*, Whistleblowing, S. 127; *Schmitt*, Whistleblowing, S. 141; *Gänßle*, Kritische Justiz 2007, 265, 267; *Müller*, NZA 2002, 424, 430f; kritisch *Deiseroth*, Betrifft JUSTIZ 2004, 296, 300.

66 Teil 1 § 2 B I.

67 *Deiseroth*, Whistleblowing in Zeiten von BSE, S. 181.

68 *Deiseroth*, Whistleblowing in Zeiten von BSE, S. 181f. („Ausstrahlungswirkung“); *Graser*, Whistleblowing, S. 127; *Müller*, NZA 2002, 424, 431.

69 Dreier/*Bauer*, GG, Art. 17 Rdnr. 26; *Jarass*/Pieroth, GG, Art. 17 Rdnr. 4; MD/*Klein*, GG, Art. 17 Rdnr. 62; MKS/*Brenner*, GG, Art. 17 Rdnr. 26; *Graser*, Whistleblowing, S. 126; *Pieroth/Schlink*, Grundrechte, Rdnr. 1084; *Wolz*, S. 65.

70 MD/*Klein*, GG, Art. 17 Rdnr. 62; MKS/*Brenner*, GG, Art. 17 Rdnr. 27.

71 MKS/*Brenner*, GG, Art. 17 Rdnr. 27.

WBeauftrG an. Dieses enthält in § 7 das Recht des Soldaten, sich mit Eingaben ohne Einhaltung des Dienstweges direkt an den Wehrbeauftragten zu wenden, ohne deswegen Maßregelungen oder Nachteile befürchten zu müssen. § 8 WBeauftrG stellt klar, dass anonyme Eingaben nicht bearbeitet werden. Nur bei sehr schwerwiegenden Vorwürfen kann sich aus § 1 Abs. 3 WBeauftrG ein Gebot zur Behandlung einer anonymen Eingabe von Amts wegen ergeben.[72]

Zwar ist es richtig, dass eine anonyme Eingabe nicht beschieden werden kann. Auf bestimmte Missstände hinweisen und sich hierdurch eine Verbesserung erhoffen, kann jedoch auch der anonyme Petent.[73] In der mangelnden Offenlegung der Identität kann insofern ein partieller Grundrechtsverzicht (Verzicht auf die Bescheidung) gesehen werden.[74]

Der typische Whistleblower möchte mit seiner internen Anzeige auf Verhaltensverstöße oder Missstände in seinem Unternehmen hinweisen. Hierdurch folgt er entweder seinem eigenen Gewissen oder aber einer Verpflichtung nach den Ethikrichtlinien seines Arbeitgebers. Eine persönliche, an ihn adressierte Antwort im Sinne einer Bescheidung erwartet der Whistleblower dagegen nicht. Insofern könnte man annehmen, anonymes Whistleblowing sei – im Gegensatz zur anonymen Petition nach Art. 17 GG – nach seinem Sinn und Zweck von vorneherein unproblematisch möglich. Dies wäre jedoch ein Trugschluss.

Über die Problematik des anonymen Whistleblowings wird an späterer Stelle noch ausführlich zu sprechen sein.[75]

III. Berufsfreiheit, Art. 12 Abs. 1 GG

Whistleblowing geschieht zumeist im beruflichen Umfeld. Ein Blick auf das Grundrecht der Berufsfreiheit ist daher unausweichlich.

Die Berufsfreiheit schützt sowohl die Wahl als auch die Ausübung eines Berufes[76], das heißt einer auf gewisse Dauer angelegten und der Schaffung und Erhaltung einer Lebensgrundlage dienenden Tätigkeit[77]. Schreibt der Arbeitgeber durch eine Ethikrichtlinie bestimmte Verhaltensweisen, etwa die Meldung von beobachteten Missständen und Verhaltensverstößen über Whistleblowing-Systeme vor, so werden die Arbeitnehmer hierdurch in ihrer Berufsausübung betroffen, da sie diese an die im Betrieb bestehenden Verhaltensvorgaben anpas-

72 Das deutsche Bundesrecht/*Busch*, Zu §§ 7 bis 9 WBeauftrG, IP 10 S. 21.

73 FH/*Krings*, GG, Art. 17 Rdnr 41; *Stern*, StR IV/2, S. 305.

74 So *Stern*, StR IV/2, S. 305.

75 Siehe Teil 5.

76 Dreier/*Wieland*, GG, Art. 12 Rdnr. 62; *Jarass*/Pieroth, GG, Art. 12 Rdnr. 10.

77 *Pieroth/Schlink*, Grundrechte, Rdnr. 876.

sen müssen.[78] Die Einschränkung der Berufsausübung der Beschäftigten ist solange gerechtfertigt, wie sie auf vernünftige Erwägungen des Gemeinwohls gestützt werden kann und zweckmäßig erscheint.[79]

IV. Allgemeines Persönlichkeitsrecht, Art. 2 Abs. 1, 1 Abs. 1 GG

Auch das allgemeine Persönlichkeitsrecht gilt es auf Seiten des Whistleblowers zu beachten.

Die Verpflichtung zur Anzeige von Verhaltensverstößen greift in das allgemeine Persönlichkeitsrecht der betroffenen Beschäftigten ein, da diese bei Bestehen einer entsprechenden Pflicht nicht mehr frei darüber entscheiden können, ob sie einen beobachteten Missstand zur Anzeige bringen oder nicht.[80] Eine Untätigkeit in dieser Hinsicht könnte als arbeitsvertraglicher Pflichtenverstoß ausgelegt werden und Konsequenzen bis hin zur Kündigung des Beschäftigten nach sich ziehen. Hinzu kommt die Gefahr, dass durch die Einführung entsprechender Meldepflichten – zumal unter Einrichtung anonymer Hinweiskanäle – unter den Arbeitnehmern das Gefühl eines im Betrieb um sich greifenden Denunziantentums und einer permanenten Überwachungssituation entsteht, was unter den Kollegen als weit schwerwiegenderer Eingriff in das Persönlichkeitsrecht empfunden werden könnte.[81]

Das Persönlichkeitsrecht des Whistleblowers kann darüber hinaus auch in seiner Ausprägung als Recht auf informationelle Selbstbestimmung betroffen sein und zwar immer dann, wenn das System verlangt, dass der Whistleblower seine Meldung unter Preisgabe seiner Identität tätigt.[82] In diesem Fall werden über das Whistleblowing-System personenbezogene Daten des Whistleblowers (zumindest Name und Position im Unternehmen) gespeichert und im Zuge der Aufklärung des vorgebrachten Missstandes weiter verarbeitet. Bei der datenschutzkonformen Ausgestaltung eines Whistleblowing-Systems ist daher nicht nur die da-

---

78 *Fahrig*, Verhaltenskodex und Whistleblowing, S. 75; *Schemmel/Ruhmannseder/Witzigmann*, 5. Kapitel, Rdnr. 102; auch *Mahnhold* hält eine Betroffenheit des Art. 12 Abs. 1 GG für möglich, NZA 2008, 737, 738.

79 BVerfGE 7, 377, 405f. = *BVerfG*, NJW 1958, 1035, 1038 (Niederlassungsfreiheit für Apotheker); Dreier/*Wieland*, GG, Art. 12 Rdnr. 118; Schmidt-Bleibtreu/*Hofmann*/Hopfauf, GG, Art. 12 Rdnr. 50.

80 *Fahrig*, Verhaltenskodex und Whistleblowing, S. 96.

81 *Fahrig*, Verhaltenskodex und Whistleblowing, S. 96; *Schemmel/Ruhmannseder/Witzigmann*, 5. Kapitel, Rdnr. 78; *Berndt/Hoppler*, BB 2005, 2623; *Deinert*, AuR 2008, 90, 91; *Hofmann*, ZCG 2006, 121, 126; Moll/*Reinfeld*, § 31, Rdnr. 29; *Schneider*, AiB 2008, 243, 244; *Sieg*, FS Buchner, 859, 866.

82 *Triskatis*, Ethikrichtlinien, S. 220.

tenschutzrechtliche Position des Gemeldeten, sondern auch die des Whistleblowers zu berücksichtigen.

B. Grundrechte des Gemeldeten

Im Hinblick auf die Person des über ein Whistleblowing-System Gemeldeten sind insbesondere die Berufsfreiheit sowie das allgemeine Persönlichkeitsrecht zu beachten. Das Grundrecht auf Informationsfreiheit spielt dagegen – auch in Bezug auf Auskunftsrechte des Betroffenen – keine Rolle.

I. Berufsfreiheit, Art. 12 Abs. 1 GG

Die Berufsausübungsfreiheit des Gemeldeten ist im selben Umfang betroffen wie die des Whistleblowers, da auch der Gemeldete als im Betrieb Beschäftigter die Vorgaben eines Verhaltenskodex im Rahmen seiner Berufsausübung beachten muss.

II. Allgemeines Persönlichkeitsrecht, Art. 2 Abs. 1, 1 Abs. 1 GG

Darüber hinaus wird der Gemeldete durch die Nutzung des Whistleblowing-Systems insbesondere in seinem allgemeinen Persönlichkeitsrecht aus Art. 2 Abs. 1 i. V. m. Art. 1 Abs. 1 GG betroffen.[83] Dabei können verschiedene Ausprägungen dieses sogenannten „Auffanggrundrechts“[84] berührt sein.

Wahrheitswidrige Meldungen über ein Whistleblowing-System können den Angezeigten in seiner Ehre verletzen, sofern sie das Bild seiner Persönlichkeit in der Öffentlichkeit nachteilig beeinflussen[85]. Wurde der Betroffene etwa beschuldigt, sich strafbar verhalten zu haben (Korruption, Bestechlichkeit, Steuerhinterziehung etc.), entgegen den Prämissen des Unternehmens die Umwelt geschädigt zu haben oder im Betrieb geltende Sicherheitsbestimmungen missachtet zu haben, so können all diese Behauptungen eine Rufschädigung bewirken. Auch wenn sich im Rahmen der sich an die Meldung anschließenden unternehmensinternen Ermittlungen letztlich die Unwahrheit der Meldung herausstellen sollte, wird dem Gemeldeten – zumindest in den Köpfen mancher Kollegen – der vorgebrachte Vorwurf weiter anhaften. Durch die der Whistleblower-Anzeige in

83 *Mahnhold*, NZA 2008 737, 738; *Seffer/Mayer-Wegelin*, ITRB 2009, 41, 43.

84 ErfK/*Schmidt*, Art. 2 GG Rdnr. 37; MD/*Di Fabio*, GG, Art. 2 Rdnr. 7, 36; Sachs/*Murswiek*, GG, Art. 2 Rdnr. 66 .

85 MD/*Di Fabio,* GG, Art. 2 Rdnr. 170.

der Regel nachfolgende Untersuchung, bei der selbstverständlich mit dem entsprechenden Fingerspitzengefühl gehandelt werden muss, wird es nicht immer verhindert werden können, dass dritte Personen (neben dem Arbeitgeber, gegebenenfalls dem Ombudsmann oder gegebenenfalls dem externen Betreiber des Systems) Kenntnis von dem im Raum stehenden Vorwurf erhalten. Zwar sollen Whistleblowing-Systeme wie etwa Telefonhotlines gerade einen Weg bereitstellen, Informationen möglichst diskret zu übermitteln und somit Ehrverletzungen vorbeugen.[86] Vollständig unterbinden können sie diese jedoch nicht.

In weitaus größerem Maße ist das allgemeine Persönlichkeitsrecht des Gemeldeten jedoch in seiner Ausprägung als Recht auf informationelle Selbstbestimmung betroffen. Dieses umfasst die Befugnis des Einzelnen, selbst darüber entscheiden zu können, was mit seinen persönlichen Daten geschieht.[87] Das Datenschutzrecht des BDSG ist letztlich nichts anderes als eine einfachgesetzliche Ausformung und Konkretisierung des informationellen Selbstbestimmungsrechts, also des Persönlichkeitsrechts.[88] Jede Datenverarbeitung ohne Einwilligung des Betroffenen oder entsprechenden Erlaubnistatbestand (§ 4 Abs. 1 BDSG) stellt einen nicht gerechtfertigten Eingriff in das informationelle Selbstbestimmungsrecht dar. Ausprägungen dieses Rechts sind ferner die im BDSG enthaltenen Rechte des Betroffenen, insbesondere das in § 34 BDSG normierte Auskunftsrecht. Auf diese Aspekte (Einwilligung, Erlaubnistatbestand, Recht auf Auskunft) wird im Laufe der Untersuchung noch zurückzukommen sein.

III. Informationsfreiheit, Art. 5 Abs. 1 S. 1, 2. Hs. GG

Das Grundrecht der Informationsfreiheit aus Art. 5 Abs. 1 S. 1, 2. Hs. GG des Gemeldeten ist auch im Hinblick auf dessen Auskunftsrechte nach dem IFG und dem BDSG (§ 34) dagegen nicht betroffen. Art 5 Abs. 1 S. 1, 2. Hs. GG gibt dem Einzelnen das Recht, sich aus allgemein zugänglichen Quellen ungehindert zu unterrichten. Allgemein zugänglich ist jede Informationsquelle, die dazu geeignet und bestimmt ist, der Allgemeinheit, also einem individuell nicht bestimmbaren Personenkreis, Informationen zu verschaffen.[89] Hierzu zählen etwa auch von staatlichen Behörden geführte öffentliche Register oder öffentliche Bü-

---

86 *Mahnhold*, NZA 2008 737, 738.

87 Erstmals BVerfGE 65, 1, 43 = *BVerfG*, NJW 1984, 419, 421 (Volkszählungsurteil); *Jarass*/ Pieroth, GG, Art. 2 Rdnr. 44; MD/*Di Fabio*, GG, Art. 2 Rdnr. 175; Sachs/*Murswiek*, GG, Art. 2 Rdnr. 72; Schmidt-Bleibtreu/*Hofmann*/Hofauf, GG, Art. 2 Rdnr. 26.

88 Schmidt-Bleibtreu/*Hofmann*/Hofauf, GG, Art. 2 Rdnr. 26.

89 BVerfGE 27, 71, 83 = *BVerfG*, NJW 1970, 235, 237; Dreier/*Schulze-Fielitz*, GG, Art. 5 Rdnr. 77; *Jarass*/Pieroth, GG, Art. 5 Rdnr. 16; MKS/*Starck*, GG, Art. 5 Rdnr. 45.

cher[90], nicht aber private und betriebliche Aufzeichnungen, sofern sie nicht zur Veröffentlichung bestimmt sind[91]. Aufzeichnungen des Arbeitgebers, die im Rahmen der Nutzung eines Whistleblowing-Systems entstehen, sind damit von vorneherein schon keine allgemein zugänglichen Quellen im Sinne dieses Grundrechts. Daneben gewährleistet das Grundrecht der Informationsfreiheit auch keinen Anspruch des Bürgers auf Informationen, etwa im Rahmen von Akteneinsicht oder Auskunft.[92] Die Auskunftsrechte der Betroffenen nach dem IFG beziehungsweise nach § 34 BDSG bestehen daher auch nicht auf Grundlage von Art. 5 Abs. 1 S. 1, 2. Hs. GG, sondern vielmehr zur Ausführung anderer Verfassungsbestimmungen.[93] Das im Rahmen dieser Arbeit besonders interessierende Auskunftsrecht des durch einen Datenverarbeitungsvorgang Betroffenen nach § 34 BDSG besteht etwa auf Grundlage des informationellen Selbstbestimmungsrechts.

C. Grundrechte des Arbeitgebers

Diese Arbeit beschäftigt sich insbesondere mit arbeitgeberseitig eingeführten Whistleblowing-Systemen. Neben den Grundrechten der Whistleblower sowie der gemeldeten Personen müssen daher auch die Grundrechtspositionen der Arbeitgeber als dritter in diesem Zusammenhang relevanter Personengruppe berücksichtigt werden. Im Vordergrund steht dabei die unternehmerische Freiheit als grundgesetzlich geschütztes Recht.

I. Berufsfreiheit, Art. 12 Abs. 1 GG und Eigentumsgarantie, Art. 14 Abs. 1 GG

Die wirtschaftliche Betätigung eines Unternehmens wird vorwiegend über Art. 12 GG geschützt.[94] Daneben können auch Art. 14 GG sowie subsidiär – etwa bei mangelnder berufsregelnder Tendenz der zu überprüfenden Eingriffshandlung – Art. 2 Abs. 1 GG für den Schutz der allgemeinen Handlungsfreiheit

90 MKS/*Starck*, GG, Art. 5 Rdnr. 46.

91 BVerfGE 66, 116, 137 = *BVerfG*, NJW 1984, 1741, 1743 in Bezug auf Informationen aus der Redaktion eines privaten Verlages (Springer/Wallraff); MKS/*Starck*, GG, Art. 5 Rdnr. 49.

92 *BVerwG*, NJW 1983, 2954 (Akteneinsicht); BVerwGE 61, 15, 22 = *BVerwG*, NJW 1981, 535, 536f. (Auskunft); MKS/*Starck*, GG, Art. 5 Rdnr. 50 m. w. N.

93 Zum IFG MKS/*Starck*, GG, Art. 5 Rdnr. 50, Fn. 161.

94 MKS/*Manssen*, GG, Art. 12 Rdnr. 68: Unternehmerfreiheit als besondere Ausprägung der Berufsausübungsfreiheit.

auf wirtschaftlichem Gebiet herangezogen werden.[95] Von der Unternehmerfreiheit umfasst ist das Recht der freien Gründung und Führung von Unternehmen.[96] Zur Führung eines Unternehmens zählt dabei auch das Recht, unternehmerische Entscheidungen, etwa die über die Einführung eines Verhaltenskodex, treffen zu können.[97] Die Entscheidung des Arbeitgebers, eine Pflicht zum Whistleblowing einzuführen, um hierdurch internationalen Vorgaben zu genügen, das Ansehen des Unternehmens in der Öffentlichkeit zu steigern oder Schäden durch Korruption und Bestechlichkeit vom Betrieb abzuwenden, fällt daher in den Schutzbereich der von Art. 12, 14 GG umfassten unternehmerischen Tätigkeit.[98]

Der Eigentumsfreiheit des Art. 14 Abs. 1 GG kommt zudem immer dann gesonderte Bedeutung zu, wenn der Betrieb eines Whistleblowing-Systems gerade der Verhinderung von Vermögensverlusten des Unternehmens durch deliktisches Handeln von Mitarbeitern dient.

II. Allgemeines Persönlichkeitsrecht, Art. 2 Abs. 1, 1 Abs. 1 GG

Auch juristische Personen des Privatrechts können sich auf das allgemeine Persönlichkeitsrecht aus Art. 2 Abs. 1, 1 Abs. 1 GG berufen und zwar dann, wenn ihr „sozialer Geltungsanspruch als Arbeitgeber oder als Wirtschafsunternehmen" in Rede steht.[99] Die Einführung von Whistleblowing-Systemen durch ein Unternehmen dient oftmals auch oder sogar primär der Aufbesserung des Unternehmensimages. Wie sich ein Unternehmen der Außenwelt darstellen möchte – also die unternehmerische Selbstdarstellung –, kann als Teilaspekt des sozialen Geltungsanspruchs als Wirtschaftsunternehmen identifiziert werden.

Darüber hinaus ist das allgemeine Persönlichkeitsrecht als sonstiges Recht i. S. des § 823 Abs. 1 BGB anerkannt und umfasst als solches auch das Recht am eingerichteten und ausgeübten Gewerbebetrieb.[100] Geschützt wird die ungestörte rechtmäßige Betriebsausübung in ihrer Gesamtheit.[101] Im Zusammenhang mit dem Whistleblowing spielt das Recht am eingerichteten und ausgeübten Gewerbebetrieb insbesondere in Fällen des hier nicht näher behandelten externen

---

95 Für Art. 14 MKS/*Depenheuer*, GG, Art. 14 Rdnr. 100; in Bezug auf die subsidiäre Geltung des Art. 2 GG *Jarass*/Pieroth, GG Art. 2 Rdnr. 4a.

96 BVerfGE 50, 290, 363 = *BVerfG*, NJW 1979, 699, 708; MKS/*Manssen*, GG Art. 12 Rdnr. 68.

97 *Fahrig*, Verhaltenskodex und Whistleblowing, S. 75.

98 Im Ergebnis ebenso *Fahrig*, Verhaltenskodex und Whistleblowing, S. 75; *Triskatis*, Ethikrichtlinien, S. 220; *Mahnhold*, NZA 2008 737, 738: Schutz des Unternehmensimages und Schutz vor Haftung über Art. 12 GG.

99 BGHZ 98, 94, 97 = *BGH*, NJW 1986, 2951; *BGH*, NJW 1975, 1882, 1884; Palandt/*Sprau*, BGB, § 823 Rdnr. 93; *Sachs*, GG, Art. 2 Rdnr. 76.

100 Grundlegend zum Recht am eingerichteten und ausgeübten Gewerbebetrieb RGZ 58, 24, 30.

101 Palandt/*Sprau*, BGB, § 823 Rdnr. 127.

Whistleblowings eine Rolle. Unnötig scharf geäußerte Kritik durch einen Arbeitnehmer – den Whistleblower – kann einen betriebsbezogenen Eingriff in den Gewerbebetrieb darstellen, wenn hierdurch die Kreditwürdigkeit des Betriebs Schaden nimmt.[102]

§ 2 Bedeutung für den Fortgang der Untersuchung

Wie die vorangegangene Darstellung gezeigt hat, werden durch die Einführung von Whistleblowing-Systemen in Unternehmen die Grundrechte sowohl der Whistleblower als auch der über das System Gemeldeten sowie der Arbeitgeber betroffen. Die zum Teil widerstreitenden Grundrechtspositionen müssen gegeneinander abgewogen werden. Diese Abwägung soll im Rahmen dieser Arbeit erst zu späterer Stelle, nämlich innerhalb der Prüfung der für die Implementierung des Whistleblowings bedeutsamen Erlaubnistatbestände des BDSG, vorgenommen werden. Hier wird eine umfassende Interessenabwägung unter Wahrung des Prinzips der Verhältnismäßigkeit gefordert sein.[103] Insbesondere auf das Petitionsrecht sowie Aspekte des Persönlichkeitsrechts des Gemeldeten wird überdies noch an anderer Stelle zurückgekommen werden. Diese Rechtspositionen haben Einfluss auf die Frage, ob datenschutzkonforme Whistleblowing-Systeme auch anonym ausgestaltet werden können.[104]

102 *Schmitt*, Whistleblowing, S. 145.
103 Siehe Teil 4 § 3 C II 2 c.
104 Hierzu Teil 5 § 2.

Teil 3: Konfliktlage mit dem Datenschutzrecht

§ 1 Begriff und Grundsätze des deutschen Datenschutzrechts

Zu Beginn der datenschutzrechtlichen Analyse sollen zunächst kurz der Begriff des Datenschutzrechts sowie die wesentlichen – auch mit Bezug auf diese Arbeit bedeutsamen – datenschutzrechtlichen Grundsätze erläutert werden.

A. Begriff „Datenschutz"

I. Schutzgegenstand: Persönlichkeitsrecht

Anders als es der – insofern missverständliche – Begriff auf den ersten Blick vermuten lässt, geht es im Datenschutzrecht nicht (nur) um den Schutz von Daten.[105] Im Gegenteil: der Aspekt der technisch-organisatorischen Maßnahmen zur Verhinderung eines unbefugten Umgangs mit personenbezogenen Daten, die sogenannte Datensicherheit, findet allein in § 9 Eingang in das BDSG und – unter den § 9 BDSG entsprechenden Normen – in die jeweiligen Datenschutzgesetze der Länder. Eigentlicher Schutzgegenstand des Datenschutzrechts sind demgegenüber das allgemeine Persönlichkeitsrecht und die Privatsphäre des Menschen.[106] Der Einzelne soll vor Persönlichkeitsrechtsverletzungen durch den Umgang mit seinen personenbezogenen Daten geschützt werden. Diese Zielsetzung stellt bereits § 1 Abs. 1 BDSG klar.

Auch bei der datenschutzkonformen Ausgestaltung von Whistleblowing-Systemen geht es somit in erster Linie darum, Beeinträchtigungen des Persönlichkeitsrechts der Betroffenen gering zu halten oder wenn möglich ganz auszuschließen.

---

105 *Däubler/Klebe/Wedde/Weichert*, BDSG, Einleitung Rdnr. 1; *Gola/Schomerus*, BDSG, § 1 Rdnr. 1; *Simitis*, BDSG, Einleitung Rdnr. 2; *Hold*, RDV 2006, 249.

106 *Hold*, RDV 2006, 249.

II. Anwendungsbereich: personenbezogene Daten

Der Zweck des Datenschutzrechts gibt zugleich auch seinen Anwendungsbereich vor. So müssen datenschutzrechtliche Vorschriften immer dann beachtet werden, wenn es um die Erhebung, Verarbeitung oder Nutzung personenbezogener Daten geht. Nur dann, wenn ein Personenbezug gegeben ist, sind Persönlichkeitsrechtsverletzungen zu befürchten.

Was personenbezogene Daten sind, wird dabei in § 3 Abs. 1 BDSG legaldefiniert. Es handelt sich um Einzelangaben über persönliche oder sachliche Verhältnisse einer bestimmten oder bestimmbaren natürlichen Person. Der Begriff der personenbezogenen Daten ist damit sehr weit gefasst. Nach dem Willen des Gesetzgebers sollen ohne Beschränkung auf bestimmte, besonders intime Lebensbereiche alle Informationen, die über die Bezugsperson etwas aussagen, erfasst werden.[107] Auch das BVerfG hat im Volkszählungsurteil festgestellt, dass es unter den Bedingungen der automatischen Datenverarbeitung kein belangloses Datum mehr gibt.[108]

Damit sind Angaben zur Identifizierung einer Person wie Name, Adresse und Geburtsdatum ebenso von dem Begriff der personenbezogenen Daten erfasst wie körperliche Merkmale, innere Einstellungen, Handlungen und Verhaltensweisen oder soziale und wirtschaftliche Beziehungen einer Person.[109] Personenbezogene Daten sind ferner nur Angaben, die sich auf eine natürliche Person beziehen.[110] Aggregierten und anonymisierten Daten fehlt der Personenbezug, so dass sie nicht vom Anwendungsbereich des Datenschutzrechts erfasst sind.

Bei der Datenerhebung und weiteren Datenverarbeitung im Zusammenhang mit dem Whistleblowing ist ein Personenbezug der entsprechenden Daten in der Regel gegeben. Für den Gemeldeten dürfte dies generell anzunehmen sein, für den Whistleblower jedenfalls dann, wenn dieser seine Identität freiwillig offenlegt oder eine anonyme Anzeigenerstattung ausgeschlossen ist.

---

107 *Gola/Schomerus*, BDSG, § 3 Rdnr. 5; Simitis/*Dammann*, BDSG, § 3 Rdnr. 7; Taeger/Gabel/*Buchner*, § 3 BDSG Rdnr. 3f.

108 BVerfGE 65, 1, 45 = *BVerfG*, NJW 1984, 419, 422 (Volkszählungsurteil).

109 Vgl. ausführlich mit Beispielen Simitis/*Dammann*, BDSG, § 3 Rdnr. 6ff.

110 *Bergmann/Möhrle/Herb*, BDSG, § 3 Rdnr. 5; Däubler/Klebe/Wedde/*Weichert*, BDSG, § 3 Rdnr. 2, 10; Erbs/Kohlhaas/*Ambs*, § 3 BDSG Rdnr. 4; *Gola/Schomerus*, BDSG, § 3 Rdnr. 11; *Schaffland/Wiltfang*, BDSG, § 3 Rdnr. 3; Simitis/*Dammann*, BDSG, § 3 Rdnr. 17; Taeger/Gabel/*Buchner*, § 3 BDSG Rdnr. 8.

B. Wesentliche Grundsätze

Wie kaum ein anderes Rechtsgebiet unterliegt das Datenschutzrecht den Auswirkungen des technischen Wandels. Immer neue technische Errungenschaften bringen immer neue Formen der Datenverarbeitung mit sich.[111] In den Datenschutzgesetzen können daher unmöglich alle derzeitigen und künftigen Datenerhebungs- und Verarbeitungsvorgänge bereits einer abschließenden Regelung zugeführt werden. Vielmehr muss das Datenschutzrecht entwicklungsoffen gestaltet sein. Daher ist das Datenschutzrecht geprägt von allgemeinen Grundsätzen, die bei der rechtlichen Bewertung eines jeden datenschutzrechtlich relevanten Vorgangs beachtet werden müssen und gerade im Bereich noch ungeregelter Rechtsfragen – zu denen auch die datenschutzrechtliche Zulässigkeit von Whistleblowing-Systemen gehört – besondere Bedeutung gewinnen.

I. Grundsatz des Verbots mit Erlaubnisvorbehalt (§ 4 BDSG)

Der prägende Grundsatz des deutschen Datenschutzrechts – der sogenannte Grundsatz des Verbots mit Erlaubnisvorbehalt – findet sich in § 4 Abs. 1 BDSG. Er bestimmt, dass die Erhebung, Verarbeitung und Nutzung personenbezogener Daten grundsätzlich verboten und nur dann ausnahmsweise zulässig ist, soweit das BDSG oder eine andere Rechtsvorschrift dies erlaubt oder der Betroffene eingewilligt hat. Auch die Einführung von Whistleblowing-Systemen erfordert daher eine rechtfertigende Grundlage, die sich in den Erlaubnistatbeständen des BDSG, spezialgesetzlichen Regelungen oder auch untergesetzlichen Normen finden kann. Ist eine solche Regelung nicht vorhanden, so kann allein die Einwilligung des Betroffenen die Datenerhebung und –verarbeitung rechtfertigen.

II. Subsidiaritätsgrundsatz

Das BDSG ist ein Auffanggesetz.[112] Dementsprechend bestimmt § 1 Abs. 3 BDSG die Subsidiarität des BDSG gegenüber solchen Rechtsvorschriften, die den Umgang mit personenbezogenen Daten einschließlich deren Veröffentlichung regeln. Dabei gehen speziellere Normen dem BDSG nur dann vor, wenn sie einen

111 Vgl. *Taeger*/Gabel/*Schmidt*, Einleitung Rdnr. 2.

112 Erbs/Kohlhaas/*Ambs*, § 1 BDSG Rdnr. 18; *Gola/Schomerus*, BDSG, § 1 Rdnr. 23; Taeger/Gabel/*Schmidt*, § 1 BDSG Rdnr. 35.

identischen Regelungsgehalt aufweisen.[113] Im Übrigen bleibt das BDSG lückenhaft anwendbar.[114]

III. Grundsatz der Datenvermeidung und Datensparsamkeit (§ 3a BDSG)

Ebenfalls eigens gesetzlich normiert sind die Grundsätze der Datenvermeidung und Datensparsamkeit. Nach § 3a BDSG sollen so wenig personenbezogene Daten wie möglich erhoben, verarbeitet und genutzt werden. Ferner soll den Möglichkeiten der Anonymisierung und Pseudonymisierung Vorrang eingeräumt werden.

IV. Grundsätze der Erforderlichkeit und Verhältnismäßigkeit

Von erheblicher Bedeutung bei der Anwendung der datenschutzrechtlichen Erlaubnisnormen sind ferner die Grundsätze der Erforderlichkeit und der Verhältnismäßigkeit. Die im Verlauf der Untersuchung relevant werdenden Erlaubnistatbestände der §§ 32 Abs. 1 S. 1, 32 Abs. 1 S. 2 und 28 Abs. 1 S. 1 Nr. 2 BDSG stellen in der Frage der Zulässigkeit der Datenverarbeitung auf deren Erforderlichkeit und Verhältnismäßigkeit ab.[115] Der Erforderlichkeitsgrundsatz gebietet auch im Datenschutzrecht von mehreren zur Verfügung stehenden geeigneten und gleich wirksamen Mitteln, jeweils das den Betroffenen am wenigsten belastende zu wählen.[116] Eine zwingende Notwendigkeit der Datenverarbeitung darf zur Erfüllung des Erforderlichkeitskriteriums richtigerweise nicht verlangt werden[117], allerdings darf es auch keine angemessene, dem Datenverarbeiter zumutbare Alternative zu der in Rede stehenden Datenverarbeitung geben, die den Betroffenen weniger intensiv in seinem informationellen Selbstbestimmungsrecht berühren würde[118]. Zwar gibt es Stimmen, nach denen die Datenverarbeitung „conditio sine qua non“ für die Aufgabenerfüllung der datenverarbeitenden Stelle sein müsse, um dem Erforderlichkeitskriterium zu genügen.[119] Ein solcher

---

113 *Bergmann/Möhrle/Herb*, BDSG, § 1 Rdnr. 24; Däubler/Klebe/Wedde/*Weichert*, § 1 Rdnr.13; ErfK/*Wank*, § 1 BDSG Rdnr. 3; *Gola/Schomerus*, § 1 Rdnr. 24; Simitis/*Dix*, BDSG, § 1 Rdnr. 170; Taeger/Gabel/*Schmidt*, § 1 BDSG Rdnr. 33.

114 *Bergmann/Möhrle/Herb*, BDSG, § 1 Rdnr. 24; Däubler/Klebe/Wedde/*Weichert*, § 1 Rdnr.13; *Gola/Schomerus*, § 1 Rdnr. 24; Simits/*Dix*, BDSG, § 1 Rdnr. 171.

115 *Schmidt*, RDV 2009, 193, 198.

116 *Gola/Schomerus*, BDSG, § 32 Rdnr. 12.

117 *Gola/Schomerus*, BDSG, § 28 Rdnr. 15; *Schaffland/Wiltfang*, BDSG, § 28 Rdnr. 110.

118 *Bergmann/Möhrle/Herb*, BDSG § 28 Rdnr. 235; *Gola/Schomerus*, BDSG, § 28 Rdnr. 15; *Schaffland/Wiltfang*, BDSG, § 28 Rdnr. 110.

119 *Auernhammer*, BDSG, § 13 Rdnr. 6; Simitis/*Sokol*, BDSG, § 13 Rdnr. 26; Taeger/Gabel/*Heckmann*, § 13 BDSG Rdnr. 20.

Maßstab ist jedoch als zu streng abzulehnen. So ist kaum ein Sachverhalt denkbar, bei dem nicht auch ein Verzicht – jedenfalls auf die automatisierte Form der Datenverarbeitung – möglich wäre, ohne dass dies zugleich die Unmöglichkeit der rechtmäßigen Aufgabenerfüllung nach sich zöge.[120] Es kann nicht richtig sein, wenn man die Möglichkeit der Datenverarbeitung ohne Anwendung eines automatisierten Verfahrens – etwa die „Speicherung" von Daten in Karteikartenform – als zumutbare Alternative ansehen würde.[121] Dies würde einen Rückschritt in der technischen Entwicklung bedeuten. Die reine Nützlichkeit oder Geeignetheit einer Datenverarbeitung entspricht aber jedenfalls nicht bereits dem im Rahmen der Erforderlichkeitsprüfung anzulegenden Maßstab, sie ist vielmehr nur ein Aspekt der Erforderlichkeit.[122]

§ 2 Datenschutzrechtlich relevante Vorgänge im Rahmen von Whistleblowing-Systemen

Nachdem die wesentlichen zu beachtenden Grundsätze des deutschen Datenschutzrechts dargestellt wurden, widmen sich die folgenden Ausführungen der Frage nach den datenschutzrechtlich relevanten Abläufen im Rahmen des Betriebs eines Whistleblowing-Systems. Vorab soll geklärt werden, in welchen Fällen des Whistleblowings deutsches Datenschutzrecht überhaupt zur Anwendung gelangt.

A. Anwendbarkeit des BDSG

I. Sachlicher Anwendungsbereich

Im Zusammenhang mit der Einführung von Whistleblowing-Systemen in Unternehmen geht es um die Erhebung, Verarbeitung und Nutzung personenbezogener Daten durch nicht-öffentliche Stellen, § 1 Abs. 2 Nr. 3 BDSG. Werden die Daten auf einem Computersystem gespeichert, so geschieht dies auch mittels Datenverarbeitungsanlagen, § 1 Abs. 2 Nr. 3 BDSG.[123] Spezialgesetzliche Regelungen, die den Umgang mit personenbezogenen Daten regeln und dem BDSG nach dem

---

120 Ähnlich *Gola/Schomerus*, BDSG, § 28 Rdnr. 15.

121 Zu beachten ist allerdings, dass nach § 32 Abs. 2 BDSG im Bereich des Beschäftigtendatenschutzes die nicht-automatisierte Datenverarbeitung der automatisierten gleichgestellt wird.

122 Däubler/Klebe/*Wedde*/Weichert, BDSG, § 28 Rdnr. 15.

123 *Von Zimmermann*, RDV 2006, 242, 243.

Subsidiaritätsgrundsatz vorgehen, finden sich insbesondere im Telekommunikationsgesetz (TKG) sowie im Telemediengesetz (TMG).

Der Arbeitgeber wird zum Anbieter von Telekommunikationsdienstleistungen und muss somit die Vorgaben des TKG beachten, wenn er die private Nutzung von Telefon und Internet in seinem Betrieb ausdrücklich erlaubt oder zumindest stillschweigend duldet.[124] Das TMG gilt demgegenüber nach § 1 Abs. 1 TMG für alle elektronischen Informations- und Kommunikationsdienste, soweit sie nicht Telekommunikationsdienste nach § 3 Nr. 24 des Telekommunikationsgesetzes, die ganz in der Übertragung von Signalen über Telekommunikationsnetze bestehen, telekommunikationsgestützte Dienste nach § 3 Nr. 25 des Telekommunikationsgesetzes oder Rundfunk nach § 2 des Rundfunkstaatsvertrages sind (Telemedien). In seiner Funktion als Betreiber eines Whistleblowing-Systems – sei dies über eine Telefonhotline oder eine spezielle Internetplattform – wird der Arbeitgeber jedoch weder zum Anbieter von Telekommunikationsdiensten noch von Telemedien.[125] Insbesondere fehlt es an einem Angebot für „Dritte", wie es nach den Vorgaben des TKG erforderlich ist.[126] Dem BDSG gehen daher keine spezielleren Regelungen vor, der sachliche Anwendungsbereich des Gesetzes ist eröffnet.

II. Geographischer Anwendungsbereich

Gerade international oder zumindest auf europäischer Ebene operierende Unternehmen führen verstärkt Systeme zur Anzeige von Verhaltensverstößen ein.[127] Es stellt sich daher die Frage nach dem geografischen Anwendungsbereich des deutschen Datenschutzrechts, wenn entsprechende Systeme aus dem Ausland heraus betrieben werden oder jedenfalls Datensätze an Stellen im Ausland übermittelt werden.

---

124 Hoeren/Sieber/*Elschner*, Handbuch Multimedia-Recht, Teil 22.1 Rdnr. 81; Kilian/Heussen/*Weichert*, Computerrecht, Teil 135 Rdnr. 28; *Manssen*, TKG, § 3 Rdnr. 11; *Säcker*, TKG, § 3 Rdnr. 20ff.; Scheurle/Mayen/*Zerres*, TKG, § 88 Rdnr. 20; *Besgen/Prinz*, Neue Medien, § 10 Rdnr. 23; *Däubler*, Gläserne Belegschaften, Rdnr. 338; zum Meinungsstand umfassend und mit weiteren Nachweisen *Thüsing*, Arbeitnehmerdatenschutz und Compliance, Rdnr. 209ff.; entgegen der herrschenden Literaturmeinung LAG Berlin-Brandenburg, Urteil v. 16.2.2011 – Az. 4 Sa 2132/10.

125 *Müller-Bonanni/Schell*, ArbRB 2006, 299, 302; *von Zimmermann*, RDV 2006, 242, 243.

126 *Müller-Bonanni/Schell*, ArbRB 2006, 299, 302.

127 Siehe bereits die Beispiele auf S. 1.

1. Datenverarbeitende Stelle in Deutschland oder im EU/EWR-Inland

Im deutschen Datenschutzrecht gilt das Territorialitätsprinzip.[128] Dies bedeutet, dass das BDSG immer dann anwendbar ist, wenn ein deutsches Unternehmen personenbezogene Daten in Deutschland erhebt, verarbeitet oder nutzt. Richtet mithin ein deutsches Unternehmen ein Whistleblowing-System ein und werden über dieses Daten in Deutschland erhoben, so ist das BDSG unproblematisch anwendbar. Problematisch wird die Anwendbarkeit des deutschen Datenschutzrechts allerdings dann, wenn das Whistleblowing-System aus dem Ausland operiert. Betreibt eine Stelle in einem anderen Mitgliedsstaat der EU oder des EWR das Whistleblowing-System, so ist nach § 1 Abs. 5 S. 1 BDSG das Recht des Sitzlandes der datenverarbeitenden Stelle maßgeblich (sog. Sitzlandprinzip oder Sitzprinzip).[129]

2. Datenverarbeitende Stelle im EU/EWR-Ausland

Befindet sich die datenverarbeitende Stelle dagegen im außereuropäischen Ausland, so gilt wieder uneingeschränkt das Territorialitätsprinzip, das heißt für die Anwendbarkeit des BDSG ist die Datenerhebung und -verarbeitung in Deutschland maßgeblich, § 1 Abs. 5 S. 2 BDSG. Diese Regelung kommt etwa im Falle US-amerikanischer Tochtergesellschaften zum Zuge, die in Deutschland ansässig sind, deren Whistleblowing-System jedoch über die Muttergesellschaft aus den USA heraus operiert. Hier stellt sich die Frage, ob es sich noch um eine Datenerhebung im Inland handelt. Dies ist nach der EU-Datenschutzrichtlinie dann der Fall, wenn das US-Unternehmen auf automatisierte oder nicht automatisierte Mittel zur Datenerhebung zurückgreift, die in Deutschland belegen sind.[130] Zwar hat der deutsche Gesetzgeber diese Vorgabe nicht in § 1 Abs. 5 S. 2 BDSG aufgenommen, sie ist jedoch nach dem Grundsatz richtlinienkonformer Auslegung in diesen hineinzulesen.[131] Sinn und Zweck der EU-Regelung ist es, den Betroffenen vor dem Verlust des Schutzes des europäischen Datenschutzrechts zu bewahren, wenn eine ausländische Stelle für die Datenerhebung und die anschlie-

---

128 *Spindler*/Schuster, Recht der elektronischen Medien, § 4b BDSG Rdnr. 2; Taeger/*Gabel*, § 1 BDSG Rdnr. 54.

129 *Bergmann/Möhrle/Herb*, BDSG, § 1 Rdnr. 36ff.; Däubler/Klebe/Wedde/*Weichert*, BDSG, § 1 Rdnr. 16; *Gola/Schomerus*, BDSG, § 1 Rdnr. 27; Taeger/*Gabel*, § 1 BDSG Rdnr. 49, 54; *Kühling/Seidel/Sividris*, S. 104.

130 Richtlinie 95/46/EG Art. 4 I lit. c; *von Zimmermann*, RDV 2006, 242, 243.

131 Simitis/*Dammann*, BDSG, § 1 Rdnr. 218.

ßende Datenverarbeitung auf technische Einrichtungen im europäischen Inland zurückgreift.[132]

Es kommt also auf eine „technische Präsenz“ der ausländischen Stelle in Europa an.[133] Operiert das Whistleblowing-System über das Internet, so kann es hierfür ausreichen, dass sich der PC des Nutzers, auf dem die Daten zumindest zwischengespeichert werden, oder der von dem ausländischen Unternehmen betriebene Server im Inland befinden.[134] Im Falle einer Telefonhotline ist dies jedoch anders zu beurteilen. Hier werden die Daten zwar telefonisch vom Inland aus durchgegeben, die technische Einrichtung befindet sich jedoch direkt in den USA. Eine technische Präsenz im Inland ist hier nicht gegeben. Richtet also eine US-amerikanische Muttergesellschaft auch für die Arbeitnehmer ihres deutschen Tochterunternehmens eine direkte Whistleblowing-Hotline ein, so müsste deutsches Datenschutzrecht zunächst nicht beachtet werden.[135] Werden jedoch im Zuge der nachfolgenden Ermittlungen von dem US-Unternehmen weitere Informationen, die personenbezogene Daten enthalten, von der Tochtergesellschaft erbeten und werden diese an die US-Mutter übermittelt, ist für diese Datenübermittlung durchaus das BDSG maßgeblich. Der US-Konzern kann sich daher auch durch Einrichtung einer direkten Whistleblowing-Hotline nicht völlig dem deutschen Datenschutzrecht entziehen.

B. Datenerhebung

Als datenschutzrechtlich relevante Abläufe im Rahmen des Betriebs eines Whistleblowing-Systems können insbesondere die Datenerhebung sowie, als sich daran anschließende Vorgänge der Datenverarbeitung, die Datenspeicherung und gegebenenfalls die Datenübermittlung identifiziert werden.

§ 3 Abs. 3 BDSG definiert die Datenerhebung als das Beschaffen von Daten über den Betroffenen. Dies setzt ein aktives Handeln der erhebenden Stelle voraus.[136] Daran fehlt es, wenn Daten einer Stelle ohne ihre eigene Mitwirkung zu-

---

132 Simitis/*Dammann*, BDSG, § 1 Rdnr. 219; Taeger/*Gabel*, § 1 BDSG Rdnr. 58; *Dammann*, RDV 2002, 70, 74.

133 Simitis/*Dammann*, BDSG, § 1 Rdnr. 219f.; Taeger/*Gabel*, § 1 BDSG Rdnr. 58; *Duhr/Naujok/Peter/Seiffert*, DuD 2002, 5, 7.

134 *Dammann*, RDV 2002, 70, 74; *Duhr/Naujok/Peter/Seiffert*, DuD 2002, 5, 7.

135 *Breinlinger/Kader*, RDV 2006, 60, 69 für das Problem der Zuständigkeit der Datenschutzaufsichtsbehörde; *von Zimmermann*, RDV 2006, 242, 244.

136 *Bergmann/Möhrle/Herb*, BDSG, § 3 Rdnr. 62; *Gola/Schomerus*, BDSG, § 3 Rdnr. 24; Roßnagel/*Schild*, Handbuch Datenschutzrecht, Kapitel 4.2, Rdnr. 37; Simitis/*Dammann*, BDSG, § 3 Rdnr. 102; Taeger/Gabel/*Buchner*, § 3 BDSG Rdnr. 26.

kommen.[137] Erforderlich ist vielmehr, dass die betreffende Stelle die zugegangenen Daten zielgerichtet für einen bestimmten Zweck entgegennimmt.[138] Datenerhebende Stelle ist im vorliegenden Zusammenhang der jeweilige Adressat des Whistleblowings, im Falle internen Whistleblowings also das Unternehmen selbst. Richtet dieses eigens zum Zwecke der Entgegennahme von Meldungen über Verhaltensverstöße eine Telefonhotline oder Internetformulare ein, so liegt in diesem Schritt auch der geforderte aktive Beitrag. Die Zurverfügungstellung von Systemen zur Meldung von Verhaltensverstößen kann als Aufforderung verstanden werden, diese Systeme auch zu nutzen.[139] Die im Rahmen der Mitteilung eines Verhaltensverstoßes über ein Whistleblowing-System anfallenden personenbezogenen Daten werden mithin i. S. des § 3 Abs. 3 BDSG erhoben.

I. Daten über den Betroffenen des Whistleblowings

Von dem Betroffenen des Whistleblowings werden zumindest der Name sowie Einzelangaben über die (vermeintliche) Nichtbefolgung einer Verhaltenspflicht und die damit korrespondierenden Umstände erhoben.[140] Oftmals werden auch Informationen über die Position des Beschuldigten im Unternehmen zu den Daten gehören, die über das System gemeldet werden.

II. Daten über die Person des Whistleblowers

Sofern das Whistleblowing-System keine anonymen Meldungen zulässt oder der Anzeigenerstatter von sich aus seine Identität preisgibt, fallen auch über die Person des Whistleblowers personenbezogene Daten an.[141] Zu diesen zählt beispielsweise der Name des Whistleblowers, Angaben zu seinem Arbeitsplatz und gegebenenfalls zu den Umständen seiner Beobachtung.[142] Schon dann, wenn die Telefonnummer eines anrufenden Whistleblowers registriert und gespeichert

137 *Gola/Schomerus*, BDSG, § 3 Rdnr. 24; Roßnagel/*Schild*, Handbuch Datenschutzrecht, Kapitel 4.2, Rdnr. 38; Simitis/*Dammann*, BDSG, § 3 Rdnr. 104.

138 Däubler/Klebe/Wedde/*Weichert*, BDSG. § 3 Rdnr. 31; Taeger/Gabel/*Buchner*, § 3 BDSG Rdnr. 26.

139 Ebenso *Schemmel/Ruhmannseder/Witzigmann*, 6. Kapitel, Rdnr. 91.

140 *Schmidl*, DuD 2006, 353, 354.

141 *Brandt*, AiB 2009, 288, 290.

142 *Brandt*, AiB 2009, 288, 290; *Schmidl*, DuD 2006, 353, 355.

wird, liegt eine Verarbeitung personenbezogener Daten vor, da eine Bestimmung der Person des Anrufers über die Telefonnummer möglich ist.[143]

C. Datenspeicherung

Speichern ist das Erfassen, Aufnehmen oder Aufbewahren personenbezogener Daten auf einem Datenträger zum Zwecke ihrer weiteren Verarbeitung oder Nutzung, § 3 Abs. 4 S. 2 Nr. 1 BDSG. Als Datenträger kommt jedes Medium in Betracht, mit Hilfe dessen Informationen aufgenommen und wiedergegeben werden können.[144] Teilt also der Whistleblower seine Beobachtungen einem Ombudsmann mit, der sie schriftlich erfasst, oder wendet sich der Whistleblower an eine Telefon-Hotline, über die die eingehenden Informationen auf einem Tonband aufgezeichnet werden, so ist der Tatbestand der Speicherung erfüllt. Da die Daten im weiteren Verlauf zur Aufklärung eines (unternehmensinternen) Missstandes verwendet und gegebenenfalls an weitere Stellen im In- und/oder Ausland übermittelt werden sollen, geschieht die Speicherung der Daten auch zum Zwecke ihrer weiteren Verarbeitung oder Nutzung.

D. Datenübermittlung

Übermitteln ist das Bekanntgeben gespeicherter oder durch Datenverarbeitung gewonnener personenbezogener Daten an einen Dritten durch Weitergabe der Daten oder deren Bereithalten zur Einsicht oder zum Abruf, § 3 Abs. 4 Nr. 3 BDSG. Auf die Art der Bekanntgabe (schriftlich, mündlich, telefonisch, durch Weitergabe eines Datenträgers etc.) kommt es dabei nicht an.[145] Eine datenschutzrechtlich relevante Übermittlung muss immer an einen „Dritten“ erfolgen; Übermittlungen innerhalb einer datenverarbeitenden Stelle oder zwischen den Parteien eines Auftragsdatenverarbeitungsverhältnisses sind datenschutzrechtlich nicht möglich.

143 *Gola/Schomerus*, BDSG, § 3 Rdnr. 3; *Schaffland/Wiltfang*, BDSG, § 3 Rdnr. 5; Simitis/*Dammann*, BDSG, § 3 Rdnr. 10; *Zander*, Ethik- und Verhaltensrichtlinien im Betrieb, S. 111; *Barthel/Huppertz*, AuA 2006, 204, 206.

144 ErfK/*Wank*, § 28 BDSG Rdnr. 11; *Gola/Schomerus*, BDSG, § 3 Rdnr. 26; *Schaffland/Wiltfang*, BDSG, § 3 Rdnr. 24; Simitis/*Dammann*, BDSG, § 3 Rdnr. 118.

145 *Bergmann/Möhrle/Herb*, BDSG, § 3 Rdnr. 91; Däubler/Klebe/Wedde/*Weichert*, § 3 Rdnr. 36; Simitis/*Dammann*, BDSG, § 3 Rdnr. 145; Taeger/Gabel/*Buchner*, § 3 BDSG Rdnr. 35.

I. Datenübermittlung im Rahmen der Meldung des angeblichen Verstoßes

Bei der Meldung eines (angeblichen) Verstoßes über ein Whistleblowing-System „übermittelt“ der Whistleblower – untechnisch gesprochen – personenbezogene Daten. Allerdings kann dieser Vorgang bereits als Datenerhebung seitens der Betreiber des Whistleblowing-Systems eingeordnet werden.[146]

II. Datenübermittlung an weiterverarbeitende Stellen

Nachdem die Daten im Rahmen der Meldung über das Whistleblowing-System erstmals erfasst wurden, kann es zu einer Weiterleitung dieser Daten kommen. Eine unternehmensinterne Weiterleitung oder eine Weiterleitung an unselbständige Zweigstellen eines Unternehmens stellt keine datenschutzrechtlich relevante Übermittlung dar, da der Empfänger der Daten in diesen Fällen nicht Dritter im Sinne des BDSG ist.[147] Die unternehmensinterne Weitergabe von personenbezogenen Daten des Whistleblowers beziehungsweise des Gemeldeten wirft daher keine weiteren datenschutzrechtlichen Fragen auf. Anders ist dies jedoch zu beurteilen, wenn die Daten an Stellen außerhalb des Unternehmens (etwa an einen externen Rechtsanwalt) weitergegeben werden sollen, sofern hier kein Auftragsdatenverarbeitungsverhältnis vorliegt. Auch eine konzernweite Datenübermittlung – also etwa eine Datenweitergabe von einem Tochter- an das Mutterunternehmen – stellt eine rechtfertigungsbedürftige Datenübermittlung dar; ein Konzernprivileg ist dem deutschen Datenschutzrecht fremd.[148] Im Hinblick auf datenschutzrechtlich relevante Datenübermittlungen ist auf die Ausführungen zu den datenschutzrechtlichen Rechtfertigungsgrundlagen zu verweisen. Besondere datenschutzrechtliche Fragestellungen, die sich in Bezug auf die Datenübermittlung in Nicht-EU-Länder stellen, werden im Rahmen dieser Arbeit nicht behandelt.[149] Hier ergeben sich letztlich keine Whistleblowing-spezifischen Besonderheiten.

---

146 Siehe oben Teil 3 § 2 B.

147 Däubler/Klebe/Wedde/*Weichert*, BDSG, § 3 Rdnr. 63; *Gola/Schomerus*, BDSG, § 3 Rdnr. 52; *Schaffland/Wiltfang*, BDSG, § 3 Rdnr. 53; Simitis/*Dammann*, BDSG, § 3 Rdnr. 233; Taeger/Gabel/*Buchner*, § 3 BDSG Rdnr. 56.

148 Däubler/Klebe/Wedde/*Weichert*, BDSG, § 3 Rdnr. 59; *Gola/Schomerus*, BDSG, § 27 Rdnr. 4; Roßnagel/*Büllesbach*, Handbuch Datenschutzrecht, Kapitel 6.1, Rdnr. 65; *Simitis*, BDSG, § 4c Rdnr. 61; Taeger/Gabel,/*Buchner*, § 3 BDSG Rdnr. 53; *Zander*, Ethik- und Verhaltensrichtlinien im Betrieb, S. 110; *Barthel/Huppertz*, AuA 2006, 204, 208; *Müller-Bonnani/Schell*, ArbRB 2006, 299.

149 Zum Problem des Datentransfers ins außereuropäische Ausland *Räther/Seitz*, MMR 2002, 425ff.; speziell für Hinweisgebersysteme *Schemmel/Ruhmannseder/Witzigmann*, 6. Kapitel, Rdnr. 199ff.

Teil 4: Whistleblowing und der Datenschutz von Arbeitnehmern

Der folgende Teil dieser Arbeit widmet sich praxisrelevanten Fragestellungen, die sich im Spannungsfeld zwischen Whistleblowing und Arbeitnehmerdatenschutz stellen. Bevor auf die Möglichkeiten zur datenschutzrechtlichen Rechtfertigung der Datenverarbeitungen über Whistleblowing-Systeme eingegangen wird (§ 3), soll zunächst das bestehende rechtliche Umfeld, in dem sich entsprechende Systeme bewegen, dargestellt werden (§ 1). Hierzu gehört insbesondere ein kritischer Blick auf den US-amerikanischen Sarbanes-Oxley-Act ebenso wie auf bestehende rechtliche Regelungen in einigen EU-Mitgliedsstaaten sowie auf EU-rechtliche Vorgaben selbst. Auch spezialgesetzliche Regelungsansätze auf nationaler Ebene werden aufzuzeigen sein. Ferner wird auf die Rolle des Whistleblowings im Rahmen umfassender Compliance-Maßnahmen eingegangen werden müssen (§ 2).

§ 1 Rechtliches Umfeld

A. USA

Die umfangreichsten und detailliertesten rechtlichen Regelungen zum Whistleblowing gibt es in den USA, auch wenn hier der Aspekt des Datenschutzes bisher keinen Eingang in die Gesetzgebung gefunden hat.

I. Der Sarbanes-Oxley Act

Anlass vieler Unternehmen, Whistleblowing-Systeme einzuführen, war und ist eine tatsächliche oder auch nur vermeintliche Verpflichtung hierzu nach dem Sarbanes-Oxley Act. Um nicht ihre Notierung an den US-Börsen zu verlieren, unterwerfen sich auch zahlreiche deutsche Unternehmen den Vorschriften des SOX. Hintergrund, Regelungsgehalt und insbesondere Geltungsbereich dieses US-Gesetzes sollen daher im Folgenden dargestellt werden. Im Anschluss daran soll der SOX einer kritischen Würdigung im Hinblick auf seine Sinnhaftigkeit unterzogen werden.

1. Hintergrund

Der Sarbanes-Oxley Act of 2002[150] – benannt nach seinen maßgeblichen Architekten Paul Spyros Sarbanes (Demokrat) und Michael Garver Oxley (Republikaner) – ist ein US-Bundesgesetz zur Modifizierung des „Securities Act of 1933“[151] sowie des „Securities Exchange Act of 1934“[152]. Er wurde am 30.7.2002 als Reaktion auf die Bilanzfälschungsskandale um die amerikanischen Unternehmen Enron und WorldCom erlassen.[153] Das Gesetzgebungsverfahren nahm nach Bekanntwerden des Enron-Kollapses insgesamt weniger als ein Jahr in Anspruch.[154] Wie noch zu zeigen sein wird, wurde einzelnen Formulierungen dabei scheinbar nur wenig Zeit gewidmet.[155] Nach der amtlichen Begründung des Sarbanes-Oxley Act dient das Gesetz vor allem dazu, die Anleger durch genauere und verlässlichere wertpapierrechtliche Publizitätspflichten zu schützen.[156] Dieser Zielsetzung entsprechend sieht der SOX zahlreiche Maßnahmen vor, um das Vertrauen der Investoren in die Zuverlässigkeit der an der US-Börse notierten Unternehmen wieder zu stärken. Neben Regelungen zur Überwachung und Unabhängigkeit von Wirtschaftsprüfgesellschaften (Titel I und II), sowie zahlreichen Offenlegungspflichten (Titel IV) befasst sich der SOX dabei insbesondere mit Fragen der Corporate Governance, also der (guten) Unternehmensführung (Titel III). Daneben finden sich im SOX verschärfte Strafvorschriften (Titel VIII, IX, XI).

---

150 „Sarbanes-Oxley Act of 2002“ ist die offizielle Kurzform des als „Public Company Accounting Reform and Investor Protection Act of 2002“ in den Senat eingebrachten Gesetzes.

151 Http://www.law.uc.edu/CCL/33Act.

152 Http://www.law.uc.edu/CCL/34Act.

153 *Mahnhold*, NZA 2008, 737; *von Zimmermann*, WM 2007, 1060; zur Entwicklung hin zum SOX siehe auch *Bostelman*, PLI`s Guide to the Sarbanes-Oxley Act, S. 4ff.; *Nicklisch*, Auswirkungen des Sarbanes-Oxley Act, S. 22ff., insbesondere S. 37ff.; speziell zur Geschichte von Enron auch *Daub*, New Whistleblowing Regulations, S. 2ff.; zu den Fällen Enron, WorldCom und Flowtex *Hofman*, ZCG 2006, 121ff.

154 Hierzu detailliert *Nicklisch*, Auswirkungen des Sarbanes-Oxley Act, S. 39ff.; *Gruson/Kubicek*, AG 2003, 337, 338.

155 *Dworkin*, 105 Michigan L. Rev. 1757, 1774 (2007): „written badly and in haste“; auch *Groneberg* spricht von „fundamentalen Problemen bei der Um- und Durchsetzung“, *Groneberg*, Whistleblowing, S. 86.

156 Dem Gesetzestext vorangestellt ist folgende Begründung: “An Act to protect investors by improving the accuracy and reliability of corporate disclosures made pursuant to the securities laws, and for other purposes.“

2. Regelungsgehalt in Bezug auf Whistleblowing

Im Zusammenhang mit der Problematik des Whistleblowings enthält der SOX an verschiedenen Stellen Regelungen. Diese sollen im Folgenden zunächst kurz vorgestellt werden, bevor auf ihre Geltung auch für deutsche Unternehmen eingegangen wird.

a. Sec. 301 Abs. 4 (Verpflichtung zur Einrichtung von Whistleblowing-Systemen)

Die im vorliegenden Zusammenhang bedeutendste Bestimmung des SOX findet sich in dessen Sec. 301 Abs. 4:

> „*Each audit committee shall establish procedures for*
>
> *(A) the receipt, retention and treatment of complaints received by the issuer regarding accounting, internal accounting controls, or auditing matters; and*
>
> *(B) the confidential, anonymous submission by employees of the issuer of concerns regarding questionable accounting or auditing matters.*"[157]

Die Einrichtung eines Hinweisgebersystems, an das sich Arbeitnehmer mit Beschwerden wenden können, wird für Unternehmen im Geltungsbereich des SOX damit zur Pflicht. Es muss dabei die Möglichkeit einer anonymen Meldung bestehen. Mit dieser Verpflichtung zur Einrichtung anonymer Kanäle zum Zweck des Whistleblowings enthält der SOX eine auch im US-Recht bisher einzigartige Regelung.[158] Sie wurde in die Ausführungsbestimmungen der Securities and Exchange Commission (SEC)[159] sowie in die Corporate Governance Regelungen der Nasdaq[160] übernommen. Gerade das Erfordernis, auch anonyme Meldungen zuzulassen, ist jedoch – wie noch zu zeigen sein wird – im Hinblick auf die Einhaltung des deutschen Datenschutzrechts besonders problematisch.[161] Beschränkungen der Meldemöglichkeit auf bestimmte Gruppen von Mitarbeitern sind in Sec. 301 Abs. 4 nicht vorgesehen. Allerdings sind die vom SOX geforderten Whistleblowing-Systeme begrenzt auf die Meldung fragwürdiger Buchführungs- und Buchprüfungsvorgänge („*questionable accounting or auditing matters*").

---

157 Zu deutsch: Jeder Prüfungssausschuss soll Verfahren einrichten für (A) die Entgegennahme, Erfassung und Bearbeitung von Beschwerden in Bezug auf die Bilanzierung, Buchführung und Rechnungsprüfung sowie (B) zur vertraulichen, anonymen Annahme von Beschwerden von Arbeitnehmern über fragliche Buchfürhungs- und Buchprüfungsvorgänge.

158 *Dworkin*, 105 Michigan L. Rev. 1757, 1760 (2007).

159 SEC Final Rule 33-8220, abrufbar unter: http://www.sec.gov/rules/final/33-8220.htm.

160 Rule 4350 (d) (3).

161 Siehe Teil 5.

b. Sec. 307 (Berufspflicht von Anwälten zum Whistleblowing)

Nach Sec. 307 SOX wird die SEC dazu verpflichtet, die Berufspflichten von Rechtsanwälten zu konkretisieren. Insbesondere soll eine Pflicht geschaffen werden, nach der Anwälten auferlegt wird, Anhaltspunkte für Verstöße gegen wertpapierrechtliche Vorschriften oder die Verletzung treuhänderischer Pflichten dem Leiter der Rechtsabteilung oder der Geschäftsführung zu melden („*to report evidence of a material violation of securities law or breach of fiduciary duty or similar violation by the company or any agent thereof, to the chief legal counsel or the chief executive officer of the company (or the equivalent thereof)*“). Diese speziell auf Rechtsanwälte bezogene Pflicht zum Whistleblowing soll jedoch nicht Gegenstand der weiteren Untersuchungen sein.

c. Sec. 406 (Code of Ethics) und Ausführungsbestimmungen der SEC

Nach Sec. 406 SOX soll jedes Unternehmen darüber hinaus dazu verpflichtet werden, offenzulegen, ob es einen Code of Ethics für den „*senior financial officer, principle financial officer, controler, principal accounting officer or persons performing similar functions*“, also für Personen mit bestimmten herausgehobenen Positionen im Finanz- und Buchführungsbereich eines Unternehmens, erlassen hat. Wenn dies nicht der Fall sein sollte, so sind die Gründe hierfür ebenfalls anzugeben. Aus den Ausführungsbestimmungen der SEC geht hervor, dass der Code of Ethics so gestaltet sein soll, dass die Anzeige von Zuwiderhandlungen gefördert wird.[162] Die SEC führt also Whistleblowing ausdrücklich als Teil eines Code of Ethics auf. Dabei geht die Regelung über den Bereich von Sec. 301 Abs. 4 SOX hinaus, da nicht nur Verstöße gegen Rechnungslegungsvorschriften, sondern generell gegen im Unternehmen geltende Verhaltenspflichten, gemeldet werden sollen. Die Möglichkeit anonymer Meldungen wird von der SEC in diesem Zusammenhang demgegenüber nicht gefordert.[163]

d. Sec. 806 (Schutz von Whistleblowern)

In unmittelbarem Zusammenhang zu der Verpflichtung zur Einrichtung von Whistleblowing-Systemen steht eine weitere Vorschrift, die sich dem Schutz der Whistleblower widmet. Sec. 806 SOX bestimmt:

---

162 SEC Final Rule 33-8177, abrufbar unter: http://www.sec.gov/rules/final/33-8177.htm; *Mahnhold*, NZA, 737, 740f.; *Schmidt*, Governance, S. 60.

163 *Mahnhold*, NZA, 737, 740f.; *Schmidt*, Governance, S. 61.

„No company (...) may discharge, demote, suspend, threaten, harass, or in any other manner discriminate against an employee in the terms and conditions of employment because of any lawful act done by the employee

(1) to provide information (...) regarding any conduct which the employee reasonably believes constitutes a violation... “[164]

Der SOX schützt somit die Person des (gutgläubigen) Whistleblowers vor nachteiligen Auswirkungen seines Handelns. Sämtliche negativen Konsequenzen – von Kündigungen und Suspendierungen bis hin zum Mobbing des Whistleblowers – sind nach Sec. 806 SOX ausdrücklich verboten.

e. Sec. 1107 (Strafdrohung)

Werden entgegen Sec. 806 SOX dennoch Vergeltungsmaßnahmen gegen einen Whistleblower getroffen, so kann dies nach Sec. 1107 SOX mit Geldstrafe oder Freiheitsstrafe bis zu 10 Jahren oder beidem geahndet werden.

3. Beschränkter Anwendungsbereich

Auch viele europäische Unternehmen sehen sich durch den SOX zur Einrichtung von Whistleblowing-Systemen verpflichtet. Sie verkennen dabei jedoch oftmals den nur beschränkten inhaltlichen Anwendungsbereich des US-Gesetzes. So sieht Sec. 301 Abs. 4 SOX die Einführung von Whistleblowing-Systemen ausschließlich für die Meldung fragwürdiger Buchführungs- oder Buchprüfungsvorgänge vor.[165]

Viele Unternehmen implementieren allerdings Systeme, über die sämtliche Arten von Straftaten oder auch nur Verstöße gegen unternehmensinterne Ethik-Richtlinien angezeigt werden können.[166] Inwieweit dies unter datenschutzrechtlichen Aspekten zulässig ist, wird noch zu klären sein. Um mit den Anforderungen

---

164 Frei übersetzt: Kein Unternehmen soll einen Arbeitnehmer aufgrund einer gutgläubigen Eingabe entlassen, herabstufen, suspendieren, bedrohen, belästigen oder auf irgendeine andere Weise diskriminieren.

165 *Bostelman*, PLI`s Guide to the Sarbanes-Oxley Act, S. 90; *Gruson/Kubicek*, AG 2003, 337, 340f., 348; *Hütten/Stromann*, BB 2003, 2223, 2224; *Kersting*, ZIP 2003, 233, 240; *ders.*, ZIP 2003, 2010, 2011, 2014; *Wisskirchen/Körber/Bissels*, BB 2006, 1567, 1570; *von Zimmermann*, WM 2007, 1060, 1062; *ders.*, RDV 2006, 242.

166 Vgl. die Ethikrichtlinien des US-Konzerns Wal-Mart, die unter anderem auch ein Verbot von Liebesbeziehungen am Arbeitsplatz vorsahen, hierzu *LAG Düsseldorf*, NZA-RR 2006, 81; *ArbG Wuppertal*, NZA-RR 2005, 476 (Wal-Mart).

des SOX konform zu gehen, ist die Einrichtung derart weitgehender Whistleblowing-Systeme jedenfalls nicht erforderlich.[167]

4. Geltungsbereich

Der SOX ist ein US-amerikanisches Bundesgesetz auf dem Gebiet des Kapitalmarktrechts. Fraglich ist daher, ob die Normen des SOX auch für deutsche Unternehmen mit Verbindungen zum amerikanischen Kapitalmarkt Geltung beanspruchen, mithin ob der amerikanische Gesetzgeber dem SOX exterritorialen Anwendungswillen beimessen wollte.[168] Diese Frage spielt auch für die datenschutzrechtliche Zulässigkeit der Einrichtung von Whistleblowing-Systemen in deutschen Unternehmen durchaus eine Rolle. Wäre ein deutsches Unternehmen nach den Vorschriften des SOX zur Einrichtung eines derartigen Systems verpflichtet, so stellte die entsprechende Regelung des US-Gesetzes zwar keine „andere Rechtsvorschrift" i. S. des § 4 Abs. 1 BDSG dar, die eine Datenverarbeitung ohne weiteres rechtfertigen würde.[169] So kann sich eine datenverarbeitende Stelle im Anwendungsbereich des BDSG nicht auf die gesetzlichen Vorschriften eines anderen Staates zur Rechtfertigung der Datenverarbeitung stützen.[170] Allerdings wäre eine derartige Verpflichtung des Arbeitgebers ein wichtiger Aspekt im Rahmen der nach den einschlägigen gesetzlichen Erlaubnistatbeständen des § 32 beziehungsweise § 28 BDSG erforderlichen Interessenabwägung.[171] Das Interesse eines an der US-Börse gelisteten Unternehmens, die Vorschriften des SOX einzuhalten, ist durchaus legitim. Denn andernfalls drohten dem Unternehmen Sanktionen bis hin zum Entzug seiner Börsennotierung. Der Frage nach der Geltung des SOX für deutsche Unternehmen muss daher weiter nachgegangen werden.

a. Geltung für an der US-Börse notierte deutsche Unternehmen

Der SOX enthält Regelungen für Emittenten (sogenannte „issuer"). Wer unter den Begriff des „issuer" fällt, wird in Sec. 2 Abs. 7 SOX definiert. Danach umfasst die Terminologie im Sinne des Gesetzes:

---

167 *Von Zimmermann*, WM 2007, 1060, 1062f.

168 *Mahnhold*, NZA 2008, 737, 742.

169 *LAG Düsseldorf*, NZA-RR 2006, 81; *ArbG Wuppertal*, NZA-RR 2005, 476 (Wal-Mart); *Sänger*, Whistleblowing, S. 167; *Breinlinger/Krader*, RDV 2006, 60, 64; *Hilber/Hartung*, BB 2003, 1054, 1059; *Schmidl*, DuD 2006, 414, 415; *von Zimmermann*, RDV 2006, 242, 245f.

170 *Taeger*/Gabel, § 4 BDSG Rdnr. 33.

171 *Sänger*, Whistleblowing, S. 168; *Breinlinger/Kader*, RDV 2006, 60, 64; *Behrendt/Kaufmann*, CR 2006, 642, 646; *von Zimmermann*, WM 2007, 1060, 1062; *ders.*, RDV 2006, 242, 246.

„issuer (as defined in section 3 of the Securities Exchange Act of 1934 (15 U.S.C. 78c)), the securities of which are registered under section 12 of that Act (15 U.S.C. 78l), or that is required to file reports under section 15 (d) (15 U.S.C. 78o(d)), or that files or has filed a registration statement that has not yet become effective under the Securities Act of 1933 (15 U.S.C. 77a et seq.), and that it has not withdrawn.“[172]

Sec. 3 (a) Abs. 8 des Securities Exchange Act (SEA) 1934 wiederum definiert „issuer“ wie folgt:

„The term „issuer“ means any person who issues or proposes to issue any security (...)“[173]

Nach Sec. 3 (a) Abs. 8 und Sec. 12 (b) SEA 1934 ist „issuer“ damit zunächst jeder, der Aktien bei einer nationalen Wertpapierbörse (gemeint sind hiermit die amerikanischen Börsen New York Stock Exchange (NYSE), der American Stock Exchange (AMEX) und Nasdaq[174]) listen lässt. Eine Unterscheidung zwischen in- und ausländischen Emittenten wird hier nicht getroffen. Damit fallen auch deutsche Unternehmen, deren Aktien an den US-Börsen gehandelt werden, in den Geltungsbereich des SOX. Zwar entsteht durch den SOX keine vor deutschen Gerichten einklagbare Verpflichtung zur Befolgung der Vorschriften. An der US-Börse aktive deutsche Unternehmen müssen sich jedoch in ihrem eigenen Interesse den US-Regelungen unterwefen, um nicht ihre Börsennotierung zu riskieren. Entgehen können sie den Regelungen allenfalls durch einen Rückzug vom US-Kapitalmarkt.[175]

Ebenfalls durch den Begriff des „issuer“ erfasst werden darüber hinaus Unternehmen mit bestimmten Berichtspflichten gegenüber der amerikanischen Börsenaufsichtsbehörde SEC sowie Unternehmen, die einen Antrag auf Registrierung von Aktien eingereicht haben, der noch nicht wirksam geworden ist und bislang nicht wieder zurückgezogen wurde.[176]

Da die Geltung der SOX-Regelungen letztlich an einen „amerikanischen Sachverhalt“, nämlich die Notierung an der US-Börse, anknüpft, ist die Ausdeh-

172 Übersetzt: Emittenten (nach der Definition in Abschnitt 3 des Securities Exchange Act von 1943), deren Wertpapiere nach Abschnitt 12 desselben Gesetzes zugelassen wurden oder die zur Erstellung von Berichten nach Abschnitt 15d verpflichtet sind oder die einen Antrag auf Börsenzulassung, der noch nicht nach dem Securities Act von 1933 wirksam geworden ist, gestellt und nicht wieder zurückgezogen haben.

173 Zu deutsch: Der Begriff „Emittent“ umfasst jede Person, die Wertpapiere handelt oder dies beabsichtigt (...).

174 *Kamann/Simpkins*, RIW 2003, 183, 184.

175 *Gruson/Kubicek*, AG 2003, 337, 340.

176 *Gruson/Kubicek*, AG 2003, 337, 339 mit weiteren Erläuterungen in Fn. 17.

nung des Anwendungsbereichs auch auf nicht-amerikanische Unternehmen unter dem Gesichtspunkt der Rechtsetzungshoheit nicht zu beanstanden.[177]

b. Geltung für deutsche Tochtergesellschaften amerikanischer Unternehmen

Nicht vollständig geklärt ist demgegenüber, inwieweit der SOX darüber hinaus Ausstrahlungswirkung auf deutsche Tochterunternehmen amerikanischer Unternehmen entfaltet. Diskutiert wird hierbei insbesondere, ob auch nicht börsennotierte deutsche Tochtergesellschaften amerikanischer Mutterkonzerne den Regelungen des SOX unterfallen.[178] Die Gesetzestexte des SOX sowie des SEA 1943 enthalten diesbezüglich keinerlei Regelungen. Dies könnte zunächst gegen eine Anwendung der Normen auch auf deutsche Tochtergesellschaften sprechen. Klarheit könnte ein Blick auf die amerikanische Rechtsprechung zur Anwendbarkeit von Sec. 806 SOX auf nicht börsennotierte Unternehmen bringen.

aa. Morefield v. Exelon Services, Inc.

In dem Fall *Michael T. Morefield v. Exelon Services, Inc.* wurde eine Geltung der Whistleblowerschutzregelungen des SOX (Sec. 806 SOX) für eine nicht börsennotierte Tochtergesellschaft einer börsennotierten Gesellschaft durch den Verwaltungsrichter *Stuart A. Levin* des *U.S. Department of Labor* bejaht. Nach Struktur, Wortlaut sowie Sinn und Zweck des SOX müssten Tochtergesellschaften als integrale Bestandteile eines großen Unternehmens von den Schutzregelungen umfasst sein. Dies folge schon daraus, dass der US-Kongress bei Beschluss des SOX auf einem sorgfältigen und integeren Rechnungswesen auf allen Stufen der Unternehmensstruktur, inklusive der nicht börsennotierten Tochtergesellschaften eines Unternehmens, bestand.[179] Die Entscheidungen in *Flake v. New World Pasta*[180] sowie *Powers v. Pinnacle Airlines*[181] können hier auch in-

---

177 *Fahrig*, Verhaltenskodex und Whistleblowing, S. 44; *Schemmel/Ruhmannseder/Witzigmann*, 3. Kapitel, Rdnr. 11; *Gruson/Kubicek*, AG 2003, 337, 340.

178 *Behrendt/Kaufmann*, CR 2006, 642, 644.

179 Michael T. Morefield v. Exelon Services, Inc., 2005-SOX-00002 (ALJ v. 28.1.2004), nachzuschlagen unter: http://www.oalj.dol.gov/PUBLIC/WHISTLEBLOWER/Decisions/ALJ_Decisions/SOX/MOREFIELD_MICHAEL_T_V_EXELON_SERVICES_2004SOX00002_(FEB_14_2005)_151132_CADEC_SD.PDF; *Behrendt/Kaufmann*, CR 2006, 642, 644.

180 Flake v. New World Pasta Co., 2003-SOX-18 (ALJ July 7, 2003), abzurufen unter: http://www.scribd.com/doc/1751942/Department-of-Labor-03-126.

181 Powers v. Pinnacle Airlines, Inc., OALJ Case No. 2003-AIR-00012 (Mar. 5, 2003), nachzuschlagen unter: http://www.oalj.dol.gov/Decisions/ALJ/AIR/2003/POWERS_COLEEN_L_v_PINNACLE_AIRLINES_2003AIR00012_(MAR_05_2003)_144330_ORDER_SD.PDF.

sofern nicht als divergierend bezeichnet werden[182], als ihnen unterschiedliche Sachverhaltskonstellationen zugrunde lagen, sie also auch gerade keine von dem hier entscheidenden Richter nach amerikanischem Caselaw zu beachtenden Präzedenzfälle darstellten. So hat der Kläger in *Powers v. Pinnacle Airlines* versäumt, die börsennotierte Muttergesellschaft als Mitbeklagte zu benennen. In *Flake v. New. World Pasta* war schon der inhaltliche Anwendungsbereich des SOX nicht eröffnet. Hinzuweisen ist allerdings darauf, dass es sich im *Morefield*-Fall auch bei der betroffenen Tochtergesellschaft um ein US-amerikanisches Unternehmen handelte. Auf die Frage, ob die Whistleblower-Regelungen auch auf ausländische Tochtergesellschaften anwendbar sind, enthält das Urteil daher jedenfalls keine unmittelbare Antwort.

bb. Carnero v. Boston Scientific Corp.

Aufschlussreicher ist hier das Urteil des *U.S. Court of Appeals (First Circuit)* im Fall *Carnero v. Boston Scientific Corporation.*[183] In diesem Urteil wird ein exterritorialer Anwendungswille von Sec. 806 SOX ausdrücklich verneint. In Fällen, in denen das Gesetz zur territorialen Reichweite einer Norm schweige und auch kein eindeutiger Wille des US-Kongress ersichtlich sei, spreche eine Vermutung gegen eine Ausdehnung der Vorschriften auf exterritoriale Sachverhalte, so der Richter *Campbell.* Zudem habe der Kongress an anderer Stelle im SOX die exterritoriale Wirksamkeit einer Norm ausdrücklich anerkannt. Dies zeige, dass der Gesetzgeber das Problem gesehen und dort geregelt habe, wo er dies für nötig hielt.

Gegen eine Anwendung der Normen auf Mitarbeiter einer ausländischen Tochterfirma spricht nach Ansicht *Campbells* zudem, dass die Whistleblowerschutzregelungen des SOX andernfalls die US-Gerichte sowie das *DOL (US Department of Labor)* ermächtigten, in die Rechtsbeziehung zwischen ausländischen Arbeitnehmern und deren ausländischen Arbeitgebern einzugreifen. Dies sei bei Schaffung des SOX nicht das Anliegen des US-Kongress gewesen.

cc. Auswertung

Folgt man der Argumentation des Richters *Levin* in *Moreflield v. Exelon Services*, müssten nach dem Sinn und Zweck des SOX auch ausländische Tochtergesellschaften von den Whistleblower-Regelungen erfasst sein. Schließlich stellen

182 So aber *Reiter*, RIW 2005, 168, 173.

183 Carnero v. Boston Scientific Corporation, 433 F. 3d 1 (1ST Cir. 2006), abzurufen unter: http://fsnews.findlaw.com/cases/1st/041801.html; zustimmend *Reiter*, RIW 2005, 168, 173.

auch diese einen integralen Bestandteil eines großen Konzerns dar und sollten daher im Hinblick auf die Kontrolle der Rechnungslegung und Bilanzprüfung einheitlichen Regelungen unterworfen werden.

Zu einem ähnlichen Ergebnis gelangt man auch dann, wenn man im Hinblick auf die exterritoriale Anwendbarkeit von Sec. 806 SOX ein marktbezogen-teleologisches Anknüpfungsmodell der strengen Anknüpfung nach dem Territorialitätsprinzip, welcher im Fall *Carnero* gefolgt wurde, vorzieht.[184] Dieses entspricht auch der im US-Kapitalmarktbereich mittlerweile etablierten Rechtsprechung sowie der Verwaltungspraxis der SEC.[185] Nicht einsichtig ist, warum der großzügigen teleologischen Anknüpfung dann nicht gefolgt wird, wenn diese ausnahmsweise einmal ausländischen Arbeitnehmern zugute kommt.[186]

In diesem Zusammenhang lassen sich durchaus auch Stimmen finden, die für eine Ergänzung der rein territorialen Anknüpfung durch die Grundsätze des BAG zur Ausstrahlungswirkung deutscher arbeitsrechtlicher Gesetze plädieren.[187] Dieser Ansatz bezieht sich jedoch allein auf die Frage nach den im Falle der Whistleblowerschutzregelung der Sec. 806 SOX geltenden Kollisionsregeln des deutschen Internationalen Privatrechts. Diese Ausstrahlungswirkung des deutschen Rechts setze eine rechtliche und tatsächliche Bindung des Arbeitnehmers an den inländischen Betrieb voraus. Danach käme eine Anwendung der SOX-Regelungen mithin dann in Betracht, wenn der inländische Arbeitnehmer vollumfänglich in den amerikanischen Betrieb integriert ist. Ausgeschlossen wäre sie hingegen in Bezug auf Arbeitnehmer, die trotz ihres amerikanischen Tätigkeitsortes eine enge rechtliche und tatsächliche Beziehung zu einem deutschen Betrieb aufweisen.[188] Hiervon zu trennen ist allerdings die (Vor-)Frage nach dem exterritorialen Anwendungswillen einer Norm. Die Frage des „positiven Anwendungswillens" sei nicht alleinentscheidend, eine Anwendung gegen den Willen der ausländischen Norm jedoch ausgeschlossen.[189]

dd. Konsequenzen für die Anwendbarkeit des SOX auf deutsche Tochterunternehmen, teleologische Auslegung und Ausstrahlungswirkung des SOX

Deutsche Arbeitnehmer, die bei einem in Deutschland ansässigen Tochterunternehmen eines amerikanischen börsennotierten Mutterkonzerns beschäftigt sind,

---

184 *Knöfel*, RIW 2007, 493, 494f.
185 *Knöfel*, RIW 2007, 493, 494f.
186 *Knöfel*, RIW 2007, 493, 494f.
187 *Reiter*, RIW 2005, 168, 177.
188 *Reiter*, RIW 2005, 168, 177.
189 *Reiter*, RIW 2005, 168, 176.

können sich in einem arbeitsrechtlichen Prozess nicht auf Sec. 806 SOX berufen.[190] Für die Frage, ob das deutsche Tochterunternehmen an Sec. 301 SOX gebunden ist und demzufolge entsprechende Verfahren zur Entgegennahme und Behandlung von Arbeitnehmerbeschwerden für die Bereiche Buchhaltung, Rechnungsprüfung, Buchprüfung sowie im Kampf gegen Bestechung, Bank- und Finanzkriminalität einrichten muss, ergibt sich aus dieser Feststellung allerdings keine Antwort. Letztlich wird hier auf den Sinn und Zweck der SOX-Regelungen abzustellen sein. Wie schon in der Entscheidung *Morefield v. Exelon Services, Inc.* festgestellt, sind Mutter- und Tochterunternehmen integrale Bestandteile desselben Konzerns.[191] Konzerneinheitliche Leitlinien auch in Bezug auf die Einführung von und den Umgang mit Whistleblowing-Systemen liegen daher im Interesse der US-Muttergesellschaft.[192] Nach dem Konzernrecht kann die Konzernmutter ihren Tochterunternehmen insofern auch zwingend umzusetzende Vorgaben machen.[193] Schon allein aufgrund konzernrechtlicher Verflechtungen kann sich daher für deutsche Unternehmen die Pflicht zur Einführung eines SOX-konformen Whistleblowing-Systems ergeben.[194]

Einige Vorschriften des SOX entfalten darüber hinaus sogar eine unmittelbare Ausstrahlungswirkung auf deutsche Tochterunternehmen von an der US-Börse notierten Unternehmen.[195] Sec. 302 (a) Abs. 4 (B) SOX bestimmt, dass

> *„the signing officers (...) have designed such internal controls to ensure that material information relating to the issuer and its consolidated subsidiaries is made known to such officers by others within those entities, particularly during the period in which the periodic reports are being prepared“*[196]

Dem (in den USA ansässigen) Konzernmanagement sind nach Sec. 302 (a) Abs. 4 (B) SOX damit auch wesentliche Informationen über konsolidierte Tochterun-

---

190 Siehe vorstehend.

191 Michael T. Morefield v. Exelon Services, Inc., 2005-SOX-00002 (ALJ v. 28.1.2004), nachzuschlagen unter: http://www.oalj.dol.gov/PUBLIC/WHISTLEBLOWER/Decisions/ALJ_Decisions/SOX/MOREFIELD_MICHAEL_T_V_EXELON_SERVICES_2004SOX00002_(FEB_14_2005)_151132_CADEC_SD.PDF.

192 *Fahrig*, Verhaltenskodex und Whistleblowing, S. 45; *Eisenbeis/Nießen*, FS Leinemann, 697.

193 *Fahrig*, Verhaltenskodex und Whistleblowing, S. 45; vgl. auch *LAG Düsseldorf*, NZA-RR 2006, 81, 83 (Wal-Mart).

194 *Fahrig*, Verhaltenskodex und Whistleblowing, S. 47.

195 *Behrendt/Kaufmann*, CR 2006, 642, 643f.; *Lanfermann/Maul*, DB 2002, 1725, 1729; *von Zimmermann*, WM 2007, 1060, 1061.

196 Übersetzt: die Gegenzeichnungsbefugten haben interne Kontrollmechanismen entwickelt, die sicherstellen, dass ihnen wesentliche Informationen über den Emittenten und seine konsolidierten Tochtergesellschaften von anderen Stellen innerhalb des Konzerns zugänglich gemacht werden, insbesondere in Zeiten der Vorbereitung der regelmäßigen Berichtslegung.

ternehmen eines Emittenten zeitnah, insbesondere im Zeitraum der Erstellung der Jahresabschlussberichte, zur Verfügung zu stellen.[197]

Auch dies spricht dafür, dass Tochterunternehmen in Bezug auf die SOX-Regelungen nicht unabhängig von ihren US-amerikanischen Muttergesellschaften betrachtet werden können.

c. Ausnahmen für „foreign private issuers“

Das US-Kapitalmarktrecht enthält verschiedentlich Ausnahmen für sogenannte „*foreign private issuers*“. Dies sind Unternehmen, die nach fremdem Recht gegründet oder organisiert sind und darüber hinaus weitere Anforderungen erfüllen, die sich aus der Exchange Act Rule 3b-4 (c)[198] ergeben.[199] Auf die Ausnahmevorschriften nicht berufen können sich demnach Unternehmen, deren Aktien zu über 50% in den USA gehalten werden und bei denen entweder

- die Mehrheit der Vorstandsmitglieder oder der executive officers aus Bürgern oder Einwohnern der USA bestehen oder
- sich mehr als 50% der Aktiva des Unternehmens in den USA befinden oder
- die Geschäfte hauptsächlich von den USA aus geführt werden.

Darüber hinaus zählen auch ausländische Regierungen nicht zu den privilegierten „*foreign private issuers*“.

Wie sich aus den Ausführungsbestimmungen der SEC zum SOX ergibt, wird im Hinblick auf die sich aus Sec. 301 SOX ergebenden Pflichten zur Einrichtung eines audit committees und zur Implementierung von Whistleblowing-Systemen allerdings keine Ausnahme für ausländische Emittenten gemacht. Vor dem Hintergrund der wachsenden Globalisierung auf den Kapitalmärkten seien hier vielmehr einheitliche Regelungen erforderlich.[200] Die Bestimmungen der Sec. 301 SOX sind damit uneingeschränkt für deutsche Unternehmen verbindlich, die in den Geltungsbereich des SOX fallen.

d. Zusammenfassung der Ergebnisse

Der SOX ist in seinem Anwendungsbereich beschränkt und gilt nur für die Bereiche Buchhaltung, Rechnungsprüfung, Buchprüfung sowie im Kampf gegen Bestechung, Bank- und Finanzkriminalität. Die Einrichtung von Whistleblo-

---

197 *Gruson/Kubicek*, AG 2003, 393, 394; *Lanfermann/Maul*, DB 2002, 1725, 1729.

198 Abrufbar unter: http://taft.law.uc.edu/CCL/34ActRls/rule3b-4.html.

199 *Kersting*, ZIP 2003, 2010, 2016.

200 SEC, Standards Relating to Listed Company Audit Committees, Sec. II. F. 3. a (foreign private issuers), abrufbar unter: http://www.sec.gov/rules/final/33-8220.htm.

wing-Systemen zur Meldung anderweitiger Verhaltensverstöße wird vom SOX nicht gefordert und erfolgt daher von deutschen Unternehmen allein auf freiwilliger Basis. Das Interesse des Arbeitgebers, die Vorgaben des SOX zu erfüllen, kann in der datenschutzrechtlichen Interessenabwägung nur insoweit Berücksichtigung finden, als es um Whistleblowing-Systeme geht, die ausschließlich Meldungen in den vorgenannten Bereichen aufnehmen.

Ein deutsches Unternehmen fällt jedenfalls dann in den Geltungsbereich des SOX, wenn seine Aktien an der US-amerikanischen Börse gehandelt werden. Die Entscheidung für eine Teilnahme am US-Aktienmarkt bringt die Verpflichtung mit sich, die hier geltenden Rechtsvorschriften zu beachten. Zwar besteht kein Rechtsanwendungsbefehl für den deutschen Rechtskreis. Die Einhaltung der SOX-Regelungen könnte mithin nicht vor einem deutschen Gericht eingeklagt werden. Allerdings riskieren Unternehmen durch SOX-Verstöße den Verlust ihrer Notierung an der US-Börse.

Auch im Hinblick auf deutsche Tochterunternehmen US-amerikanischer Muttergesellschaften entfaltet der SOX eine gewisse Ausstrahlungswirkung.[201] Konzernrechtliche Verflechtungen bewirken darüber hinaus, dass auch Tochterunternehmen von Sec. 301 Abs. 4 SOX betroffen werden.[202] Allein die Whistleblowerschutzregelung der Sec. 806 SOX kann deutschen Arbeitnehmern, die bei einer deutschen Tochtergesellschaft beschäftigt sind, nicht zugutekommen. Bei der Frage des Whistleblowerschutzes vor Vergeltungsmaßnahmen handelt es sich letztlich jedoch um ein arbeitsrechtliches Problem, das im Rahmen dieser Arbeit nicht vertieft werden soll.

Wenn ein deutsches Unternehmen in den Anwendungsbereich des SOX fällt und sich auf dem US-Kapitalmarkt bewegen möchte, dann sollte es in seinem eigenen Interesse auch Sec. 301 SOX beachten und entsprechende Meldeverfahren einrichten. Andernfalls drohen ihm Sanktionen bis hin zum Ausschluss von der US-Börse. Eine Ausnahme für „*foreign private issuers*“, auf die sich ein ausländisches Unternehmen berufen könnte, existiert in diesem Bereich nicht.

5. Kritik aus US-Sicht

Der Sarbanes-Oxley Act wurde unter großem politischem Druck in kürzester Zeit geschrieben und verabschiedet. Einzelne Vorschriften bleiben dabei schon allein aufgrund ihrer Wortwahl unklar und lassen viel Raum für Interpretationen. Kritikwürdig erscheinen insbesondere die zum Teil sehr weit gefassten Formu-

---

201 *Behrendt/Kaufmann*, CR 2006, 642, 643f.; *Lanfermann/Maul*, DB 2002, 1725, 1729; *von Zimmermann*, WM 2007, 1060, 1061.

202 *Fahrig*, Verhaltenskodex und Whistleblowing, S. 47.

lierungen, die etwa im Hinblick auf Sec. 806 SOX oben geschilderte Diskussionen über die exterritoriale Anwendbarkeit der Norm provozieren.[203] Auch Sec. 301 Abs. 4 SOX lässt Fragen offen. Wie eine Anzeige zugleich vertraulich und anonym erstattet werden können soll („*confidential, anonymous submission*"), ist ungewiss.[204] Zudem ordnet Sec. 301 Abs. 4 SOX zwar die Einrichtung bestimmter Maßnahmen „*for the receipt, retention and treatment of complaints (...)*" an, überlässt die nähere Ausgestaltung jedoch offenbar der Auslegung der Unternehmen. Dies führt zu weiteren Unsicherheiten.[205] Ebenso schreibt die Norm kein einheitliches Verfahren dafür vor, wie die Unternehmensführung auf entsprechende Beschwerden von Mitarbeitern (Whistleblowern) zu reagieren hat. Dies hat zur Folge, dass auch weiterhin viele Beschwerden unbearbeitet bleiben.[206]

Neben ihren ungenauen Formulierungen wird in der US-Literatur auch die Effektivität der SOX-Regelungen zum Teil stark angezweifelt. Whistleblower, die Schutz vor Vergeltungsmaßnahmen unter SOX begehren, haben in der Praxis scheinbar nur wenig Erfolg.[207] Eine empirische Studie kommt zu dem Ergebnis, dass Arbeitnehmer (Whistleblower) nur in 3,6 % der Fälle auf der ersten verwaltungsrechtlichen Stufe obsiegten. Auf der Berufungsebene hatten Whistleblower ebenfalls nur in 6,5 % der Fälle Erfolg.[208] Es konnten dabei insbesondere drei Gründe für die geringe Erfolgsquote der Whistleblower identifiziert werden: verfahrenstechnische Hürden aufgrund der kurzen Beschwerdefristen, Probleme im Hinblick auf die Anwendbarkeit der Schutzregelungen (Handelt es sich um von den Regelungen des SOX umfasste Arbeitnehmer und Arbeitgeber und um eine geschützte Whistleblowing-Aktivität?) sowie Beweisschwierigkeiten im Bereich der Kausalität (Hat das Whistleblowing (mit) zu der negativen Konsequenz des Arbeitgebers geführt?).[209] Insgesamt scheint der SOX die an ihn gestellten

203 *Dworkin*, 105 Michigan L. Rev. 1757, 1774 (2007).

204 *Schaffer*, 75 Fordham L. Rev. 1829, 1881 (2006), siehe hierzu Teil 5 § 3 C II.

205 *Daub*, New Whistleblowing Regulations, S. 18f.; kritisch auch *Donato*, S. 53.

206 *Daub*, New Whistleblowing Regulations, S. 19f.; *Cherry*, 79 Washington L. Rev. 1029, 1071f. (2004).

207 *Dworkin*, 105 Michigan L. Rev. 1757, 1764ff. (2007); *Mowrey/Cash/Dickens*, 1 William & Mary Business L. Rev. 431, 432ff. (2010); *Ramirez*, 76 University of Cincinnati L. Rev., 183, 199f. (2007); Statistiken und Fallstudien bei *Earle/Madek*, 44 American Business L. J. 1, 20ff. (2007); eine empirische Studie auf der Basis aller SOX-bezogenen Entscheidungen des US Department of Labor, die in den ersten drei Jahren nach Erlass des Gesetzes ergangen sind, findet sich auch bei *Moberly*, 49 William & Mary L. Rev., 65ff., insbesondere 91ff. (Ergebnisse) und 100ff. (Gründe für die geringe Erfolgsquote der Whistleblower) (2007).

208 *Moberly*, 49 William & Mary L. Rev., 65, 91 (2007).

209 *Moberly*, 49 William & Mary L. Rev., 65, 100ff. (2007); zu den angesprochenen Beweisproblemen im Hinblick auf das Vorliegen von „protected conduct" anhand einschlägiger Recht-

Erwartungen, den Schutz der Whistleblower vor Vergeltungsmaßnahmen zu stärken, nicht zu erfüllen.

Darüber hinaus stellt sich die – auch im weiteren Verlauf dieser Arbeit noch bedeutsame[210] – Frage, inwieweit gerade die Verpflichtung zur Einführung anonymer Hinweisgeberkanäle nach Sec. 301 Abs. 4 SOX in der Praxis tatsächlich zu einer erhöhten Aufdeckungsquote in Bezug auf Unternehmensstraftaten geführt hat. Dabei scheint die Gewährleistung von Anonymität über die Einrichtung entsprechender Whistleblower-Hotlines das Whistleblowing insgesamt weniger gefördert zu haben, als vom US-Kongress bei Erlass des SOX angenommen.[211] Die Angst vor Vergeltungsmaßnahmen ist nur einer von vielen Gründen, potenzielle Whistleblower von einer Offenbarung ihres Wissens abzuhalten.[212] Untersuchungen aus den USA belegen zudem, dass die Anzahl der Fälle, in denen Whistleblower eine Betrugstat aufgeklärt haben, zurückgegangen ist, nachdem die Einrichtung anonymer Hinweiskanäle durch die Vorgaben des SOX zur Pflicht wurde.[213] Während zuvor noch ca. 21 % aller Betrugsfälle durch Arbeitnehmer aufgedeckt wurden, waren es nach Inkrafttreten des SOX im Jahr 2002 nur noch ca. 16 %.[214] Als Gründe für diese Entwicklung werden verschiedene Aspekte angeführt. Zum einen soll anonym erstatteten Anzeigen häufig weniger Glaubwürdigkeit beigemessen werden, als wenn der Whistleblower seine Identität offenbart.[215] Zum anderen sollen aufgrund der oftmals unergiebigen Ermittlungen für die Überprüfung anonymer Hinweise in der Regel auch von vornherein weniger Kapazitäten innerhalb der Unternehmen eingesetzt werden.[216] Ferner soll sich die Sachverhaltsaufklärung im Falle anonymen Whistleblowings schwieriger und zeitraubender gestalten, als wenn die Identität des Whistleblowers bekannt ist und dieser für Nachfragen zur Verfügung steht.[217] Insgesamt soll anonymes Whistleblowing daher gegenüber offenem oder zumindest ver-

---

sprechung auch *Mowrey/Cash/Dickens*, 1 William & Mary Business L. Rev. 431, 435ff. (2010) sowie *Watnick*, 12 Fordham Journal of Corporate & Financial Law, 831, 842ff. (2007).

210 Siehe Teil 5, insbesondere § 3 C.

211 *Dworkin*, 105 Michigan L. Rev. 1757, 1772 (2007).

212 *Dworkin*, 105 Michigan L. Rev. 1757, 1772 (2007).

213 *Dyck/Morse/Zingales*, Who Blows the Whistle on Corporate Fraud?, S. 35, 66 (2007); *Hunton/Rose*, 48 Journal of Management Studies, 75, 78 (2011).

214 *Dyck/Morse/Zingales*, Who Blows the Whistle on Corporate Fraud?, S. 35, 66 (2007).

215 *Hunton/Rose*, 48 Journal of Management Studies, 75, 78 (2011); *Near/Miceli*, 20 The Academy of Management Review, 679, 692 (1995).

216 *Hunton/Rose*, 48 Journal of Management Studies, 75, 79 (2011); *Near/Miceli*, 20 The Academy of Management Review, 679, 692 (1995).

217 *Dworkin*,105 Michigan L. Rev. 1757, 1772 (2007); *Near/Miceli*, 20 The Academy of Management Review, 679, 692 (1995).

traulichem Whistleblowing an Effektivität einbüßen.[218] Jedenfalls die ersten beiden Annahmen konnten im Rahmen einer Umfrage unter 83 Teilnehmern – alle Mitglieder der Prüfungsausschüsse („*audit committees*") mittelgroßer bis großer börsennotierter US-Unternehmen – bestätigt werden.[219]

Schenkt man den genannten Erhebungen Glauben, so zeigen sie deutlich, dass die Zusicherung von Anonymität weder einen tatsächlichen Anstieg an Whistleblower-Anzeigen zu bewirken vermochte noch zu einer erhöhten Aufklärungsquote im Hinblick auf unternehmensinterne Missstände geführt hat. Die Sinnhaftigkeit von Sec. 301 Abs. 4 SOX kann vor diesem Hintergrund also durchaus als fragwürdig bezeichnet werden.

II. Weitere US-Whistleblower-Regelungen: Belohnung und Schutz

Der Sarbanes-Oxley Act ist zwar aufgrund seiner Ausstrahlungswirkung auf ausländische Unternehmen und seiner erstmaligen ausdrücklichen Verpflichtung zur Einrichtung von Verfahren zur Entgegennahme anonymer Whistleblower-Anzeigen das international am meisten beachtete, aber längst nicht das einzige US-Gesetz, das Regelungen zum Whistleblowing enthält. Bei den bestehenden Rechtsvorschriften stehen regelmäßig zwei Aspekte im Vordergrund: die Gewährung von Belohnungen für Whistleblower („incentive based statutes") oder/und der Schutz des Whistleblowers vor Vergeltungsmaßnahmen („antiretaliation statutes").[220]

Die finanzielle Entlohnung der Whistleblower für ihre Hinweise kann dabei auf eine lange Tradition zurückblicken. Der Federal False Claims Act von 1863 sah als erste gesetzliche Regelung zum Whistleblowing die Zahlung von Provisionen an den Hinweisgeber vor, wenn dem Staat im Zuge eines aufgrund des Whistleblower-Hinweises eingeleiteten Betrugsverfahrens eine Schadensersatzsumme zugesprochen wurde.[221] Viele Bundesstaaten haben diesem Beispiel folgend mittlerweile eigene False Claims Acts erlassen.[222] Dabei hat sich gezeigt,

---

218 *Near/Miceli*, 20 The Academy of Management Review, 679, 692 (1995).

219 *Hunton/Rose*, 48 Journal of Management Studies, 75, 89ff. (2011).

220 *Callahan/Dworkin*, 38 American Business L. J. 99, 100 (2000); *Dworkin*, 105 Michigan L. Rev. 1757, 1768ff. (2007); *Earle/Madek*, 44 American Business L. J. 1, 13 (2007); *Sinzdak*, 96 California L. Rev. 1633, 1636 (2008).

221 31 U.S.C. §§ 3729–3733; *Deiseroth*, Berufsethische Verantwortung, S. 274; *Westman*, Whistleblowing, S. 3; *Fleischer/Schmolke*, NZG 2012, 361, 363; *Schürrle/Fleck*, CCZ 2011, 218.

222 Arkansas, Colorado, Connecticut, Delaware, District of Columbia, Florida, Georgia, Hawaii, Illinois, Indiana, Kalifornien, Louisiana, Maryland, Massachusetts, Michigan, Minnesota, Missouri, Montana, Nevada, New Hampshire, New Jersey, New Mexico, New York, North Caroli-

dass Provisionszahlungen das wirksamste Mittel darstellen, um zum Whistleblowing zu ermutigen.[223]

Eine Erweiterung erfuhr das Konzept der Provisionszahlungen in jüngster Zeit durch den Dodd-Frank Act („Dodd-Frank Wall Street Reform and Consumer Protection Act"), der am 21. Juli 2010 als Reaktion auf die weltweite Finanzkrise im Jahr 2008 erlassen wurde. Nach der neu eingefügten Sec. 21F des Securities Exchange Acts[224] sollen nun auch Whistleblower, die Missstände nach Maßgabe des SOX aufklären, eine entsprechende Belohnung erhalten.[225] Für den Bereich des Insiderhandels war eine Belohnungsregelung (begrenzt auf 10% des zugesprochenen Schadensersatzes) schon zuvor im Securities Exchange Act bestimmt.[226] Belohnungsregelungen werden eingeführt, um potenzielle Whistleblower zur Erstattung einer Anzeige zu ermutigen. Sie erfahren allerdings Kritik in der US-amerikanischen Literatur, da sie Provisionszahlungen unabhängig von der Motivation des Whistleblowers gewähren.[227]

Neben dem Belohnungssystem sehen der Federal False Claims Act sowie der Dodd-Franck Act auch den Schutz der Whistleblower vor Vergeltungsmaßnahmen vor. Im Federal False Claims Act wurde eine entsprechende Regelung zum Schutz vor arbeitsrechtlichen Maßnahmen gegen den Whistleblower allerdings erst 1986 ergänzt, um die Anzeigebereitschaft der Bürger weiter zu fördern.[228]

Darüber hinaus werden Angestellte der meisten, allerdings längst nicht aller,[229] US-Bundesbehörden seit 1989 durch den Whistleblower Protection Act[230] vor ungerechtfertigten Kündigungen aufgrund der Anzeige von Rechtsverstößen, Misswirtschaft, Autoritätsmissbrauch oder Gefahren für die öffentliche Gesundheit oder Sicherheit geschützt. Der Whistleblower Protection Act reformierte den Civil Service Reform Act aus dem Jahr 1978, der aufgrund seines geringen Schutzniveaus für Whistleblower teilweise auf Ablehnung gestoßen war.[231] Ne-

---

na, Oklahoma, Rhode Island, Tennessee, Texas, Virginia und Wisconsin, alle abrufbar über: http://www.all-about-qui-tam.org/statelaws.shtml.

223 *Dworkin*, 105 Michigan L. Rev. 1757, 1769 (2007).

224 SEC Release No. 34-64545 „Implementation of the Whistleblower Provisions of Section 21F of the Securities Exchange Act 1934", abrufbar unter: http://sec.gov/rules/final/2011/34-64545.pdf.

225 *Fleischer/Schmolke*, NZG 2012, 361, 363; *Heppe/Tielmann*, WM 2011, 1883, 1893.

226 15 U.S.C. § 78u-1 (e); *Schürrle/Fleck*, CCZ 2011, 218.

227 *Dworkin/Callahan*, 15 Hastings Comm./Ent. L. J. 357, 368f. (1993) zum Federal False Claims Act.

228 *Graser*, Whistleblowing, S. 90; *Westman*, Whistleblowing, S. 121, 123f.; die entsprechenden Bestimmungen finden sich in 31 U.S.C. § 3730 (h).

229 *Graser*, Whistleblowing, S. 77; *Fisher*, 43 Rutgers L. Rev. 355, 407ff. (1991).

230 5 U.S.C. § 2301(b)(8) und (9).

231 *Graser*, Whistleblowing, S. 89; *Fisher*, 43 Rutgers L. Rev. 355, 369ff. (1991).

ben der Festlegung von Fristen für die Behandlung von Whistleblower-Anzeigen, enthielt der Whistleblower Protection Act zudem erstmalig die Zusage, dass die Identität des Whistleblowers, von einigen Ausnahmen zum Schutze der Allgemeinheit einmal abgesehen, in der Regel geheim zu halten ist.[232]

Anläufe für eine Erweiterung des Anwendungsbereichs des Whistleblower Protection Acts sind zahlreich. Erst im Mai 2012 nahm der US-Senat einen Gesetzesentwurf für einen „Whistleblower Protection Enhancement Act"[233] an, der nunmehr auch Mitarbeiter der US-Geheimdienste sowie der Verkehrssicherheitsbehörde dem Whistleblower-Schutz unterstellen soll. Ob der Entwurf allerdings das Gesetzgebungsverfahren überstehen wird, ist zum jetzigen Zeitpunkt noch offen.[234]

Aufgrund der Lückenhaftigkeit der angesprochenen Gesetzeswerke in Bezug auf den geschützten Personenkreis bestehen neben dem allgemeineren Whistleblower Protection Act zusätzlich zahlreiche sektorale Regelungen, die Whistleblower vor möglichen negativen Konsequenzen ihrer Anzeige bewahren sollen, so etwa im Atomrecht[235] oder in verschiedenen Bereichen des Umweltrechts[236]. Dabei werden im Gegensatz zu den Vorschriften des Whistleblower Protection Acts sowohl im öffentlichen wie auch im privaten Sektor Beschäftigte geschützt.[237] Für Soldaten gilt daneben der spezielle Military Whistleblower Protection Act.[238] Insgesamt lässt sich mit Blick auf die zahlreichen Regelungen feststellen, dass der arbeitsrechtliche Schutz von Whistleblowern in den USA eine starke Ausprägung erfahren hat. Zu den im Rahmen dieser Arbeit untersuchten datenschutzrechtlichen Aspekten des Whistleblowings sind all diesen Gesetzen dagegen keinerlei Regelungen zu entnehmen. Insofern bieten sie für diese Arbeit leider nur wenig Orientierung.

---

232 *Deiseroth*, Berufsethische Verantwortung, S. 256.

233 Abrufbar unter: http://www.gpo.gov/fdsys/pkg/BILLS-112s743es/pdf/BILLS-112s743es.pdf.

234 Http://www.heise.de/newsticker/meldung/US-Senat-verabschiedet-Gesetz-zum-Whistleblower-Schutz-1573937.html.

235 Sec. 211 des „Atomic Energy Act 1954", 42 U.S.C. § 5851.

236 Z. B. Clean Air Act (CAA), 42 U.S.C. § 7622; Safe Drinking Water Act (SDWA), 42 U.S.C. § 300j-9(i); Toxic Substances Control Act (TSCA), 15 USC § 2622; Solid Waste Disposal Act (SWDA), 42 U.S.C. § 6971; weitere Beispiele bei *Graser*, Whistleblowing, S. 88 und *Sinzdak*, 96 California L. Rev. 1633, 1641 (2008), supra note 59, sowie mit Erläuterungen bei *Deiseroth*, Berufsethische Verantwortung, S. 264ff.

237 *Sinzdak*, 96 California L. Rev. 1633, 1639 (2008).

238 10 U.S.C. 1034; *Deiseroth*, Berufsethische Verantwortung, S. 257.

B. Europa

Auch innerhalb Europas bestehen mittlerweile gesetzliche Regelungen, die das Whistleblowing zum Gegenstand haben. Vorreiter ist dabei Großbritannien. Der dort geltende Public Interest Disclosure Act von 1998 soll im Folgenden beispielhaft näher betrachtet werden. Daneben sind auf europäischer Ebene die Vorgaben der EU-Rechtsetzung zu beachten.

I. Public Interest Disclosure Act 1998 in Großbritannien

Der Public Interest Disclosure Act (PIDA) schützt Whistleblower vor nachteiligen Maßnahmen seitens ihrer Arbeitgeber. Voraussetzung des Schutzes ist, dass es sich um eine „*qualifying disclosure*" handelt, die zudem vor den für die Entgegennahme derartiger Anzeigen für zuständig befundenen Stellen getätigt wurde. Schutzwürdig sind dabei Offenbarungen, die in gutem Glauben von dem Whistleblower vorgenommen wurden und die zeigen, dass

- eine strafbare Handlung begangen worden ist, gerade begangen wird oder voraussichtlich begangen werden wird,
- eine Person gegen eine von ihr zu befolgende rechtliche Pflicht verstoßen hat, gerade verstößt oder voraussichtlich verstoßen wird,
- ein Fehlurteil getroffen worden ist, gerade getroffen wird oder voraussichtlich getroffen werden wird,
- die Gesundheit oder die Sicherheit eines Menschen in Gefahr gewesen ist, gerade gefährdet wird oder voraussichtlich gefährdet werden wird,
- die Umwelt geschädigt worden ist, gerade geschädigt wird oder voraussichtlich geschädigt werden wird oder
- dass eine Information über einen der vorstehend genannten Vorgänge verschleiert worden ist, gerade verschleiert wird oder voraussichtlich verschleiert werden wird.[239]

Zuständig für die Entgegennahme einer Whistleblower-Anzeige sind der Arbeitgeber oder eine andere verantwortliche Person, ein Rechtsbeistand, ein Minister der Krone oder eine durch ministeriellen Erlass für zuständig erklärte Person. Unter bestimmten Umständen, insbesondere im Falle befürchteter Vergeltungsmaßnahmen, kann die Offenbarung auch auf andere Weise getätigt werden.[240]

---

239 Ausführlich *Bowers/Fodder/Lewis/Mitchell*, Whistleblowing, S. 47ff.; rechtsvergleichend *Groneberg*, Whistleblowing, S. 115ff.; vgl. Übersetzung bei *Deiseroth*, Whistleblowing in Zeiten von BSE, S. 232; *Neumann*, Whistleblowing, S. 181.

240 Zu den Adressaten nach dem PIDA auch *Groneberg*, Whistleblowing, S. 131ff.; *Neumann*, Whistleblowing, S. 182ff.

Ob die Enthüllung anonym oder unter Nennung des Namens des Anzeigenden erfolgte, hat für den Schutz nach dem PIDA keine Bedeutung. Im Falle anonymen Whistleblowings wird ein Arbeitsgericht jedoch weniger stark geneigt sein, den guten Glauben des Arbeitnehmers anzuerkennen.[241] Auch trägt der Arbeitnehmer die Beweislast dafür, dass eine Maßnahme gegen ihn allein aufgrund des Whistleblowings ergriffen wurde.[242] Diese Annahme setzt letztlich die Kenntnis des Arbeitgebers über die Person des Anzeigenden voraus, welche im Falle einer anonym erstatteten Anzeige schwerer zu beweisen sein dürfte.

Der Aspekt des Datenschutzes fand wie in den amerikanischen Gesetzeswerken auch im PIDA 1998 keinerlei Berücksichtigung. Es handelt sich hierbei vielmehr ebenfalls um eine Schutzregelung für Whistleblower, die im Bereich des Arbeitsrechts zu verorten ist.

II. EU-rechtliche Vorgaben – Richtlinie 95/46/EG und die geplante EU-Datenschutz-Grundverordnung

Neben konkreten gesetzlichen Regelungen in den einzelnen europäischen Staaten wird der Rechtsrahmen in Europa durch die europäische Rechtsetzung auf Ebene der EU bestimmt. Hier könnten sich auch datenschutzrechtliche Vorgaben für den Betrieb von Whistleblowing-Systemen finden. In Betracht zu ziehen ist dabei zunächst die „Richtlinie 95/46/EG zum Schutz natürlicher Personen bei der Verarbeitung personenbezogener Daten und zum freien Datenverkehr“ (im Folgenden RL 95/46/EG oder Datenschutzrichtlinie). Auf längere Sicht bedeutsam sind darüber hinaus die (voraussichtlichen) Regelungen der geplanten EU-Datenschutz-Grundverordnung.

1. Vorgaben des Art. 7 RL 95/46/EG

Die EU-Datenschutzrichtlinie enthält keine ausdrückliche Regelung zur Zulässigkeit der Datenverarbeitung in Whistleblowing-Systemen. Ein europäischer Rechtsrahmen lässt sich der Richtlinie also nicht entnehmen. Eine erste Orientierung bieten nur die in Art. 7 der RL 95/46/EG genannten allgemeinen Zulässigkeitsalternativen für Datenverarbeitungsvorgänge. Nach Art. 7 darf die Verarbeitung personenbezogener Daten lediglich erfolgen, wenn

---

241 *Gobert/Punch*, 63 The Modern Law Review, 25, 41 (2000).

242 *Bowers/Fodder/Lewis/Mitchell*, Whistleblowing, S. 196.

a) die betroffene Person ohne jeden Zweifel ihre Einwilligung gegeben hat;
b) die Verarbeitung erforderlich ist für die Erfüllung eines Vertrags, dessen Vertragspartei die betroffene Person ist, oder für die Durchführung vorvertraglicher Maßnahmen, die auf Antrag der betroffenen Person erfolgen;
c) die Verarbeitung für die Erfüllung einer rechtlichen Verpflichtung erforderlich ist, der der für die Verarbeitung Verantwortliche unterliegt;
d) die Verarbeitung erforderlich ist für die Wahrung lebenswichtiger Interessen der betroffenen Person;
e) die Verarbeitung erforderlich ist für die Wahrnehmung einer Aufgabe, die im öffentlichen Interesse liegt oder in Ausübung öffentlicher Gewalt erfolgt und dem für die Verarbeitung Verantwortlichen oder dem Dritten, dem die Daten übermittelt werden, übertragen wurde;
f) die Verarbeitung erforderlich ist zur Verwirklichung des berechtigten Interesses, das von dem für die Verarbeitung Verantwortlichen oder von dem beziehungsweise den Dritten wahrgenommen wird, denen die Daten übermittelt werden, sofern nicht das Interesse oder die Grundrechte und Grundfreiheiten der betroffenen Person, die gemäß Artikel 1 Absatz 1 geschützt sind, überwiegen.

Vor dem Hintergrund der Verpflichtung auch in Europa tätiger Unternehmen nach dem Sarbanes-Oxley Act[243], hat die „Datenschutzgruppe nach Artikel 29 der EG-Datenschutzrichtlinie“[244] am 1. Februar 2006 in ihrem Working Paper 117 (WP 117) eine Stellungnahme[245] zu datenschutzrechtlichen Aspekten der Einrichtung von internen Whistleblowing-Systemen abgegeben und ist dabei auch auf die Möglichkeit einer Rechtfertigung derartiger Systeme nach Art. 7 der Datenschutzrichtlinie eingegangen. Die Artikel 29 Gruppe hebt dabei hervor, dass rechtliche Verpflichtungen zur Einrichtung eines Whistleblowing-Systems nach ausländischem Recht – etwa die Vorgaben des SOX – keine Rechtfertigungsgrundlage nach Art. 7 lit. c der Datenschutzrichtlinie darstellen.[246] Das Interesse des Arbeitgebers an der Verhütung und Bekämpfung von Rechnungsbetrug, Bilanzfälschung, Korruption und anderen wirtschaftskriminellen Delikten mithilfe interner Whistleblowing-Systeme und damit das Ziel, den Anforderun-

243 Siehe Teil 4 § 1 A I 4.

244 Die Artikel 29 Gruppe berät die EU Kommission in datenschutzrechtlichen Fragen. Sie setzt sich aus den Datenschutzbeauftragten der EU-Mitgliedsstaaten, dem Europäischen Datenschutzbeauftragten sowie der EU-Kommission als nichtstimmberechtigtes Mitglied zusammen. Stellungnahmen der Artikel 29 Gruppe sind rechtlich zwar unverbindlich, sie dienen den datenschutzrechtlichen Aufsichtsbehörden jedoch als Orientierungshilfe. Die Aussagen des WP 117 prägen somit in der Praxis den rechtlichen Rahmen des Whistleblowings in Deutschland in erheblichem Maße mit.

245 Opinion 1/2006 on the application of EU data protection rules to internal whistleblowing schemes in the field of accounting, internal accounting controls, auditing matters, fight against bribery, banking and financial crime, abrufbar unter: http://www.bfdi.bund.de/cae/servlet/contentblob/417396/publicationFile/24924/WP117_de.pdf; ausführliche Analyse bei *Schmidl*, DuD 2006, 414.

246 Artikel 29 Gruppe, WP 117, S. 8.

gen des SOX gerecht zu werden, könne jedoch im Rahmen der nach Art. 7 lit. f erforderlichen Interessenabwägung überwiegen.[247] Ähnlich hat sich zuvor auch die nationale Datenschutzaufsichtsbehörde Frankreichs, die Commission Nationale de l'Informatique et des Libertés (CNIL), in einer Richtlinie[248] zu der datenschutzrechtlichen Zulässigkeit interner Whistleblowing-Systeme geäußert[249] und damit einen europäischen Standard gesetzt[250]. Vorausgegangen waren zwei Entscheidungen der CNIL vom 26.05.2005, in denen diese die von zwei französischen US-Tochterunternehmen – es handelte sich um die Töchter von Mc Donald's und CEAC – eingeführten Whistleblowing-Hotlines für datenschutzrechtlich unzulässig erklärte und die nach Art. 25 Abs. 1 Nr. 4 des französischen Datenschutzgesetzes (ACT N° 78-17)[251] erforderliche Genehmigung zur automatisierten Verarbeitung von Arbeitnehmerdaten verweigerte.[252]

Die Vorgaben des Art. 7 RL 95/46/EG haben im Übrigen Eingang ins deutsche Datenschutzrecht und insbesondere die gesetzlichen Erlaubnistatbestände des BDSG gefunden und werden daher in diesem Zusammenhang noch ausführlich behandelt.

2. Vorgaben der geplanten EU-Datenschutz-Grundverordnung

Auch der Vorschlag für eine Datenschutz-Grundverordnung[253] enthält keine ausdrückliche Regelung zum Umgang mit Datenverarbeitungsvorgängen im Rahmen des Whistleblowings.

Auf konkrete Inhalte der geplanten EU-Datenschutz-Grundverordnung wird im Rahmen dieser Arbeit an gegebener Stelle – insbesondere im Zusammenhang

---

247 Artikel 29 Gruppe, WP 117, S. 9.

248 Guideline document adopted by the „Commission nationale de l'informatique et des libertés" (CNIL) on 10 November 2005 for the implementation of whistleblowing systems in compliance with the French Data Protection Act of 6 January 1978, as amended in August 2004, relating to information technology, data filing systems and liberties; abrufbar unter: http://www.cnil.fr/fileadmin/documents/en/CNIL-recommandations-whistleblowing-VA.pdf.

249 Stellungnahme CNIL, S. 2f.

250 *Gliss*, DSB 12/2005, 13.

251 Nach Art. 25 Abs. 1 Nr. 4 des ACT N° 78-17 muss die Genehmigung der CNIL eingeholt werden für „automatic processing which may, due to its nature, importance or purposes, exclude persons from the benefit of a right, a service or a contract in the absence of any legislative or regulatory provision".

252 CNIL Entscheidung 2005-110 v. 26.5.2005 (Mc Donald's Gruppe Frankreich) sowie CNIL Entscheidung 2005-111 v. 26.5.2005 (Exide Technologies).

253 Vorschlag für eine Verordnung des Europäischen Parlaments und des Rates zum Schutz natürlicher Personen bei der Verarbeitung personenbezogener Daten und zum freien Datenverkehr (Datenschutz-Grundverordnung) vom 25.1.2012 (KOM (2012) 11 endg.).

mit der Möglichkeit einer wirksamen datenschutzrechtlichen Einwilligung von Beschäftigten – hingewiesen werden.

C. Deutschland

Auch in Deutschland gab es schon konkrete Überlegungen hinsichtlich der Normierung verschiedener Aspekte des Whistleblowings.[254] In dem hier interessierenden datenschutzrechtlichen Zusammenhang soll sogleich ein Blick auf § 32l Abs. 4 des Entwurfs eines Gesetzes zur Regelung des Beschäftigtendatenschutzes (BDSG-E) geworfen werden. Darüber hinaus bestehen in verschiedenen Spezialgesetzen verstreute Regelungen, die das Whistleblowing zwar nicht ausdrücklich zum Gegenstand haben, aber den Adressaten bestimmte Organisationspflichten auferlegen. Diesen Organisationspflichten könnte zum Teil auch durch die Einrichtung von Whistleblowing-Systemen Rechnung getragen werden.

I. Petitionsrecht in § 32l Abs. 4 BDSG-E, „kleine" Whistleblower-Regelung

Bereits im Jahr 2008 gab es Pläne, den Schutz von Whistleblowern durch die Einführung eines Anzeigerechts in § 612a n. F. BGB zu stärken.[255]

Eine „kleine" Whistleblower-Regelung fand sich – zwei Jahre später – auch in dem „Entwurf eines Gesetzes zur Regelung des Beschäftigtendatenschutzes".[256] Erklärtes Ziel dieses – mittlerweile wohl als gescheitert zu bezeichnenden – Gesetzesvorhabens zur Schaffung eines Beschäftigtendatenschutzgesetzes war es, das Provisorium des § 32 BDSG[257] durch die neuen §§ 32 – 32l BDSG-E zu ersetzen. Hierdurch sollte die Rechtssicherheit für Arbeitgeber und Beschäftigte im Bereich des Beschäftigtendatenschutzes durch klare Regelungen erhöht und dadurch ein „vertrauensvolles Arbeitsklima am Arbeitsplatz unterstützt" werden.[258] Motiviert waren die Pläne zur Schaffung eines eigenen Beschäftigtendatenschutzgesetzes maßgeblich durch diverse Daten- und Überwachungsskandale in größeren deutschen Unternehmen während der letzten Jahre.[259] Reagiert werden

254 § 612a BGB n. F. BGB, § 32l Abs. 4 BDSG-E.

255 Siehe hierzu umfassend etwa die Arbeit von *Neumann*, Whistleblowing.

256 Gesetzentwurf der Bundesregierung vom 15.12.2010, BTDrucks 17/4230.

257 *Schmidt*, DuD 2010, 207, 208; *Wagner*, RDV 2011, 69.

258 BTDrucks 17/4230, S. 1.

259 Als Beispiel sei an die Datenschutzskandale bei der Deutschen Bahn, bei Lidl und bei der Deutschen Telekom im Jahr 2008 erinnert; *Schmidt*, DuD 2010, 207f.

sollte zudem auf neue Technologien, die auch neue Formen der Datenerhebung, -verarbeitung und -nutzung mit sich gebracht haben.[260] Dem Arbeitgeber sollten darüber hinaus Regelungen für die notwendige Datenverarbeitung im Rahmen der Durchsetzung von Compliance-Anforderungen und zur Korruptionsbekämpfung an die Hand gegeben werden, die jedoch gleichzeitig eine unverhältnismäßige Bespitzelung der Beschäftigten nicht zulassen sollten.[261] Die Pläne auf europäischer Ebene, das Datenschutzrecht durch Erlass einer Datenschutz-Grundverordnung einer umfassenden Harmonisierung in den Mitgliedsstaaten zuzuführen, lassen eine endgültige Kodifizierung des Beschäftigtendatenschutzgesetzes zwar zunehmend fraglich erscheinen. Das Thema „Beschäftigtendatenschutzgesetz" steht allerdings auch nach Bekanntwerden der EU-Pläne weiterhin auf der politischen Agenda der Regierungskoalition.[262] Aus diesem Grund soll der Entwurf des geplanten Petitionsrechts in § 321 Abs. 4 BDSG-E kurz vorgestellt und im Hinblick auf seine Bedeutung für die Beurteilung des Whistleblowings allgemein bewertet werden.

§ 321 Abs. 4 BDSG-E sah ein Beschwerderecht für den Fall vor, dass ein Beschäftigter eines Datenschutzverstoßes seines Arbeitgebers gewahr wurde. Die vorgesehene Regelung lautete konkret:

> *„Bestehen tatsächliche Anhaltspunkte, die den Verdacht begründen, dass der Arbeitgeber Beschäftigtendaten unbefugt erhebt, verarbeitet oder nutzt, kann sich der Beschäftigte an die für die Datenschutzkontrolle zuständige Behörde wenden, wenn der Arbeitgeber einer darauf gerichteten Beschwerde des Beschäftigten nicht unverzüglich abhilft."*

Dieser Vorschlag betraf allerdings nur einen kleinen Ausschnitt der gesamten Whistleblowing-Problematik, da er sich ausschließlich auf die Meldung von Datenverstößen des Arbeitgebers durch einen Arbeitnehmer bezog. Im Hinblick auf die Meldung sonstiger Verhaltensverstöße oder auch Straftaten durch den Arbeitgeber oder durch Kollegen konnte die Norm von vornherein keinerlei Anwendung finden.

Die vormaligen Überlegungen zu einer Stärkung des Whistleblowerschutzes durch eine Neufassung des § 612a BGB sind insofern als weitaus umfassender zu bezeichnen. Vor dem Hintergrund des sogenannten Gammelfleisch-Skandals sollte nach einem Entwurf der drei Bundesministerien für Arbeit und Soziales, Landwirtschaft, Ernährung und Verbraucherschutz sowie Justiz aus dem Jahr

---

260 *Beckschulze/Natzel*, BB 2010, 2368.

261 BTDrucks 17/4230, S. 12.

262 *Von Tiesenhausen*, Koalition schleift Datenschutz für Arbeitnehmer, abrufbar unter: http://www.ftd.de/politik/deutschland/:spitzelattacken-koalition-schleift-datenschutz-fuer-arbeitnehmer/60166640.html.

2008 ein Anzeigerecht in § 612a BGB n. F. geschaffen werden. Die damalige Gesetzesinitiative ist jedoch gescheitert.[263]

Dem Regelungsvorschlag zu § 321 Abs. 4 BDSG-E ließ sich nun jedoch zumindest entnehmen, dass nach Ansicht des Gesetzgebers der innerbetrieblichen Klärung eines Missstandes der Vorrang vor der Einschaltung externer Stellen zukommt. So sollte sich der Beschäftigte nach § 321 Abs. 4 BDSG-E zunächst an den Arbeitgeber selbst wenden und die zuständige Datenschutzbehörde erst dann einschalten, wenn der Arbeitgeber der auf den Datenverstoß gerichteten Beschwerde nicht unverzüglich abgeholfen hat. Der Nachteil dieser Regelung bestand unverkennbar darin, dass der durch die vorangegangene interne Beschwerde des Beschäftigten alarmierte Arbeitgeber weiß, wer ihn bei der Datenschutzbehörde angezeigt hat.[264] Von der Möglichkeit anonymer Anzeigen sprach § 321 Abs. 4 BDSG-E nicht. Insoweit wurde die geplante (Neu-)Regelung des Petitionsrechts bei Datenschutzverstößen als Verschlechterung der gegenwärtigen Rechtslage für den Whistleblower und zudem als verfassungsrechtlich problematisch im Hinblick auf das informationelle Selbstbestimmungsrecht angesehen.[265] So hat nach gegenwärtiger Rechtslage der Betroffene das Recht der unmittelbaren Anrufung der datenschutzrechtlichen Aufsichtsbehörde.[266] Dies dient dem Gebot effektiven Grundrechtsschutzes.[267] Eine Einschränkung dieses Rechtes auf unmittelbare Einschaltung der Aufsichtsbehörde durch das Erfordernis eines vorherigen innerbetrieblichen Klärungsversuchs stellt somit eine Verkürzung des Rechtsschutzes des Betroffenen dar. Sinnvoll wäre es hier gewesen, den neueren Ansätzen der Rechtsprechung des BAG zu folgen und Ausnahmen von dem generellen Vorrang einer internen Beschwerde (zum Beispiel im Fall drohender schwerer Schäden für den Betrieb und seine Beschäftigten oder drohender eigener Rechtsverfolgung) vorzusehen.[268]

Die im weiteren Verlauf dieser Arbeit zu untersuchende Frage der generellen datenschutzrechtlichen Zulässigkeit unternehmensinterner Whistleblowing-Systeme ließ der Entwurf des § 321 Abs. 4 BDSG-E im Übrigen leider ohnehin unbeantwortet.[269] Insoweit wurden bereits während des Gesetzgebungsverfahrens

263 Umfassende Auseinandersetzungen mit dem Gesetzesvorschlag finden sich bei *Groneberg*, Whistleblowing, S. 232ff. (rechtsvergleichend) und *Neumann*, Whistleblowing, S. 104ff.

264 Simitis/*Petri*, BDSG, § 38 Rdnr. 4; *Tinnefeld/Petri/Brink*, MMR 2010, 727, 735.

265 Simitis/*Petri*, BDSG, § 38 Rdnr. 4;*Tinnefeld/Petri/Brink*, MMR 2010, 727, 735.

266 Roßnagel/*Hillenbrand-Beck*, Handbuch Datenschutzrecht, Kapitel 5.4 Rdnr. 58; Simitis/*Petri*, BDSG, § 38 Rdnr. 4; Taeger/Gabel/*Grittmann*, § 38 BDSG Rdnr. 22; *Tinnefeld/Petri/Brink*, MMR 2010, 727, 735.

267 Simitis/*Petri*, BDSG, § 38 Rdnr. 3.

268 *Tinnefeld/Petri/Brink*, MMR 2010, 727, 735 mit Verweis auf *BAG* NJW 2004, 1547.

269 *Tinnefeld/Petri/Brink*, MMR 2011, 427, 431.

zur Schaffung eines Beschäftigtendatenschutzgesetzes zu Recht Stimmen laut, die eine umfassende datenschutzrechtliche Regelung des Whistleblowings forderten.[270]

II. Spezialgesetzliche Regelungsansätze

Neben den Überlegungen zu § 321 Abs. 4 BDSG-E finden sich auch im bestehenden Recht bereits Ansätze, das Whistleblowing einer gewissen gesetzlichen oder jedenfalls rechtlichen Regelung zuzuführen. Dabei sind auch hier zwei Aspekte zu unterscheiden: Zum einen geht es um das Bestehen von Anzeigerechten bestimmter Gruppen von Arbeitnehmern sowie um deren Schutz vor arbeitsrechtlichen Konsequenzen ihrer Anzeige und damit um ein originär im Arbeitsrecht zu verortendes Themenfeld. Derartige Vorschriften sollen hier daher nur kurz angesprochen werden. Zum anderen stellt sich die Frage, ob und inwiefern Unternehmen auch nach deutschem Recht eventuell sogar verpflichtet sind, Whistleblowing-Systeme nach amerikanischem Vorbild einzurichten. Solche Verpflichtungen würden letztlich auch die datenschutzrechtlichen Abwägungsprozesse zugunsten der Unternehmen, die Whistleblowing einführen wollen, beeinflussen.

1. Gesetzliche Anzeigerechte und Schutz von Arbeitnehmern

Es lassen sich im deutschen Recht einige Vorschriften identifizieren, die es bestimmten Gruppen von Arbeitnehmern gestatten, bestimmte betriebsinterne Vorgänge bei den zuständigen Behörden zur Anzeige zu bringen.[271]

Als erste Norm dieser Art kann § 21 Abs. 6 S. 1 GefStoffV bezeichnet werden.[272] § 21 Abs. 6 S. 1 GefStoffV gewährte den Beschäftigten zumindest im wichtigen Gefahrstoffbereich ein Anzeigerecht im Falle des Überschreitens bestimmter Grenzwerte. Der Anzeige gegenüber dem zuständigen Gewerbeaufsichtsamt vorausgehen musste die vergebliche Inanspruchnahme aller innerbetrieblichen Beschwerdemöglichkeiten seitens des Arbeitnehmers.[273] In die Neufassung der GefStoffV wurde dieses Anzeigerecht jedoch nicht übernommen.[274]

---

270 *Kort*, MMR 2011, 294; 296f.; *Tinnefeld/Petri/Brink*, MMR 2011, 427, 431; auch *Schemmel/Ruhmannseder/Witzigmann*, 6. Kapitel, Rdnr. 9.

271 Hierzu im Ganzen *Deiseroth*, Whistleblowing in Zeiten von BSE, S. 175ff.

272 Kollmer/Klindt/*Butz*, ArbSchG, § 17 Rdnr. 25; *Deiseroth*, Whistleblowing in Zeiten von BSE, S. 178f.

273 *Müller*, NZA 2002, 424, 431.

274 Kollmer/Klindt/*Butz*, ArbSchG, § 17 Rdnr. 25.

Für alle Arbeitnehmer normiert jetzt § 17 Abs. 2 ArbSchG, dass sich Beschäftigte an die zuständigen Behörden wenden dürfen, wenn sie auf Grund konkreter Anhaltspunkte der Auffassung sind, dass die vom Arbeitgeber getroffenen Maßnahmen und bereitgestellten Mittel nicht ausreichen, um die Sicherheit und den Gesundheitsschutz bei der Arbeit zu gewährleisten, und der Arbeitgeber darauf gerichteten Beschwerden von Beschäftigten nicht abgeholfen hat. Durch die Anzeige dürfen den Beschäftigten keine Nachteile entstehen. Das Anzeigerecht des § 17 Abs. 2 ArbSchG sieht ebenfalls einen Vorrang der innerbetrieblichen Anzeige vor, fordert jedoch anders als die entsprechende Vorschrift der GefStoffV nicht das Ausschöpfen sämtlicher interner Beschwerdemöglichkeiten[275]. Wenn eine einmalige innerbetriebliche Beschwerde beim Arbeitgeber erfolglos geblieben ist, darf sich der Beschäftigte an die zuständige Aufsichtsbehörde wenden.[276] Wegen dieses Vorrangs des internen „Whistleblowing" ist die Norm als sachwidrig und unverhältnismäßig kritisiert worden, da sie einem Klima der Geheimhaltung und des Misstrauens Vorschub leiste.[277]

Spezielle Schutzvorschriften existieren daneben auch für bestimmte betriebliche Beauftragte.[278] Um im Bereich des Datenschutzrechts zu bleiben, sei hier lediglich auf § 4f Abs. 3 S. 2 und 3 BDSG verwiesen.[279] Dieser regelt, dass der betriebliche Datenschutzbeauftragte seine Aufgabe weisungsfrei zu erfüllen hat und hierfür keine Nachteile erfahren darf.

Ein ausdrückliches Beschwerderecht für Beschäftigte normiert darüber hinaus auch § 13 Abs. 1 AGG. Diese Norm verleiht Beschäftigten das Recht, sich im Falle einer empfundenen Benachteiligung wegen eines in § 1 AGG genannten Grundes bei den zuständigen Stellen zu beschweren. Im Unterschied zu § 17 Abs. 2 ArbSchG schließt § 13 Abs. 1 AGG unmittelbar, das heißt ohne Erschöpfung aller internen Beschwerdemöglichkeiten, an außerbetriebliche Stellen gerichtete Beschwerden nicht aus.[280] Die Norm sieht eine solche externe Beschwerdemöglichkeit jedoch auch nicht ausdrücklich vor.[281] Eine Pflicht zur Anzeige entsprechender Zustände korrespondiert mit dem Anzeigerecht aus § 13 Abs. 1 AGG nicht.[282] Da § 13 Abs. 1 AGG sich ausschließlich auf Be-

275 *Müller*, NZA 2002, 424, 432.

276 *Kittner/Pieper*, ArbSchG, § 17 Rdnr. 5; Kollmer/Klindt/*Butz*, ArbSchG, § 17 Rdnr. 18; *Pieper*, ArbSchR, § 17 ArbSchG Rdnr. 5; *Müller*, NZA 2002, 424, 432.

277 *Kittner/Pieper*, ArbSchG, § 17 Rdnr. 6; Kollmer/Klindt/*Butz*, ArbSchG, § 17 Rdnr. 15f.; *Pieper*, ArbSchR, § 17 ArbSchG Rdnr. 6.

278 *Deiseroth*, Whistleblowing in Zeiten von BSE, S. 175ff. mit vielen weiteren Beispielen.

279 Bei *Deiseroth*, Whistleblowing in Zeiten von BSE, S. 176 noch § 36 Abs. 3 S. 2 und 3 BDSG a. F.

280 Däubler/Bertzbach/*Buschmann*, AGG, § 13 Rdnr. 20.

281 *Neumann*, Whistleblowing, S. 19.

282 *Bauer/Göpfert/Krieger*, AGG, § 13 Rdnr. 13.

schwerden im Zusammenhang mit Benachteiligungen i. S. von § 1 AGG bezieht, kann der Norm auch keine Pflicht des Arbeitgebers entnommen werden, allgemeine Hinweisgebersysteme zur Meldung sonstiger Verhaltens- oder Rechtsverstöße einzurichten.[283]

Ferner kann das Petitionsrecht nach Art. 17 GG in diesem Zusammenhang erneut genannt werden.[284] Denn auch Petitionen können als Form (externen) Whistleblowings angesehen werden.

2. *Rechtliche und gesetzliche Pflichten zur Einrichtung von Whistleblowing-Systemen*

a. Vorgaben des Deutschen Corporate Governance Kodex

Rechtliche Vorgaben zur Einrichtung eines Whistleblowing-Systems könnten zunächst dem Deutschen Corporate Governance Kodex zu entnehmen sein. Dieser wurde am 26. Februar 2002 von der hierzu eingesetzten Regierungskommission des Bundesministeriums der Justiz verabschiedet.[285] Der Kodex richtet sich insbesondere an börsennotierte Unternehmen und enthält neben geltendem Gesetzesrecht eine Reihe unverbindlicher Empfehlungen und Anregungen. Nach seiner Präambel stellt der Corporate Governance Kodex wesentliche gesetzliche Vorschriften zur Leistung und Überwachung deutscher börsennotierter Gesellschaften dar und enthält international und national anerkannte Standards guter und verantwortungsvoller Unternehmensführung.[286] Dabei kommt dem Corporate Governance Kodex an keiner Stelle Normqualität zu.[287] Die enthaltenen Empfehlungen und Anregungen sind für die angesprochenen Unternehmen nicht verpflichtend. Allerdings müssen Aktiengesellschaften nach § 161 Abs. 1 S. 1 AktG offenlegen, wenn und warum sie einer Empfehlung des Kodex nicht entsprochen haben.[288]

Insbesondere vor dem Hintergrund der ausdrücklichen Berufung auf internationale Standards ist es überraschend, dass der Corporate Governance Kodex jedoch trotz der Vorgaben des SOX auch in seiner jüngsten Fassung keinerlei Re-

---

283 *Sänger*, Whistleblowing, S. 216; *Schemmel/Ruhmannseder/Witzigmann*, 3. Kapitel, Rdnr. 14.

284 *Deiseroth*, Whistleblowing in Zeiten von BSE, S. 175, 180ff.; zum Petitionsgrundrecht im Übrigen oben unter Teil 2 § 1 A II.

285 Der Kodex wird jährlich überprüft und gegebenenfalls angepasst. Die aktuelle Fassung wurde am 26.5.2011 verabschiedet.

286 Präambel des Deutschen Corporate Governance Kodex, abrufbar unter: http://www.corporate-governance-code.de/ger/kodex/index.html.

287 Ringleb et. al./*Ringleb*, Deutscher Corporate Governance Kodex, 1. Teil Rdnr. 42 m. w. N.

288 Ringleb et. al./*Ringleb*, Deutscher Corporate Governance Kodex, 1. Teil Rdnr. 46ff.

gelungen zum Whistleblowing enthält.[289] In Abschnitt 4.1.3. wird lediglich die Pflicht des Vorstands klargestellt, „für die Einhaltung der gesetzlichen Bestimmungen und der unternehmensinternen Richtlinien zu sorgen und auf deren Beachtung durch die Konzernunternehmen hinzuwirken". Detaillierte Vorgaben dazu, wie dieses Ziel erreicht werden kann, enthält der Kodex nicht. Vielmehr soll es den Unternehmen selbst überlassen werden, sich ein individuelles und auf sie zugeschnittenes Konzept zur Einhaltung der Vorgaben aufzuerlegen.[290]

Die mangelnde Bereitschaft der Regierungskommission, Empfehlungen zur Implementierung von Whistleblowing-Systemen in den Kodex aufzunehmen, kann wiederum auf das negative Image des Whistleblowings in Deutschland und dessen Verbindung mit Arbeitnehmerilloyalität und Denunziantentum zurückzuführen sein.[291] Aufgrund mangelnder Erfahrungen deutscher Unternehmen mit dem Whistleblowing hat sich in diesem Bereich bislang noch keine „best-practice" herausgebildet, die als Empfehlung in den Kodex aufgenommen werden könnte.[292]

Aus dem Deutschen Corporate Governance Kodex lassen sich also keine – wenn auch nur unverbindlichen – rechtlichen Vorgaben für das Whistleblowing entnehmen. Auch eine allgemeine Pflicht zum Erlass von Verhaltensrichtlinien enthält der Kodex nicht.[293]

b. Sonstige rechtliche Vorgaben

Eine allgemeine, für sämtliche Unternehmen aller Branchen geltende, rechtliche (gesetzliche) Verpflichtung zur Einrichtung von Compliance-Maßnahmen, insbesondere zum Erlass von Verhaltenskodizes und zur Implementierung von Whistleblowing-Systemen, besteht ebenfalls nicht.[294] Eine solche Verpflichtung kann zum einen nicht aus europäischem Gemeinschaftsrecht oder den Grundrechten hergeleitet werden.[295] Zum anderen enthält auch das einfache Recht lediglich Spezialvorschriften für bestimmte Unternehmen. Diese beziehen sich oft

289 *Donato*, S. 152f.

290 Ringleb et. al./*Ringleb*, Deutscher Corporate Governance Kodex, 2. Teil Rdnr. 617.

291 So auch *Berndt/Hoppler*, BB 2005, 2623.

292 Ringleb et. al./*Ringleb*, Deutscher Corporate Governance Kodex, 2. Teil Rdnr. 628b.

293 *Fahrig*, Verhaltenskodex und Whistleblowing, S. 39.

294 GroßkommAktG/*Kort*, § 91 Rdnr. 65; *Fahrig*, Verhaltenskodex und Whistleblowing, S. 37ff.; *Triskatis*, Ethikrichtlinien, S. 54ff.; *Bachmann/Prüfer*, ZRP 2005, 109, 111; *Hauschka*, ZIP 2004, 877, 878; *Kremer/Klahold*, ZGR 2010, 113, 119; *Maschmann*, AuA 2009, 72, 74; zurückhaltend auch *Bürkle*, BB 2005, 565, 567; *Fleischer*, BB 2008, 1070, 1072; *ders.*, AG 2003, 291, 299f.; speziell zu Whistleblowing-Systemen K. Schmidt/Lutter/*Drygala*, AktG, § 111 Rdnr. 42; *Fleischer*, ZGR 2011, 155, 175.

295 Hierzu *Triskatis*, Ethikrichtlinien, S. 45.

auf die Organisation eines Unternehmens. So sehen § 52a Abs. 2 BImSchG und § 53 KrW-/AbfG Mitteilungspflichten zur Betriebsorganisation vor, nach denen die Betreiber einer genehmigungsbedürftigen Anlage (...) der zuständigen Behörde mitzuteilen haben, „auf welche Weise sichergestellt ist, dass die dem Schutz vor schädlichen Umwelteinwirkungen und vor sonstigen Gefahren, erheblichen Nachteilen und erheblichen Belästigungen dienenden Vorschriften und Anordnungen beim Betrieb beachtet werden".

aa. Spezialgesetzgebung im Aktien- und Bankrecht

Spezialgesetzliche Regelungen lassen sich insbesondere auch im Bereich des Aktien- sowie des Bankrechts finden.

Der auf das Artikelgesetz zur Kontrolle und Transparenz im Unternehmensbereich[296] zurückgehende § 91 Abs. 2 AktG schreibt für Aktiengesellschaften vor, dass der Vorstand „geeignete Maßnahmen zu treffen und insbesondere ein Überwachungssystem einzurichten hat, damit den Fortbestand der Gesellschaft gefährdende Entwicklungen früh erkannt werden". Inhalt und Umfang der Regelung sind im Einzelnen umstritten.[297] Letztlich ist im hier interessierenden Zusammenhang jedoch nicht entscheidend, ob sich die normierte Überwachungspflicht lediglich auf die Kontrolle der zur Früherkennung bestandsgefährdender Risiken ergriffenen Maßnahmen bezieht[298] oder selbst einen Teil dieser Maßnahmen darstellt[299].[300] Jedenfalls verpflichtet § 91 Abs. 2 AktG nicht zur Einrichtung eines umfassenden Risikomanagementsystems.[301] Die Gesetzesbegründung stellt zudem bereits klar, dass die konkrete Ausgestaltung der Überwachungspflicht von Größe, Branche, Struktur und Kapitalmarktzugang des Unter-

296 Gesetz zur Kontrolle und Transparenz im Unternehmensbereich v. 30.4.1998, BGBl. I Nr. 24, 786-794; *Breinlinger/Kader*, RDV 2006, 60, 62.

297 Heidel/*Oltmanns*, Aktienrecht, § 91 AktG Rdnr. 6; Kölner Kommentar zum AktG/*Mertens/Cahn*, § 91 Rdnr. 26; MüKo zum Aktiengesetz/*Spindler*, § 91 Rdnr. 25; Spindler/Stilz/*Fleischer*, AktG, § 91 Rdnr. 34.

298 *Hüffer*, AktG, § 91 Rdnr. 8; K. Schmidt/Lutter/*Krieger/Sailer-Coceani*, AktG, § 91 Rdnr. 13; Spindler/Stilz/*Fleischer*, AktG, § 91 Rdnr. 36.

299 Kölner Kommentar zum AktG/*Mertens/Cahn*, § 91 Rdnr. 26.

300 MüKo zum Aktiengesetz/*Spindler*, § 91 Rdnr. 26 hält die praktische Bedeutung des Streits allgemein für gering.

301 GroßkommAktG/*Kort*, § 91 Rdnr. 55; *Hüffer*, AktG, § 91 Rdnr. 9; Kölner Kommentar zum AktG/*Mertens/Cahn*, § 91 Rdnr. 26; MüKo zum Aktiengesetz/*Spindler*, § 91 Rdnr. 27; K. Schmidt/Lutter/*Krieger/Sailer-Coceani*, AktG, § 91 Rdnr. 14; Spindler/Stilz/*Fleischer*, AktG, § 91 Rdnr. 34.

nehmens abhängig ist.[302] Explizite Vorgaben etwa zur Einrichtung eines Whistleblowing-Systems werden nicht gemacht.

Für den Kreditbereich sind ferner die Vorschriften des KWG zu beachten. Beruhend auf der europäischen Bankenrichtlinie[303] sowie der Kapitaladäquanzrichtlinie[304] – besser bekannt unter dem Stichwort „Basel II“ – wurden in das KWG Regelungen eingefügt, die von den Kreditinstituten Maßnahmen zur besseren Risikokontrolle fordern.[305] Nach diesen muss ein Kreditinstitut nicht mehr nur gemäß § 25a Abs. 1 S. 1 KWG über eine ordnungsgemäße Geschäftsorganisation verfügen, die die Einhaltung der vom Institut zu beachtenden gesetzlichen Bestimmungen und der betriebswirtschaftlichen Notwendigkeiten gewährleistet, was nach § 25a Abs. 1 S. 3 Nr. 1 KWG insbesondere auch die Einrichtung interner Kontrollsysteme umfasst. Vielmehr kann nach § 45b Abs. 1 KWG in Umsetzung der Basel II Vorgaben die BaFin gegenüber Instituten, die nicht über eine Geschäftsorganisation i. S. von § 25a Abs. 1 KWG verfügen, Maßnahmen zur Reduzierung bestimmter Risiken anordnen. Einen Endpunkt der Entwicklungen im Bereich des Kreditwesens stellen diese Regelungen jedoch noch nicht dar. Vielmehr wartet mittlerweile bereits ein weiteres Regelpaket des Baseler Ausschusses für Bankenaufsicht bei der Bank für Internationalen Zahlungsausgleich – Basel III – auf seine Umsetzung. Zwar hat der Baseler Ausschuss bereits im Feburar 2006 in seinen Empfehlungen zur „Verbesserung der Unternehmensführung in Banken“ die Einrichtung von Verfahren zur vertraulichen Meldung bedenklicher Vorgänge durch Bankmitarbeiter gefordert.[306] Konkrete Vorschriften in Bezug auf Whistleblowing sind aber dennoch auch mit der Umsetzung von Basel III nicht zu erwarten.

Vorkehrungen gegen den Missbrauch zur Geldwäsche müssen bestimmte Unternehmen, die in der Finanzbranche tätig sind, zudem nach § 14 Abs. 1, 2 GwG sowie Art. 11 der EU-Richtlinie zur Verhinderung der Nutzung des Finanzsystems zum Zwecke der Geldwäsche (RL 2001/97/EG) ergreifen.

Daneben sehen die §§ 31 – 35 WpHG für Wertpapierdienstleistungsunternehmen eine Reihe von Verhaltens- und Organisationspflichten vor. So muss ein

---

302 BTDrucks 13/9712, S. 15; GroßkommAktG/*Kort*, § 91 Rdnr. 70.

303 Richtlinie 2006/48/EG des Europäischen Parlaments und des Rates vom 14. Juni 2006 über die Aufnahme und Ausübung der Tätigkeit der Kreditinstitute (Bankenrichtlinie), EG ABl. L 177, 1-200.

304 Richtlinie 2006/49/EG des Europäischen Parlaments und des Rates vom 14. Juni 2006 über die angemessene Eigenkapitalausstattung von Wertpapierfirmen und Kreditinstituten (Kapitaladäquanzrichtlinie), EG ABl. L 177, 201-255.

305 *Breinlinger/Kader*, RDV 2006, 60, 62.

306 Baseler Ausschus für Bankenaufsicht, Verbesserung der Unternehmensführung in Banken, Februar 2006, S. 20, abrufbar unter: http://www.bis.org/publ/bcbs122de.pdf; *Salvenmoser/Kruse*, Die Bank 2/2007, 75, 76.

Wertpapierhandelsunternehmen nach § 33 Abs. 1 S. 2 Nr. 1 WpHG unter anderem auch „Verfahren einrichten, die darauf ausgerichtet sind, sicherzustellen, dass das Wertpapierhandelsunternehmen selbst und seine Mitarbeiter den Verpflichtungen dieses Gesetzes nachkommen, wobei insbesondere eine dauerhafte und wirksame Compliance-Funktion einzurichten ist, die ihre Aufgaben unabhängig wahrnehmen kann".

bb. Insbesondere § 10 Abs. 1 AnSVG

Die konkreteste rechtliche Verpflichtung in Bezug auf das Whistleblowing enthält jedoch eine Vorschrift aus dem Insiderrecht. Dessen Durchsetzung fällt nach § 4 Abs. 2 WpHG ebenfalls in den Aufgabenbereich der BaFin.[307] Nach § 10 Abs. 1 AnSVG müssen Wertpapierdienstleistungsunternehmen, andere Kreditinstitute und Betreiber von außerbörslichen Märkten, an denen Finanzinstrumente gehandelt werden, einen Verdacht im Hinblick auf einen Verstoß gegen § 14 WpHG (Verbot von Insidergeschäften) oder § 20a WpHG (Verbot der Marktmanipulation) der BaFin melden. § 10 Abs. 3 AnSVG enthält daneben eine Schutzklausel: Der Erstatter einer entsprechenden Anzeige darf wegen dieser nicht verantwortlich gemacht werden, sofern die Anzeigenerstattung nicht vorsätzlich oder grob fahrlässig unwahr erfolgte. Die Regelung in § 10 AnSVG geht auf Art. 6 Abs. 9 EG-Marktmissbrauchsrichtlinie zurück und normiert eine spezielle bereichsbezogene Pflicht zum Whistleblowing[308], ohne allerdings Vorgaben hinsichtlich der Einrichtung eines bestimmten Whistleblowing-Systems (Telefonhotline, Anonymität der Anzeigenden etc.) zu machen.

cc. Keine Analogiefähigkeit der Spezialvorschriften

Alle vorgenannten Vorschriften beziehen sich auf konkrete Einzelfälle und sind nicht analogiefähig. Allein § 91 Abs. 2 AktG soll laut seiner Gesetzesbegründung eine gewisse Ausstrahlungswirkung auch auf andere Gesellschaftsformen, insbesondere auf Gesellschaften mit beschränkter Haftung, zukommen.[309] Aus diesen Vorschriften im Zusammenhang mit § 130 OWiG, der das Unterlassen von Aufsichtsmaßnahmen zur Verhinderung straf- oder bußgeldbewährter Pflichtverstöße als Ordnungswidrigkeit ahndet, im Rahmen einer Gesamtanalogie eine allgemeine Rechtspflicht zur Compliance zu entnehmen, geht jedoch

---

307 *Fuchs*, WpHG, Vor § 12 bis § 14 Rdnr. 80.
308 *Fuchs*, WpHG, Vor § 12 bis § 14 Rdnr. 80.
309 BTDrucks 13/9712, S. 15.

fehl.[310] Hiergegen spricht neben dem Spezialitätscharakter der angesprochenen Normen insbesondere auch, dass diese oft nur Maßgaben vorgeben, an denen sich die Unternehmen orientieren sollen, jedoch keine zwingenden Pflichten formulieren.[311] Für Whistleblowing-Systeme im Speziellen gilt, dass zwar einige Vorschriften Anzeigerechte normieren (so etwa § 13 Abs. 1 AGG, § 17 Abs. 2 ArbSchG),[312] hieraus jedoch keine Anzeigepflichten oder die Pflicht zur Einrichtung von Systemen zum Zwecke der Entgegenahme der Anzeigen folgt.[313]

Auch aus § 130 Abs. 1 S. 1 OWiG lässt sich keine Rechtspflicht zur Einrichtung eines Whistleblowing-Systems entnehmen.[314] Dies wird zwar teilweise für Unternehmen gefordert, die in Bezug auf von Mitarbeitern begangene Rechtsverstöße einem erhöhten Risiko ausgesetzt sind.[315] Hinsichtlich der konkreten Maßnahmen, die ein Unternehmen zur Umsetzung der erforderlichen Aufsicht ergreifen kann, macht die Vorschrift des § 130 Abs. 1 S. 1 OWiG jedoch keinerlei Vorgaben.[316] Der Betrieb eines Whistleblowing-Systems ist hier nur ein Weg, möglichen Pflichtverstößen im Unternehmen zu begegnen. Die Einrichtung eines entsprechenden Systems erfolgt durch die Unternehmen also in aller Regel auf freiwilliger Basis zur Gewährleistung von Compliance. Hierauf soll im Folgenden näher eingegangen werden.

§ 2 Whistleblowing als Teil effektiver Corporate Compliance

Im Anschluss an die erfolgte Beleuchtung des rechtlichen Umfelds, in dem sich Whistleblowing-Systeme generell bewegen (insbesondere Vorgaben durch den SOX sowie spezialgesetzliche Regelungen nach deutschem Recht), soll das Whistleblowing nun in den weiteren Kontext der unternehmensinternen Compliance eingeordnet werden. Zu zeigen sein wird, dass Compliance ohne Whistleblowing kaum denkbar ist. Vielmehr stellt das Whistleblowing einen in-

310 So aber *Kort*, NZG 2008, 81, 83 in Bezug auf den Corporate Governance Kodex; *Schneider*, ZIP 2003, 654, 658ff.; ausdrücklich dagegen insbesondere *Hauschka*, ZIP 2004, 877, 878; *Kremer/Klahold*, ZGR 2010, 113, 119; gegen eine Gesamtanalogie zu bereichsspezifischen Vorschriften oder eine Einzelanalogie zu § 91 Abs. 2 AktG auch *Fleischer*, BB 2008, 1070, 1072.

311 *Hauschka*, ZIP 2004, 877, 878.

312 Siehe hierzu oben Teil 4 § 1 C II 1.

313 *Bauer/Göpfert/Krieger*, AGG, § 13 Rdnr. 13: keine Anzeigepflicht aus § 13 Abs. 1 AGG; *Sänger*, Whistleblowing, S. 216; *Schemmel/Ruhmannseder/Witzigmann*, 3. Kapitel, Rdnr. 14; *Maschmann*, AuA 2009, 72, 75.

314 So aber *Wybitul*, ZD 2011, 118.

315 *Wybitul*, ZD 2011, 118.

316 *Koch*, ZIS 2008, 500, 502.

tegralen Bestandteil jeder effektiven Compliance-Struktur dar. Diese Erkenntnis wird auch im Rahmen der noch vorzunehmenden datenschutzrechtlichen Abwägungsvorgänge Bedeutung erlangen.

Entscheidet sich ein Unternehmen freiwillig oder vor dem Hintergrund des SOX für die Einführung eines Whistleblowing-Systems, so steht dieses in der Regel nicht isoliert da. Es wird vielmehr eingebunden in einen umfangreichen Katalog verschiedener sogenannter Compliance-Maßnahmen.

„Compliance" wird übersetzt mit den Worten „Einhaltung", „Befolgung" oder „Erfüllung".[317] Im unternehmerischen Kontext steht der Begriff für die Einhaltung von Gesetzen, Richtlinien und anderen – auch ethisch motivierten – Verhaltensmaßgaben in Unternehmen sowie die mit diesem Ziel zu ergreifenden rechtlichen und organisatorischen Maßnahmen.[318] Der bereits zuvor eingehend betrachtete Deutsche Corporate Governance Kodex in der Fassung vom 26. 5. 2010 definiert „Compliance" in Punkt 4.1.3. als Aufgabe des Vorstands, für die Einhaltung der gesetzlichen Bestimmungen und der unternehmensinternen Richtlinien zu sorgen und auf deren Beachtung durch die Konzernunternehmen hinzuwirken.[319] Mit anderen Worten dient Compliance somit der Sicherstellung rechtlich und ethisch einwandfreien Verhaltens der Mitarbeiter in einem Unternehmen mithilfe präventiv wirkender Maßnahmen.

Zu diesem Zweck stellen Unternehmen häufig Ethikrichtlinien („Codes of Ethics" oder „Codes of Conduct") auf, die bestimmen, wie sich Mitarbeiter in bestimmten Situationen zu verhalten haben. Die Motive der Unternehmen für die Einführung solcher Verhaltensrichtlinien sind unterschiedlich. Neben der Festschreibung besonderer, für einen bestimmten Wirtschaftszweig geltender gesetzlicher, aufsichtsbehördlicher oder berufsrechtlicher Vorschriften geht es den Unternehmen hierbei oftmals auch darum, ihr öffentliches Image durch den Erlass von Vorschriften zu ethisch einwandfreiem Mitarbeiterverhalten in einem besseren Licht erscheinen zu lassen.[320] Dabei umfassen Ethikrichtlinien neben allgemein formulierten Programmsätzen in der Regel drei Kategorien von Vorschriften: solche betreffend das dienstliche Verhalten der Mitarbeiter, solche betreffend das außerdienstliche Verhalten der Mitarbeiter sowie – für diese Untersuchung von besonderer Bedeutung – solche, die zur Anzeige von Verstößen ge-

---

317 PONS Fachwörterbuch Recht.

318 *Mengel*, Compliance und Arbeitsrecht, S. 1, 6ff.; *Berndt/Hoppler*, BB 2005, 2623, 2627; *Brandt*, AiB 2009, 288; *Bürkle*, DB 2004, 2158, 2160; *Fox*, DuD 2008, 409; *Hauschka*, ZIP 2004, 877; *Kort*, NZG 2008, 81; *Kremer/Klahold*, ZGR 2010, 113, 116ff.; *Mengel/Hagemeister*, BB 2006, 2466; *Schneider*, ZIP 2003, 645, 646.

319 Deutscher Corporate Governance Kodex i. d. F. v. 26.5.2011, abrufbar unter: http://www.corporate-governance-code.de/ger/kodex/index.html.

320 *Mengel*, CCZ 2008, 85; *Meyer*, NJW 2006, 3605, 3606.

gen die Vorgaben der Richtlinie auffordern.[321] Gerade für die datenschutzrechtliche Rechtfertigung der Implementierung von Whistleblowing-Systemen ist entscheidend, welche Art von Verstößen über das System angezeigt werden können oder sollen[322] und ob die Anzeige für den Mitarbeiter verpflichtend ist oder in sein Ermessen gestellt wird. Letzteres ist insbesondere für die Frage von Bedeutung, ob bei Einrichtung eines entsprechenden Systems eine Mitbestimmungspflicht des Betriebsrats nach § 87 Abs. 1 Nr. 1 BetrVG besteht.[323] Daher soll im weiteren Verlauf der Darstellung der Zusammenhang zwischen Compliance-Maßnahmen, Ethikrichtlinien und Whistleblowing dargestellt werden.

A. Freiwillige Vorgaben durch unternehmensinterne Ethikrichtlinien, Stichwort: Compliance

Auch wenn hierzu – wie soeben aufgezeigt – keine rechtliche Verpflichtung besteht, erlassen Unternehmen häufig freiwillig Ethikrichtlinien, die in der Regel auch eine Whistleblower-Klausel umfassen, welche eine Pflicht oder zumindest doch die Aufforderung enthält, Verstöße gegen den Kodex oder anderweitige Verhaltenspflichtverletzungen unternehmensintern zur Anzeige zu bringen.

I. Häufige Inhalte von Ethikrichtlinien

Die Inhalte von Ethikrichtlinien sind dabei so vielgestaltig wie die Gründe für ihre Einführung. Enthalten sind – neben allgemeinen Aussagen zu einem ethisch und moralisch einwandfreien Verhalten – in der Regel konkrete Verhaltensvorgaben für das dienstliche wie auch das außerdienstliche Verhalten der Arbeitnehmer.[324] Das dienstliche Verhalten der Beschäftigten betreffen beispielsweise Verschwiegenheitsklauseln, Verbote von Insidergeschäften, Verbote der Annahme von Schmiergeldern, Regelungen bezüglich der Kommunikation der Arbeitnehmer gegenüber der Presse und Klauseln zur Annahme von Geschenken sowie zum sonstigen Verhalten gegenüber Geschäftskunden und -partnern.[325] Demgegenüber beziehen sich Nebentätigkeitsklauseln und Flirtverbote[326] am Ar-

---

321 *Kock*, ZIP 2009, 1406; *ders.*, MDR 2006, 673f.

322 Mit Beispielen *Nezmeskal-Berggötz*, CCZ 2009, 209, 213.

323 Siehe hierzu Teil 4 § 3 B I 1.

324 *Kock*, ZIP 2009, 1406; *ders.* MDR 2006, 673f.

325 *Kock*, ZIP 2009, 1406; *ders.* MDR 2006, 673f.; *Meyer*, NJW 2006, 3605, 3607.

326 Derartige Flirtverbote sind jedoch wegen des hierdurch erfolgenden Eingriffs in das Persönlichkeitsrecht der Mitarbeiter untersagt, *LAG Düsseldorf*, NZA-RR 2006, 81; *ArbG Wuppertal*, NZA-RR 2005, 476 (Wal-Mart).

beitsplatz auf das außerdienstliche Verhalten der Mitarbeiter beziehungsweise betreffen ihre Privatsphäre.[327]

II. Die Bedeutung von Compliance für die Bekämpfung der Wirtschaftskriminalität, Studie zur Wirtschaftskriminalität 2011

Compliance-Maßnahmen dienen nicht nur der Aufbesserung des Unternehmensimages. Sie können auch einen sinnvollen Beitrag zur Korruptionsbekämpfung leisten, wie eine aktuelle Studie zur Wirtschaftskriminalität im Jahr 2011 zeigt. Nach dieser Studie sind über die Hälfte aller Unternehmen in Deutschland (52 %) im Jahr 2011 Opfer von Wirtschaftsstraftaten geworden.[328] Auch wenn die Entwicklung insgesamt leicht rückläufig ist (im Jahr 2009 waren es noch 61 %)[329], liegen die finanziellen Schäden durch Vermögensdelikte, Korruption und Bestechung in Millionenhöhe.[330] Hinzu kommen weitere mittelbare Schäden durch Imageverlust und Kurseinbrüche, gestörte Geschäftsbeziehungen und Beeinträchtigungen des innerbetrieblichen Klimas.[331] Compliance-Maßnahmen können helfen, Wirtschaftskriminalität und ihren Folgen vorzubeugen und Wirtschaftsstraftaten frühzeitig aufzudecken. Gerade das Whistleblowing leistet hierzu einen wichtigen Beitrag.[332] So wurden durch verschiedene Formen von Hinweisgebersystemen oder auch durch interne oder externe Hinweise, die ohne das Vorhandensein eines speziellen Systems zur Aufnahme derartiger Meldungen bei den betroffenen Unternehmen eingingen, im vergangenen Jahr 2011 mehr als zwei Drittel aller – bekannt gewordenen – Unternehmensstraftaten aufgeklärt.[333] Damit erweist sich das Whistleblowing regelmäßig als sinnvolles Mittel im Kampf gegen Korruption und andere Formen von Wirtschaftskriminalität. Dies

---

327 *Kock*, ZIP 2009, 1406.

328 *Bussmann/Nestler/Salvenmoser*, Wirtschaftskriminalität 2011, S. 17. Die Zahlen und Einschätzungen gehen zurück auf eine im Auftrag der Wirtschaftsprüfungsgesellschaft PricewaterhouseCoopers AG und der Universität Halle-Wittenberg von TNS Emnid durchgeführte repräsentative Umfrage. Befragt wurden im Zeitraum zwischen Mitte Mai und Mitte Juli 2011 verantwortliche Mitarbeiter aus den Bereichen Kriminalprävention und -aufklärung in insgesamt 830 Unternehmen in Deutschland. Zu den befragten Personen gehörten insbesondere Mitarbeiter aus den Rechts- und Finanzabteilungen der jeweiligen Unternehmen. 81% der befragten Unternehmen haben Standorte im Ausland, knapp ein Neuntel ist an der US-Börse notiert, S. 12f.

329 *Bussmann/Nestler/Salvenmoser*, Wirtschaftskriminalität 2011, S. 17.

330 *Bussmann/Nestler/Salvenmoser*, Wirtschaftskriminalität 2011, S. 21.

331 *Bussmann/Nestler/Salvenmoser*, Wirtschaftskriminalität 2011, S. 22f.; *Berndt/Hoppler*, BB 2005, 2623, 2626.

332 *Gänßle*, Kritische Justiz 2007, 265f.

333 *Bussmann/Nestler/Salvenmoser*, Wirtschaftskriminalität 2011, S. 70.

ist einer der maßgeblichen Gründe für Unternehmen, Systeme zur Entgegennahme von Whistleblower-Anzeigen auch auf freiwilliger Basis einzurichten.

III. Notwendigkeit des Whistleblowings für Compliance

Wie gezeigt wurde, besteht keine allgemeine gesetzliche Verpflichtung zum Ergreifen von Compliance-Maßnahmen, insbesondere zur Einrichtung von Whistleblowing-Systemen. Abgesehen von gesetzlichen Maßgaben zur Einrichtung tauglicher Überwachungssysteme, wie sie § 91 Abs. 2 AktG für die Vorstände von Aktiengesellschaften enthält und allgemeinen Aufforderungen zur Sicherstellung gesetzestreuen Verhaltens im Unternehmen wie in § 130 OWiG normiert, basiert Compliance zumeist auf konzernrechtlichen Vorgaben[334] oder aber auf einer freiwilligen unternehmerischen Entscheidung. Die Informationsbeschaffung durch Whistleblowing-Systeme ist dabei ein wichtiger Baustein zur Umsetzung einer effektiven Corporate Compliance.[335] Insbesondere die Einhaltung der eingeführten Compliance-Vorgaben wird durch entsprechende Meldeverfahren unterstützt.[336] Die Zurverfügungstellung interner Meldewege ist zudem wichtig, um externes Whistleblowing mit seinen weiterreichenden Folgen für das Unternehmen einzudämmen.[337] Compliance ohne Whistleblowing erscheint daher in der Praxis nicht machbar.[338]

B. Spannungsverhältnis Compliance und Datenschutz

Die folgenden Ausführungen sollen das generelle Spannungsverhältnis verdeutlichen, das zwischen notwendiger Compliance auf der einen und Datenschutz auf der anderen Seite besteht.

334 Siehe oben zur Möglichkeit einer konzernweiten Verpflichtung zur Umsetzung des SOX durch die Konzernmutter, Teil 4 § 1 A I 4 b dd.

335 *Briegel*, Whistleblowing-Systeme, S. 161; *Berndt/Hoppler*, BB 2005, 2623, 2628; *Bürkle*, DB 2004, 2158, 2160; *Maschmann*, AuA 2009, 72, 75; *Steinau-Steinrück/Glanz*, NJW-Spezial 2008, 146. Dieses Ergebnis wird auch durch die Studie von *Bussmann/Nestler/Salvenmoser* bestätigt, Wirtschaftskriminalität 2011, S. 70.

336 *Breinlinger/Kader*, RDV 2006, 60, 61.

337 *Bürkle*, DB 2004, 2158, 2159.

338 *Berndt/Hoppler*, BB 2005, 2623, 2624, 2627f.; *Bürkle*, DB 2004, 2158, 2160f.; *Koch*, ZIS 2008, 500, 501; *Schürrle/Fleck*, CCZ 2011, 218, 220.

I. Dilemma des Arbeitgebers

Zwischen den Bestrebungen des Arbeitgebers, eine effektive Compliance-Struktur in seinem Unternehmen einzuführen und der gleichzeitigen Prämisse, die Vorgaben des Datenschutzes einzuhalten, existiert ein nur schwer auflösbares Spannungsverhältnis.[339] Insbesondere Whistleblowing-Systeme als Teil umfassender Compliance-Maßnahmen eröffnen eine Reihe datenschutzrechtlich relevanter Problemfelder.[340] Diese sollen Gegenstand der folgenden datenschutzrechtlichen Analyse sein. Zuvor soll jedoch noch auf ein besonderes Problem im Kontext von Compliance und Datenschutz eingegangen werden, das insbesondere in der Praxis größerer Unternehmen für Unsicherheiten sorgt. Konkret geht es um die Abgrenzung der Funktionsbereiche von Compliance-Officer und betrieblichem Datenschutzbeauftragtem.

II. Compliance-Officer vs. betrieblicher Datenschutzbeauftragter

In Unternehmen, die bereits über einen betrieblichen Datenschutzbeauftragten verfügen – die Verpflichtung zur Bestellung eines betrieblichen Datenschutzbeauftragten richtet sich für nicht-öffentliche Stellen nach § 4f Abs. 1 BDSG –, ergibt sich ein Abgrenzungsproblem zwischen den Funktionsbereichen des betrieblichen Datenschutzbeauftragten und denen des Compliance-Officers.[341] Fraglich erscheint auch, ob beide Positionen im Unternehmen von ein und derselben Person ausgefüllt werden können.

1. Abgrenzung der Funktionsbereiche

Die Arbeitsbereiche von betrieblichem Datenschutzbeauftragtem und Compliance-Officer sind trotz einiger Überschneidungen klar voneinander abgrenzbar.[342] Die Aufgaben des Datenschutzbeauftragten ergeben sich dabei unmittelbar, allerdings nicht abschließend[343], aus dem Gesetz. § 4g Abs. 1 S. 1 BDSG formuliert noch recht allgemein, der Datenschutzbeauftragte habe auf die Einhaltung datenschutzrechtlicher Vorschriften „hinzuwirken“. Nach S. 4 umfasst dies insbesondere die Überwachung der ordnungsgemäßen Anwendung von Datenverar-

---

339 *Thüsing*, Arbeitnehmerdatenschutz und Compliance, Rdnr. 11; *Barton*, RDV 2009, 200, 201; *Berndt/Hoppler*, BB 2005, 2623, 2629.

340 *Studt*, GmbHR 2008, R177, R178.

341 *Fox*, DuD 2008, 409, 410.

342 *Fox*, DuD 2008, 409, 410.

343 *Bergmann/Möhrle/Herb*, BDSG, § 4g Rdnr. 10f.; *Däubler*/Klebe/Wedde/Weichert, BDSG, § 4g Rdnr. 1; *Simitis*, BDSG, § 4g Rdnr. 1; Taeger/Gabel/*Scheja*, § 4g BDSG Rdnr. 1.

beitungsprogrammen sowie das Vertrautmachen der mit der Verarbeitung personenbezogener Daten in Kontakt kommenden Personen mit den datenschutzrechtlichen Vorschriften. Der Aufgabenbereich des betrieblichen Datenschutzbeauftragten umfasst somit vor allem die Sensibilisierung und Schulung der Mitarbeiter in Datenschutzfragen[344], beinhaltet aber auch eine gewisse – wenn auch letztlich relativ schwach ausgestaltete – Kontrollfunktion[345]. Daneben ist der Datenschutzbeauftragte gemäß § 4d Abs. 6 S. 1 BDSG zuständig für die datenschutzrechtliche Vorabkontrolle besonders sensibler automatisierter Datenverarbeitungen sowie Anlaufstelle für Betroffene, § 4f Abs. 5 S. 2 BDSG.

Auch dem Compliance-Officer kommt in erster Linie die Aufgabe zu, Verhaltensverstößen entgegenzuwirken und daher die Beschäftigten über die im Betrieb geltenden gesetzlichen und sonstigen Ge- und Verbote aufzuklären.[346] Im Übrigen ist er jedoch auch für die tatsächliche Umsetzung der rechtlichen Vorgaben verantwortlich.[347] In dieser Funktion soll er unter Anwendung geeigneter Compliance-Maßnahmen Verhaltensverstöße der Mitarbeiter feststellen und korrigieren.[348]

2. Interessenkonflikt bei Personalunion von Compliance-Officer und betrieblichem Datenschutzbeauftragtem

Aufgrund der teilweisen Überschneidung der Funktionsbereiche von betrieblichem Datenschutzbeauftragtem und Compliance-Officer stellt sich in der betrieblichen Praxis die Frage nach der Zusammenlegung beider Positionen. Allerdings verfolgen betrieblicher Datenschutzbeauftragter und Compliance-Officer zum Teil sich diametral entgegenstehende Interessen.

Interessenkollisionen durch die Wahrnehmung anderweitiger Aufgaben in einem Unternehmen führen im Falle des betrieblichen Datenschutzbeauftragten zu dessen Ungeeignetheit aufgrund mangelnder Zuverlässigkeit.[349] So wird etwa für den Leiter der Rechtsabteilung eines Unternehmens ein Interessenkonflikt vermutet, der sich insbesondere aus der Auslegungsfähigkeit vieler Datenschutz-

---

344 *Däubler*/Klebe/Wedde/Weichert, BDSG, § 4g Rdnr. 17f.; *Gola/Schomerus*, BDSG, § 4g Rdnr. 10; *Simitis*, BDSG, § 4g Rdnr. 49; Taeger/Gabel/*Scheja*, § 4g BDSG Rdnr. 17; *Fox*, DuD 2008, 409, 410.

345 *Simitis*, BDSG, § 4g Rdnr. 30, 41ff.

346 *Fox*, DuD 2008, 409, 410.

347 *Bürkle*, DB 2004, 2158, 2160; *Fox*, DuD 2008, 409, 410; *Lösler*, WM 2007, 676, 679.

348 *Fox*, DuD 2008, 409, 410.

349 BAGE 76, 184, 195 = *BAG*, NZA 1994, 1049, 1052; *Gola/Schomerus*, BDSG, § 4f Rdnr. 26; *Simitis*, BDSG, § 4f Rdnr. 97; Taeger/Gabel/*Scheja*, § 4f BDSG Rdnr. 68.

normen ergibt.[350] Während die Rechtsabteilung im Zweifel für eine Interpretation zugunsten der unternehmerischen Interessen plädieren wird, hat der betriebliche Datenschutzbeauftragte insbesondere auf die Belange der Betroffenen zu achten.[351]

Ähnlich stellt sich die Situation im Falle des Compliance-Officers dar. Dem Leiter der Compliance-Abteilung obliegt die Kontrolle der Einhaltung aller gesetzlichen und sonstigen Regelungen in einem Unternehmen.[352] Zu seinem Aufgabenbereich gehört auch die Einführung von Maßnahmen zur Verhaltenskontrolle, Korruptionsbekämpfung und Verhinderung sonstiger Straftaten. Derartige Maßnahmen gehen in der Regel mit der Verarbeitung personenbezogener Daten einher und tragen dementsprechend das Risiko von Eingriffen in das Persönlichkeitsrecht der Betroffenen in sich. Die Wahrung der datenschutzrechtlichen Belange der Mitarbeiter ist jedoch gerade Aufgabe des betrieblichen Datenschutzbeauftragten. Viele Compliance-Maßnahmen unterliegen zudem einer Vorabkontrolle nach § 4d Abs. 5 BDSG.[353] Diese ist gemäß § 4d Abs. 6 BDSG von dem Datenschutzbeauftragten durchzuführen.

Wenn nun eine personelle Identität von Datenschutzbeauftragtem und Compliance Officer besteht, müsste die Person, die eine bestimmte Compliance-Maßnahme einführen möchte – etwa die Etablierung einer Whistleblower-Hotline –, zugleich die Vorabkontrolle im Hinblick auf die Vereinbarkeit der Maßnahme mit dem geltenden Datenschutzrecht durchführen. Auch hieraus ergibt sich eine Unvereinbarkeit beider Positionen.[354] Es gilt das alte Prinzip, dass „der zu Kontrollierende nicht zum Kontrolleur werden kann".[355] Die Erweiterung der Aufgaben des betrieblichen Datenschutzbeauftragten um die Kontrollfunktionen eines Compliance-Officers[356] ist daher abzulehnen. Die Positionen von Compliance-Officer und Datenschutzbeauftragtem sollten vielmehr organisatorisch wie personell voneinander getrennt sein. Dies schließt jedoch eine enge Zusammenarbeit beider Bereiche nicht aus.[357]

---

350 *Däubler*/Kelebe/Wedde/Weichert, BDSG, § 4f Rdnr. 31; *Simitis*, BDSG, § 4f Rdnr. 103.

351 *Däubler*/Kelebe/Wedde/Weichert, BDSG, § 4f Rdnr. 31; *Simitis*, BDSG, § 4f Rdnr. 103; einen Interessenkonflikt ablehnend dagegen Taeger/Gabel/*Scheja*, § 4f BDSG Rdnr. 70; *Schaffland/Wiltfang*, BDSG, § 4f Rdnr. 37; *Kremer/Klahold*, ZGR 2010, 113, 126.

352 Vgl. die Erläuterung des Begriffs „Compliance" in Teil 4 § 2.

353 Beck'sches Rechtsanwalts-Handbuch/*Junker/Knigge/Pischel/Reinhart*, § 48 Rdnr. 110.

354 So im Ergebnis wohl auch *Fox*, DuD 2008, 409, 410, der von dem Compliance-Beauftragten als dem „perfekten Pendant" zum Datenschutzbeauftragten spricht.

355 *Bergmann/Möhrle/Herb*, BDSG, § 4f Rdnr. 103; *Schaub*, DB 1993, 481, 482 im Hinblick auf den Betriebsbeauftragten für den Umweltschutz.

356 So *Hauschka*, NJW 2004, 257, 259.

357 *Wybitul*, ZD 2011, 118, 120.

Anders kann es sich im Hinblick auf untergeordnete Mitarbeiter der Compliance-Abteilung verhalten. Zwar bestehen auch hier gewisse Bedenken gegen die Zuverlässigkeit als Datenschutzbeauftragter.[358] Diese sind jedoch als weniger schwerwiegend einzustufen, wenn nicht die Letztverantwortlichkeit für die Compliance mit den Aufgaben des Datenschutzbeauftragten kollidiert.

§ 3 Datenschutzrechtliche Rechtfertigung (nicht-öffentlicher Bereich)

Die entscheidende und im Rahmen dieser Arbeit zu beantwortende Frage ist letztlich, ob und gegebenenfalls auf welcher rechtlichen Grundlage die Einführung von Whistleblowing-Systemen in Unternehmen datenschutzrechtlich gerechtfertigt werden kann.

Das deutsche Datenschutzrecht wird vom Grundsatz des Verbots mit Erlaubnisvorbehalt bestimmt.[359] Dieser besagt, dass die Erhebung, Verarbeitung und Nutzung personenbezogener Daten nur zulässig ist, soweit eine Rechtsvorschrift dies erlaubt oder anordnet oder der Betroffene eingewilligt hat, § 4 Abs. 1 BDSG. Es soll daher in einem ersten Schritt untersucht werden, inwieweit die Einwilligung der betroffenen Arbeitnehmer die datenschutzrechtliche Rechtfertigungsgrundlage für die Einführung eines Whistleblowing-Systems darstellen kann. Im Anschluss daran soll dann das Augenmerk auf die kollektivvertragliche Ebene gelegt werden. Es stellt sich die Frage, ob die Einwilligung des einzelnen Arbeitnehmers durch den Abschluss einer Betriebsvereinbarung ersetzt werden kann. Zuletzt werden die gesetzlichen Erlaubnistatbestände des BDSG zu prüfen sein.

A. Einwilligung des Arbeitnehmers

Nach der Vorstellung des Gesetzgebers, die in den Vorgaben des BDSG ihren Niederschlag gefunden hat, ist die Einwilligung grundsätzlich zur Legitimation eines jeden datenschutzrechtlich relevanten Vorgangs geeignet.[360] Sie steht insofern gleichwertig neben der Möglichkeit einer Rechtfertigung durch einen ge-

358 *Bergmann/Möhrle/Herb*, BDSG, § 4f Rdnr. 104 für externe Datenschutzbeauftragte; *Simitis*, BDSG, § 4f Rdnr. 106.

359 Hierzu Teil 3 § 1 B I.

360 *Schmidl*, DuD 2006, 353, 355.

setzlichen Erlaubnistatbestand.[361] Gleichwohl ist die Einwilligung als Grundlage einer datenschutzrechtlichen Rechtfertigung für die Einführung eines Whistleblowing-Systems nicht unproblematisch. Die Schwierigkeit der Einwilligung als Rechtfertigungstatbestand besteht nicht zuletzt aufgrund ihrer weitreichenden Bedeutung für den Einzelnen sowie aufgrund grundrechtlicher Implikationen.

So begründet die datenschutzrechtliche Einwilligung einen auch im Bereich des Arbeitsrechts – und dieser wird letztlich bei Fragen des Whistleblowings betroffen – prinzipiell zulässigen Grundrechtsverzicht.[362] Eine Pflicht, seine Grundrechte „verantwortungsbewusst", „vernünftig" oder gar „richtig" auszuüben, besteht nicht.[363] Einen Schutz des Menschen vor sich selbst gibt es im deutschen Recht nur in engen Grenzen. Nur dort, wo eine Einwilligung die Schwelle zur Sittenwidrigkeit gemäß § 138 BGB überschreitet, ist eine Abdingbarkeit der Grundrechte durch einen freiwilligen Verzicht nicht mehr möglich.[364] Der „Menschenwürdekern" der Grundrechte ist insoweit auch vor einem Eingriff durch den Arbeitgeber sicher.[365]

Stellt die datenschutzrechtliche Einwilligung also jedenfalls in Bezug auf bestimmte Eingriffe des Arbeitgebers, zu denen auch der Betrieb von Whistleblowing-Systemen gehört, eine Form des Grundrechtsverzichts dar, so ist sie gleichwohl auch Grundrechtsausübung, nämlich Ausübung des Grundrechts auf informationelle Selbstbestimmung[366].

Damit der Einzelne sein Recht auf informationelle Selbstbestimmung tatsächlich ausüben kann und sich dabei der Bedeutung seiner Entscheidung bewusst ist, hat der Gesetzgeber gewisse Mindestanforderungen an den Inhalt und den Vorgang der Einwilligung gestellt.[367] Die Erfüllbarkeit dieser Mindestanforderungen erscheint allerdings gerade im Hinblick auf Arbeitnehmereinwilligungen

---

361 Simitis/*Sokol*, BDSG, § 4 Rdnr. 6; Roßnagel/*Holznagel/Sonntag*, Handbuch Datenschutzrecht, Kapitel 4.8 Rdnr. 16; *Sproll*, Individualrechtliche Probleme des Arbeitnehmerdatenschutzes, S. 180.

362 *Wedde*, DuD 2004, 169, 171.

363 ErfK/*Dieterich*, Einleitung GG Rdnr. 63; *Wedde*, DuD 2004, 169, 171; *Bleckmann*, JZ 1988, 57, 58 spricht von den „Grundrechten auf freies Belieben"; zum Grundrechtsverzicht auch *Robbers*, JuS 1985, 925ff.

364 Münchener Handbuch zum Arbeitsrecht/*Blomeyer*, Bd. 1, § 97 Rdnr. 7 (2. Aufl.); *Wedde*, DuD 2004, 169, 171.

365 ErfK/*Dieterich*, Art. 2 GG Rdnr. 55; *Wedde*, DuD 2004, 169, 171; allgemein *Hillgruber*, S. 137f.; *Robbers*, JuS 1985, 925, 929f.

366 So auch Kilian/Heussen/*Polenz*, Computerrecht, 133 Rdnr. 52, der allerdings zugleich der Annahme eines teilweisen Grundrechtsverzichts widerspricht; *Gola/Schomerus*, BDSG, § 4a Rdnr. 2ff.; *Geiger*, NVwZ 1989, 35, 37; *Riesenhuber*, RdA 2011, 257, 258.

367 Roßnagel/*Holznagel/Sonntag*, Handbuch Datenschutzrecht, Kapitel 4.8 Rdnr. 26.

und damit auch im Zusammenhang mit der Einführung von Whistleblowing-Systemen durch den Arbeitgeber zweifelhaft.

I. Bestimmtheit der Einwilligung

1. Problem der abstrakten Einwilligung im Rahmen von Whistleblowing-Systemen

Über Whistleblowing-Systeme können (abgesehen von den getroffenen Einschränkungen im Rahmen der praktischen Ausgestaltung des Systems seitens der verantwortlichen Stelle) grundsätzlich beliebige Mitarbeiter über beliebige – ihrer Ansicht nach meldebedüftige – Vorgänge im Unternehmen berichten. Eine vorherige abschließende Bestimmung der Daten, die über das System erhoben werden können, ist damit nicht möglich. Auch wenn – wie zum Teil vertreten wird – durchaus eine gewisse Festlegung der möglicherweise betroffenen Daten in den in einem Unternehmen geltenden Verhaltenspflichten liegen kann[368], bleibt für den Betroffenen dennoch im Moment der Einwilligung unklar, auf welchen konkreten Datensatz sich seine Einwilligungserklärung bezieht. Die Abgabe einer abstrakten Einwilligung ist jedoch hinsichtlich ihrer datenschutzrechtlichen Wirksamkeit zweifelhaft. So muss der Betroffene wissen, auf welche personenbezogenen Daten und welchen konkreten Verarbeitungsvorgang sich seine Einwilligung bezieht.[369] Pauschale Generaleinwilligungen sind demgegenüber unwirksam.[370]

Aus diesem Umstand könnte man folgern, dass die Einwilligung des Betroffenen im Falle des Whistleblowings einzuholen ist, nachdem die Hinweise über das Whistleblowing-System eingegangen sind, aber bevor die Daten weiter verarbeitet oder gespeichert werden.[371] Diese Auffassung verkennt jedoch, dass auch schon die Datenerhebung selbst einer gesetzlichen Erlaubnis beziehungsweise der Einwilligung bedarf, § 4 Abs. 1 BDSG. Mit einer zeitlich nach der Datenerhebung eingeholten Einwilligung des Betroffenen ist damit im Ergebnis nicht viel gewonnen.

---

368 So *Schmidl*, DuD 2006, 353, 355.

369 *Gola/Schomerus*, BDSG, § 4a Rdnr. 11; Roßnagel/*Holznagel/Sonntag*, Handbuch Datenschutzrecht, Kapitel 4.8 Rdnr. 49; *Schaffland/Wiltfang*, BDSG, § 4a Rdnr. 12; *Simitis*, BDSG, § 4a Rdnr. 77; *Hilber/Hartung*, BB 2003, 1054, 1058; *von Zimmermann*, RDV 2006, 242, 244.

370 BGHZ 95, 362, 368 = *BGH*, NJW 1986, 46, 47; *BGH*, NJW 2003, 1237, 1241; *Däubler*/Klebe/Wedde/Weichert, § 4a Rdnr. 18; Roßnagel/*Holznagel/Sonntag*, Handbuch Datenschutzrecht, Kapitel 4.8 Rdnr. 49; *Simitis*, BDSG, § 4a Rdnr. 77; *Schmidl*. DuD 2006, 353, 355.

371 *Von Zimmermann*, RDV 2006, 242, 244.

2. *Anforderungen an das Bestimmtheitskriterium*

Ob eine wirksame Einwilligung in die Datenerhebung und -verarbeitung durch Whistleblowing-Systeme vor dem Hintergrund des Bestimmtheitskriteriums überhaupt möglich ist, hängt daher letztlich davon ab, welche Anforderungen an die Bestimmtheit der Einwilligung zu stellen sind. Dies kann nur in Bezug auf die Umstände des jeweiligen Einzelfalls bestimmt werden. Je komplexer ein Datenverarbeitungsvorgang ist, desto geringere Anforderungen dürfen an die Vollständigkeit der Einwilligungserklärung gestellt werden.[372] Eine Einwilligungserklärung, die alle (auch zukünftigen) Datenverarbeitungsvorgänge in ihren Einzelheiten umschreibt und dabei alle Arten möglicherweise betroffener personenbezogener Daten nennt, kann vernünftigerweise nicht verlangt werden.[373] Eine derartige Einwilligungserklärung würde den betroffenen Arbeitnehmer wohl auch schon aufgrund ihres bloßen Umfangs überfordern. Es bestünde die Gefahr, dass der Betroffene eine solch umfassende Einwilligungserklärung gar nicht erst lesen, sondern blindlings unterschreiben würde. Der Sinn und Zweck der Einwilligung, die letztlich Ausfluss des verfassungsrechtlich garantierten Rechts auf informationelle Selbstbestimmung ist, würde damit ad absurdum geführt. Aus diesem Grunde ist eine relative Unvollständigkeit der Einwilligungserklärung in Kauf zu nehmen.[374] Allerdings nimmt das zu fordernde Maß an Bestimmtheit zu, je stärker der Schutz der Persönlichkeit des Betroffenen berührt ist.[375]

3. *Folgerung für das Whistleblowing*

Auf der einen Seite wird das Persönlichkeitsrecht des Betroffenen beim Whistleblowing in erheblichem Maße tangiert, da dieser in der Regel einer Straftat oder doch zumindest einer schwerwiegenden Verhaltenspflichtverletzung verdächtigt wird. Auf der anderen Seite sind die im Rahmen der Nutzung eines Whistleblowing-Systems anfallenden Datenverarbeitungsvorgänge durchaus von einer gewissen Komplexität gekennzeichnet.

Um dem Erfordernis der Bestimmtheit der Einwilligung dennoch Rechnung tragen zu können, bietet es sich an, die im Rahmen eines Whistleblowing-Systems möglichen Angaben zur Meldung von Verhaltensverstößen von vornherein zu konkretisieren und mit der Einwilligung zu synchronisieren.[376] Der Ar-

372 Roßnagel/*Holznagel/Sonntag*, Handbuch Datenschutzrecht, Kapitel 4.8 Rdnr. 49.

373 *Simitis*, BDSG, § 4a Rdnr. 80.

374 *Simitis*, BDSG, § 4a Rdnr. 80; *Beckhusen*, Datenumgang, 162, 164.

375 *Däubler*/Klebe/Wedde/Weichert, § 4a Rdnr. 18; Roßnagel/*Holznagel/Sonntag*, Handbuch Datenschutzrecht, Kapitel 4.8 Rdnr. 49.

376 So auch *Schmidl*, DuD 2006, 353, 356.

beitgeber sollte daher vor der Implementierung des Systems festlegen, welche Verhaltensverstöße überhaupt gemeldet werden und welche Daten zu diesem Zwecke genannt werden dürfen. Hier sollte eine Beschränkung auf Angaben zur Identität, Position im Unternehmen und Erreichbarkeit der beschuldigten wie auch der anzeigenden Person (sofern diese nicht anonym bleibt) sowie zu den gemeldeten Tatbeständen vorgenommen werden.[377] Die Einwilligungserklärung sollte sich dann entsprechend auf diese Datenarten beziehen. Ferner müssten die vorgesehenen Verarbeitungsvorgänge sowie die Verarbeitungszwecke genannt werden. Dabei ist eine generelle Bezeichnung der Verarbeitungsphasen (Speicherung, Übermittlung) nicht zu beanstanden.[378]

II. Freiwilligkeit der Einwilligung

Als besonders problematisch ist neben der Bestimmtheit der Aspekt der Freiwilligkeit der Einwilligung im Arbeitsverhältnis zu diskutieren. Auch spezifisch datenschutzrechtliche Abhandlungen über das Whistleblowing enthalten hierzu meist nur einen kurzen Hinweis auf die Problematik[379] sowie die Feststellung, dass die Einwilligung bereits aus praktischen Gründen keine geeignete Rechtfertigungsgrundlage für die Implementierung eines entsprechenden Systems darstellt[380]. Im Folgenden soll der Aspekt der Freiwilligkeit jedoch etwas genauer betrachtet werden.

1. Konturloser Begriff der Freiwilligkeit

Bei dem Begriff der Freiwilligkeit handelt es sich um einen nur schwer zu definierenden Rechtsbegriff.[381] Eine wertfreie, rein deskriptive Definition, die für das moralische, rechtliche oder politische Denken von Interesse wäre, konnte bisher nicht gefunden werden.[382] Zum Vergleich können auch die Schwierigkeiten bei der Bestimmung der Freiwilligkeit der rechtfertigenden Einwilligung im Strafrecht genannt werden.[383] Das Gesetz spricht – ohne den Begriff der Freiwilligkeit

377 Vgl. *Breinlinger/Kader*, RDV 2006, 60, 65; Art 3, Beschluss der CNIL Nr. 2005-305 vom 8.12.2005, abrufbar in französischer Sprache unter: http://www.cnil.fr/en-savoir-plus/deliberations/deliberation/delib/83/.

378 *Schaffland/Wiltfang*, BDSG, § 4a Rdnr. 19.

379 *Niedostadek*, S. 161; *Schmidl*, DuD 2006, 353, 355, 356; *von Zimmermann*, RDV 2006, 242, 244.

380 *Behrendt/Kaufmann*, CR 2006, 642, 645.

381 *Lambrich/Cahlik*, RDV 2002, 287, 292.

382 *Gutmann*, Freiwilligkeit als Rechtsbegriff, S. 107.

383 *Lambrich/Cahlik*, RDV 2002, 287, 292, Fn. 48.

zu verwenden – davon, dass die Einwilligung auf der „freien Entscheidung“ des Betroffenen beruhen muss, die EU-Datenschutzrichtlinie[384] definiert die wirksame datenschutzrechtliche Einwilligung in Art. 2 lit. h) als „ohne Zwang“ geäußerte Willensbekundung. Diese Begrifflichkeiten stellen jedoch lediglich Synonyme dar, eine konkrete Definition des Freiwilligkeitsbegriffs liefern sie nicht.

Obgleich der Begriff der Freiwilligkeit in hohem Maße unbestimmt ist, soll im Folgenden untersucht werden, ob dieses Merkmal der datenschutzrechtlichen Einwilligung im Arbeitsverhältnis und somit auch bei der Einwilligung in die Einführung von Whistleblowing-Systemen überhaupt gegeben sein kann.

2. Möglichkeit einer freien Entscheidung des Arbeitnehmers

a. Vorteilhaftigkeit der Einwilligung im Einzelfall

Trotz der Schwierigkeiten, den Begriff der Freiwilligkeit zu konkretisieren und einer Definition zuzuführen sowie der im folgenden Abschnitt noch ausführlich dargestellten Vorbehalte, kann dieses Merkmal der datenschutzrechtlichen Einwilligung auch für die Einwilligung des Arbeitnehmers im Arbeitsverhältnis in Einzelfällen durchaus gegeben sein.[385] Anstatt die Freiwilligkeit generell abzulehnen, sollte daher bei entsprechenden Anhaltspunkten im jeweiligen Einzelfall geprüft werden, ob die Einwilligung frei oder aus einer sozialen Zwangslage („faktischer Zwang“)[386] heraus erteilt wurde.[387] Eine pauschale Verneinung der Freiwilligkeit erscheint auch vor dem Hintergrund der Vielgestaltigkeit moderner Arbeitsverhältnisse nicht sachgerecht.[388] Es kann vielmehr immer Bereiche geben, in denen die Einwilligung des Arbeitnehmers in einen bestimmten Datenverarbeitungsvorgang für diesen vorteilhaft ist und in denen daher eine Einwilligung möglich sein muss.[389]

---

384 RL 95/46 EG.

385 *Taeger*/Gabel, § 4a BDSG Rdnr. 60; *Däubler*, Gläserne Belegschaften, Rdnr. 154; *Gola/Wronka*, Handbuch Arbeitnehmerdatenschutz, Rdnr. 261; Oetker/Preis/*Franzen*, EAS, B5300 Rdnr. 48; *Casper*, DuD 2011, 687, 689f.; *Hilber*, RDV 2005, 143, 147f.; *Hold*, RDV 2006, 249, 251f.; *Lambrich/Cahlik*, RDV 2002, 287, 292ff.; *Riesenhuber*, RdA 2011, 257, 261; *Thüsing*, NZA 2011, 16, 18.

386 *Schaar*, MMR 2001, 644.

387 *Taeger*/Gabel, § 4a BDSG Rdnr. 61; *Besgen/Prinz*, Neue Medien, § 10 Rdnr. 59; *Byers*, Videoüberwachung, S. 107; *Wybitul*, Datenschutz im Unternehmen, Rdnr. 122; *Duhr/Naujok/Peter/Seiffert*, DuD 2002, 5, 13; *Wedde*, DuD 2004, 169, 172; *Zscherpe*, MMR 2004, 723, 727.

388 *Besgen/Prinz*, Neue Medien, § 10 Rdnr. 59.

389 *Casper*, DuD 2011, 687, 689f.

Die Freiwilligkeit der Einwilligung im Arbeitsverhältnis abzulehnen, würde bedeuten, dem Arbeitnehmer die Fähigkeit abzusprechen, selbstbestimmt über die Verwendung und Verarbeitung seiner Daten entscheiden zu können. Der einzelne Arbeitnehmer könnte über die gesetzlich bestimmten oder in Betriebsvereinbarungen festgelegten Fälle hinaus keinen Datenverarbeitungsvorgang durch seine Einwilligung legitimieren. Es gibt jedoch durchaus Situationen, in denen eine bestimmte Datenverarbeitung oder -übermittlung gerade im Interesse des Arbeitnehmers liegt.[390] Die Freiwilligkeit der Einwilligung kann daher nicht generell verneint werden. Sie fehlt jedoch, wenn der Einwilligende in unangemessener Weise unter Druck gesetzt wurde, ohne dass deshalb bereits die Grenze der widerrechtlichen Drohung erreicht wäre. Dies ist beispielsweise in einer einseitig strukturierten Verhandlungssituation der Fall, in der der Arbeitnehmer unter Zeitdruck steht, sich mehreren Personen gegenüber sieht, keine Person des Vertrauens hinzuziehen kann, auf die Einwilligung zielender Beratung ausgesetzt ist oder in der ihm Nachteile in Aussicht gestellt werden.[391]

Um Zweifeln an der Freiwilligkeit der Einwilligung im Arbeitsverhältnis zu begegnen, wird der Einsatz eines Treuhändermodells vorgeschlagen, bei dem die Einwilligung einem neutralen Treuhänder erteilt wird, der dann selbständig über die Datenweitergabe zu entscheiden hätte.[392] Die Einschaltung eines Treuhänders führt jedoch letztlich dazu, dass die Entscheidung über die Datenverarbeitung von dem Betroffenen in die Hände eines Dritten gelegt wird. Auch dies erscheint vor dem Hintergrund des Rechts auf informationelle Selbstbestimmung nicht sachgerecht. Möchte der Arbeitnehmer bestimmten Datenverarbeitungsvorgängen, etwa solchen im Rahmen des Betriebs eines Whistleblowing-Systems, zustimmen und ist diese Zustimmung Ausdruck der informierten, freien und frei widerruflichen Entscheidung des Arbeitnehmers, so kann diese Zustimmung nicht von einem Dritten „verwaltet" werden. Ihr ist vielmehr volle Bedeutung beizumessen.

b. Machtgefälle als Hindernis der Freiwilligkeit

Wenn auch im Übrigen die Einwilligung ausreichende Rechtfertigungsgrundlage für eine Datenverarbeitung sein kann, so ist dies jedenfalls im Beschäftigtenverhältnis problematisch.[393]

---

390 *Däubler*, Gläserne Belegschaften, Rdnr. 154.

391 *Däubler*, Gläserne Belegschaften, Rdnr. 157f.

392 *Taeger*/Gabel, § 4a BDSG Rdnr. 64.

393 *Byers*, Videoüberwachung, S. 106f. m. w. N.; *Meyer*, K&R 2009, 14, 17; *Schaar*, MMR 2001, 644; *Simitis*, AuR 2001, 429, 431; *Trittin/Fischer*, NZA 2009, 343, 344.

Aufgrund des für Arbeitsverhältnisse charakteristischen Über-/ Unterordnungsverhältnisses von Arbeitgeber und Arbeitnehmer sowie der hierdurch für den Arbeitnehmer stets bestehenden besonderen Drucksituation wird die Möglichkeit einer wirksamen, das heißt freiwilligen Einwilligung im Arbeitsverhältnis zum Teil vielfach stark bezweifelt bis gänzlich abgelehnt. Auch die Artikel 29 Datenschutzgruppe hat bereits in mehreren Arbeitspapieren – wenn auch nicht in Working Paper 117 mit Bezug auf die Einrichtung von Whistleblowing-Systemen – ihre Bedenken im Hinblick auf die Freiwilligkeit der datenschutzrechtlichen Einwilligung in Abhängigkeitsverhältnissen wie dem Arbeitsverhältnis zum Ausdruck gebracht.[394] Der Arbeitnehmer ist auf seinen Arbeitsplatz als Existenzgrundlage angewiesen und wird sich daher in der Regel zur Erteilung einer von seinem Arbeitgeber geforderten Einwilligung gezwungen sehen.[395]

In der Praxis scheitert der Abschluss eines Vertragsverhältnisses oftmals (auch) an der Weigerung des Arbeitnehmers zur Erteilung einer vom Arbeitgeber verlangten Einwilligung.[396] Unter dem Gesichtspunkt der Vertragsdisparität erscheint das Vorliegen einer freiwilligen Einwilligung daher unwahrscheinlich.[397] Diese Auffassung wird auch von der Ad-hoc Arbeitsgruppe „Beschäftigtendatenschutz" des Düsseldorfer Kreises[398] in ihrem Arbeitsbericht zum Whistleblowing sowie der Artikel 29 Datenschutzgruppe der EU geteilt.[399] Letztere fordert die EU-Arbeitgeber sogar dazu auf, auf die Einwilligung als Rechtfertigungsgrundlage für Datenverarbeitungsvorgänge in ihrem Unternehmen zu verzichten.[400]

---

394 Artikel 29 Gruppe, „Opinion 8/2001 on the processing of personal data in the employment context" (WP 48), S. 23, abrufbar unter: http://ec.europa.eu/justice/data-protection/article-29/documentation/opinion-recommendation/index_en.htm; „Working document on a common interpretation of Article 26(1) of Directive 95/46/EC of 24 October 1995" (WP 114), S. 11, abrufbar unter: http://ec.europa.eu/justice/data-protection/article-29/documentation/opinion-recommendation/index_en.htm; zuletzt „Opinion 15/2011 on the definition of consent" (WP 187), S. 13, abrufbar unter: http://ec.europa.eu/justice/data-protection/article-29/documentation/opinion-recommendation/index_en.htm.

395 *Bergmann/Möhrle/Herb*, § 4a Rdnr. 5a; Roßnagel/*Büllesbach*, Handbuch Datenschutzrecht, Kapitel 6.1 Rdnr. 14, *Niedostadek*, S. 161.

396 *Wedde*, DuD 2004, 169, 172; bezüglich der Einwilligung in Drogentests *Diller/Powietzka*, NZA 2001, 1227, 1232.

397 *Wedde*, DuD 2004, 169, 172.

398 Der Düsseldorfer Kreis ist ein Zusammenschluss der obersten Aufsichtsbehörden für den Datenschutz in Deutschland im nicht-öffentlichen Bereich. Benannt hat sich die Gruppe nach dem Ort ihrer ersten Zusammenkunft im Jahr 1977. Sie setzt sich aus verschiedenen ständigen, sowie wechselnden sogenannten „ad hoc" Arbeitsgruppen zusammen.

399 Arbeitsbericht Düsseldorfer Kreis v. 27.9.2006, S. 4; Artikel 29 Gruppe, WP 114, S. 11.

400 Artikel 29 Gruppe, WP 114, S. 11.

Eine wirksame Einwilligung im Arbeitsverhältnis erscheint unter diesen Gesichtspunkten allenfalls dann möglich, wenn ein unmittelbarer Bezug des in Frage stehenden Datenverarbeitungsvorgangs zu einem künftigen oder bestehenden Arbeitsverhältnis besteht[401] oder wenn sich der Arbeitnehmer durch die Einwilligung einen eigenen Vorteil wie etwa soziale Leistungen oder die Berechtigung zur privaten Internetnutzung „erkaufen" kann[402]. In jedem Fall muss der Arbeitnehmer die Wahl haben, was nur dann der Fall ist, wenn er die Einwilligung versagen kann, ohne dass für ihn hierdurch Nachteile entstehen oder er Sanktionen befürchten muss. In Kauf nehmen muss er nur solche Nachteile, die dadurch bedingt sind, dass ihm die mit der Datenverarbeitung verbundenen Vorteile aufgrund der versagten Einwilligung nicht gewährt werden.[403]

Insbesondere bei präventiven Maßnahmen zur Korruptionsbekämpfung – zu denen auch Whistleblowing-Systeme zu zählen sind – bestehen hier jedoch starke Zweifel.[404] Denn gerade in diesen Fällen muss der Arbeitnehmer befürchten, dass die Verweigerung seiner Einwilligung zu der Vermutung führt, dass er etwas zu verbergen hat.[405]

3. Abschaffung der Einwilligung im Arbeitsverhältnis als mögliche Konsequenz

Als Konsequenz aus der voranstehenden Kritik stellt sich die Frage, ob die Einwilligung als Rechtfertigungsgrundlage für die Verarbeitung von Arbeitnehmerdaten nicht gänzlich abgeschafft werden und somit auch zur Rechtfertigung der arbeitgeberseitigen Einführung eines Whistleblowing-Systems von vornherein nicht mehr in Betracht kommen sollte. Einem solchen Schritt stehen jedoch sowohl das BDSG als auch die EU-Datenschutzrichtlinie sowie das Grundgesetz entgegen.[406] Mit dem Recht auf informationelle Selbstbestimmung der betroffenen Arbeitnehmer ist ein genereller Ausschluss der Einwilligungsmöglichkeit nur schwer zu vereinbaren.

Die geplante EU-Datenschutz-Grundverordnung[407] scheint hier dem ersten Anschein nach zwar einen anderen Weg gehen zu wollen: Nach Art. 7 Nr. 4 der EU-Datenschutz-Grundverordnung kann die Einwilligung keine Rechtsgrundla-

401 *Wohlgemuth*, Datenschutz für Arbeitnehmer, Rdnr. 122.
402 *Bergmann/Möhrle/Herb*, § 4a Rdnr. 5a.
403 *Gola*, RDV, 2002, 109, 110f.
404 So auch *Taeger*/Gabel, § 4a BDSG Rdnr. 65.
405 *Winteler*, Inside the Cloud, 469, 473.
406 *Steidle*, Multimedia-Assistenten, S. 209.
407 Vorschlag für eine Verordnung des Europäischen Parlaments und des Rates zum Schutz natürlicher Personen bei der Verarbeitung personenbezogener Daten und zum freien Datenverkehr (Datenschutz-Grundverordnung) vom 25.1.2012 (KOM (2012) 11 endg.).

ge für die Datenverarbeitung darstellen, wenn zwischen der Position der betroffenen Person und des für die Verarbeitung Verantwortlichen ein „erhebliches Ungleichgewicht“ besteht. In Erwägungsgrund 34 wird der Begriff des „klaren Ungleichgewichts“ näher erläutert. Es soll vor allem bei bestehenden Abhängigkeitsverhältnissen, wie zum Beispiel dann, wenn personenbezogene Daten eines Arbeitnehmers durch den Arbeitgeber im Rahmen eines Beschäftigungsverhältnisses verarbeitet werden, vorliegen. Nach dem zuvor bekannt gewordenen inoffiziellen Entwurf einer EU-Datenschutzverordnung[408] (von einer „Grund“-Verordnung wurde erst im später veröffentlichten offiziellen Entwurf gesprochen) schloss Art. 7 Nr. 5 lit. b die Einwilligung im Beschäftigungsverhältnis als wirksame Rechtfertigungsgrundlage für die Datenverarbeitung sogar explizit aus.

Ein derartiger Einwilligungsausschluss auf der Ebene einer EU-Verordnung hätte weitreichende Konsequenzen für die Rechtslage in Deutschland. Die im Folgenden dargestellten Grenzen eines Ausschlusses der Einwilligung im Arbeitsverhältnis (BDSG, EU-Datenschutzrichtlinie, Verfassungsrecht) würden hierdurch weitgehend obsolet. Die umstrittene Frage nach einem Einwilligungsausschluss im Beschäftigungsverhältnis wäre vielmehr durch einen Rechtsakt auf europäischer Ebene verbindlich entschieden.[409] Allerdings ist fraglich, ob die Formulierungen in dem Verordnungsentwurf tatsächlich einen absoluten Ausschluss der Einwilligung im Arbeitsverhältnis zur Folge haben. Die Frage nach der Freiwilligkeit könnte vielmehr durch die Frage ersetzt werden, in welchen Konstellationen ein „erhebliches Ungleichgewicht“ i. S. des Art. 7 Nr. 4 tatsächlich besteht.[410] Der Erwägungsgrund 34 liefert insofern – anders als die zunächst vorgesehene ausdrückliche Regelung in der Rechtsvorschrift selbst – lediglich einen rechtlich unverbindlichen Anhaltspunkt für die Auslegung des unbestimmten Rechtsbegriffs „erhebliches Ungleichgewicht“.[411]

Vor dem Hintergrund der bestehenden Unsicherheiten im Hinblick auf die Auslegung der Vorgaben des Verordnungsentwurfs soll an dieser Stelle nicht auf die Darstellung der (nationalen) Grenzen eines Ausschlusses der Einwilligungsmöglichkeit verzichtet werden. Auf diese Weise wird auch verdeutlicht, welche Auswirkungen die geplante EU-Datenschutz-Grundverordnung unter dem Aspekt der Arbeitnehmereinwilligung zeitigen könnte. Auf diese soll in einem ge-

---

408 Proposal for a REGULATION OF THE EUROPEAN PARLIAMENT AND OF THE COUNCIL on the protection of individuals with regard to the processing of personal data and on the free movement of such data (General Data Protection Regulation), Version 56 (29/11/2011).

409 *Hornung*, ZD 2012, 99, 103; kritisch *Gola*, EuZW 2012, 332, 335 und *Wybitul*, BB 2012, 509, 515.

410 *Knabe*/Albrecht, OK DS-GVO-E, Art. 7 Rdnr. 5.

411 *Knabe*/Albrecht, OK DS-GVO-E, Art. 7 Rdnr. 5.

sonderten Abschnitt im Anschluss an die Darstellung eigens eingegangen werden.

a. Grenze des Wortlauts

Der Ausschluss der Einwilligungsmöglichkeit für den Bereich des Arbeitsverhältnisses widerspricht dem eindeutigen Wortlaut der §§ 4 Abs. 1, 4a BDSG. Eine Bereichsausnahme für das Arbeitsrecht ist hier hinsichtlich der Einwilligungsmöglichkeit nicht vorgesehen.[412] Eine solche anzunehmen, wäre derzeit daher nur im Wege einer (unzulässigen) Rechtsauslegung contra legem möglich.

b. Grenze des Europarechts

Wie die nationalen Normen sieht auch Art. 7 lit. a der EU-Datenschutzrichtlinie keine Ausnahmen von dem Erlaubnistatbestand der Einwilligung vor. Schüfe der Gesetzgeber einen Ausnahmetatbestand für die Einwilligung im Arbeitsverhältnis und in vergleichbaren Abhängigkeitsverhältnissen etwa im Zusammenhang mit der Gewährung von für den Betroffenen existenzbegründenden Leistungen[413], könnte dies also im Hinblick auf die europäischen Vorgaben problematisch sein.[414] Ein Ausschluss der Einwilligung als Rechtfertigungsgrundlage für die Datenverarbeitung im Arbeitsverhältnis wäre europarechtlich nur dann möglich, wenn die EU-Datenschutzrichtlinie lediglich eine Mindestharmonisierung bewirkte. Im Falle einer Vollharmonisierung wäre ein Abweichen eines Mitgliedsstaates von den materiellen Vorgaben der Richtlinie dagegen europarechtlich unzulässig.[415]

aa. Mindestharmonisierung

Für die Annahme einer Mindestharmonisierung durch die Datenschutzrichtlinie spricht, dass es sich gerade beim Datenschutzrecht um ein Rechtsgebiet handelt, das laufend vor neue Herausforderungen gestellt wird und daher eines flexiblen Regelungsumfeldes bedarf. Die Vorgaben der EU und eine durch sie folgende Harmonisierung können daher nicht den – wenn auch nur vorläufigen – Endpunkt der Regelungsanstrengungen verbindlich festlegen.[416] Um dem Zweck der

---

412 *Riesenhuber*, RdA 2011, 257, 261; *Thüsing/Lambrich*, BB 2002, 1146, 1150.

413 *Simitis*, BDSG, § 4a Rdnr. 62.

414 *Thüsing*, RDV 2010, 147, 148: „klarer Verstoß gegen die Vorgaben der EG-Datenschutzrichtlinie".

415 *Forst*, RDV 2010, 150, 151.

416 Dammann/*Simitis*, EG-Datenschutzrichtlinie, Einleitung, Rz. 9.

Richtlinie gemäß ein möglichst hohes Datenschutzniveau zu erreichen, muss den Mitgliedsstaaten daher das Recht eingeräumt werden, sich um eine permanente Verbesserung des Datenschutzes zu bemühen, auch wenn dies zwangsläufig zu Disparitäten führt. Diese sind auch bereits in einzelnen Formulierungen der Richtlinie angelegt, die den Mitgliedsstaaten gewisse Spielräume verschaffen.[417] Dies geschieht etwa in Art. 5 und Art. 8 Abs. 2 lit a der Datenschutzrichtlinie.[418] Nach Art. 5 RL 95/46/EG bestimmen die Mitgliedsstaaten nach Maßgabe des folgenden Kapitels selbst, wann eine Datenverarbeitung rechtmäßig ist. Erkennt ein Mitgliedsstaat mithin Defizite in der Richtlinie, so muss er diese durch nationale Vorschriften korrigieren können.[419] Ein durch die Richtlinie gesicherter Höchststandard hindert die Mitgliedsstaaten jedoch gerade daran, den Datenschutz in ihrem Land durch bereichsspezifische Regelungen weiterzuentwickeln.[420]

bb. (Weitgehende) Vollharmonisierung

Überzeugender ist es, von einer Vollharmonisierung durch die EU-Datenschutzrichtlinie auszugehen. Dies gilt jedenfalls in Bezug auf die hier in Rede stehende Rechtfertigung von Datenverarbeitungsvorgängen durch den Erlaubnistatbestand der Einwilligung.

Wie der EuGH bereits in mehreren Fällen – als richtungsweisend kann insoweit das Urteil im Fall Lindqvist bezeichnet werden – entschied, ist die Harmonisierung nationaler Rechtsvorschriften durch die Richtlinie 95/46/EG nicht auf eine Mindestharmonisierung beschränkt, sondern führt zu einer grundsätzlich umfassenden Harmonisierung.[421] Diese Auffassung haben die europäischen Richter auch jüngst noch einmal ausdrücklich bestätigt und damit bestehende Zweifel an der Auslegung des Lindqvist-Urteils endgültig ausgeräumt.[422] Von dem den Mitgliedsstaaten durch viele Bestimmungen der Richtlinie eingeräumten Handlungsspielraum, der sie ermächtigt, für bestimmte Fälle besondere Regelungen beizubehalten oder einzuführen, dürften die Mitgliedsstaaten nur im

---

417 *Riesenhuber*, RdA 2011, 257, 263.

418 *Riesenhuber*, RdA 2011, 257, 263.

419 Dammann/*Simitis*, EG-Datenschutzrichtlinie, Einleitung, Rz. 10.

420 *Wuermeling*, Handelshemmnis Datenschutz, S. 171; *Jacob*, RDV 1 993, 11f.

421 EuGH, U. v. 6.11.2003, Rs. C-101/01, Slg. 2003, I-12971 Rz. 96 (Lindqvist) = *EuGH*, EuZW 2004, 246, 252 = MMR 2004, 95 mit zust. Anm. *Roßnagel*; ebenso EuGH, U. v. 20.5.2003, Rs. C-465/00, Slg. 2003, I-4989 Rz..39 (Österreichischer Rundfunk); auch EuGH, U. v. 16.12.2008, Rs. C-524/06, Slg. 2008, I-9705 Rz. 51 (Huber); zustimmend *Brühann*, EuZW 2009, 639; 640ff.; *Thüsing/Forst*, RDV 2011, 163, 164.

422 EuGH, U. v. 24.11.2011, Rs. C-468, 469/10 Rz. 29 = *EuGH*, NZA 2011, 1409, 1410.

Rahmen der in der Richtlinie vorgesehenen Art und Weise und im Einklang mit ihrem Ziel Gebrauch machen, ein Gleichgewicht zwischen dem freien Verkehr personenbezogener Daten und dem Schutz der Privatsphäre zu wahren.[423] Ziel ist die Herstellung eines gleichwertigen Datenschutzniveaus innerhalb der Europäischen Union.[424] Der EuGH geht somit davon aus, dass die EU-Datenschutzrichtlinie den Datenschutzstandard in Europa abschließend festlegt. Ein Umsetzungsspielraum der Mitgliedsstaaten soll nur dort gegeben sein, wo dies in der Richtlinie angelegt und mit ihren Zielen zu vereinbaren ist.

Dieses Ergebnis wird durch einen Blick auf die Erwägungsgründe und einzelne Regelungen der Richtlinie 95/46/EG gestützt. Aus diesen folgt, dass die Datenschutzrichtlinie eine Vollharmonisierung anstrebt.[425] So ergibt sich aus dem Zusammenspiel der Erwägungsgründe 8 und 9 sowie Art. 1 Abs. 1, Abs. 2 der Datenschutzrichtlinie, dass die Herstellung eines gleichwertigen Schutzniveaus hinsichtlich der Verarbeitung personenbezogener Daten in den Mitgliedsstaaten oberstes Ziel der Richtlinie ist. Der grenzüberschreitende Datenverkehr darf nicht aus Gründen des Schutzes der Privatsphäre stärker behindert werden, als dies durch die Richtlinie selbst erlaubt ist. Wenn Spielräume des nationalen Gesetzgebers bestehen, so beziehen diese sich lediglich auf das „wie“ einer Datenverarbeitung, nicht jedoch auf das „ob“.[426]

Die EU-Richtlinie strebt mithin eine umfassende, wenn auch nicht lückenlose Harmonisierung des Datenschutzrechts in der EU an.[427]

Ein Umsetzungsspielraum besteht für den nationalen Gesetzgeber nur dann, wenn ihn die Datenschutzrichtlinie ausdrücklich einräumt.[428] Dies geschieht durch die Verwendung unbestimmter, ausfüllungsbedürftiger Rechtsbegriffe, Generalklauseln und Wahloptionen.[429] Auch Formulierungen wie „zumindest“[430] oder „insbesondere“[431] zeigen, dass der nationale Gesetzgeber in einem bestimmten Punkt über den in der EU-Richtlinie festgelegten Standard hinausgehen darf.[432]

---

423 EuGH, U. v. 6.11.2003, Rs. C-101/01, Slg. 2003, I-12971 Rz. 97 (Lindqvist) = *EuGH,* EuZW 2004, 246, 252.

424 EuGH, U. v. 24.11.2011, Rs. C-468, 469/10 Rz. 28 = *EuGH,* NZA 2011, 1409, 1410.

425 So auch *Brühann*, EuZW 2009, 639, 641; *Forst*, RDV 2010, 150, 152.

426 *Forst*, RDV 2010, 150, 152.

427 *Taeger*/Gabel/*Schmidt*, Einführung, Rdnr. 35; *Tinnefeld/Ehmann/Gerling*, Einführung Datenschutzrecht, S. 123.

428 *Ehmann/Helfrich*, EG-Datenschutzrichtlinie, Einleitung, Rdnr. 13; *Wuermeling*, Handelshemmnis Datenschutzrecht, S. 170; *Hoeren*, RDV 2009, 89, 93.

429 *Brühann*, EuZW 2009, 639, 642; *Kopp*, DuD 1995, 204, 206.

430 Art. 10, 11 Abs. 1, 14 S. 1 lit. a, 19 Abs. 1 RL 95/46 EG.

431 Art. 17 Abs. 3 RL 95/46 EG.

432 *Hoeren*, RDV 2009, 89, 93.

Art. 7 der Datenschutzrichtlinie bringt jedoch durch seine Formulierung gerade nicht in dieser Weise zum Ausdruck, dass der nationale Gesetzgeber Ausnahmen vom Rechtfertigungsgrund der Einwilligung schaffen darf. Zwar wird zum Teil angenommen, Art. 7 RL 95/46/EG enthielte wohl eine abschließende Aufzählung aller Erlaubnistatbestände, ordne damit aber nicht zugleich an, dass die hier genannten Erlaubnistatbestände auch allesamt in jedem Fall zur Verfügung stehen müssten.[433] Allerdings bestimmt Art. 7a der Datenschutzrichtlinie, dass die Mitgliedstaaten Regelungen schaffen müssen, die vorsehen, dass die Verarbeitung personenbezogener Daten lediglich erfolgen darf, wenn die betroffene Person ohne jeden Zweifel ihre Einwilligung gegeben hat oder eine der anderen Voraussetzungen des Art. 7 erfüllt ist. Bei derart „punktgenauen" Regelungen ist eine nationale Abweichung ausgeschlossen.[434]

Gestützt wird das soeben gefundene Ergebnis auch durch die Bestrebungen auf EU-Ebene, die Richtlinie 95/46/EG durch eine Datenschutz-Grundverordnung zu ersetzen. Verordnungen kommt im Gegensatz zu Richtlinien eine unmittelbare Geltung in den Mitgliedsstaaten zu.[435] Sie stellen für die Mitgliedsstaaten umfassend verbindliche Regelungen auf.[436] Anders als im Falle von EU-Richtlinien bleibt den nationalen Gesetzgebern im Bereich einer Verordnung also kaum Spielraum. Das Vorhaben einer Datenschutz-Grundverordnung spricht demnach dafür, dass der EU-Gesetzgeber bereits durch die Datenschutzrichtlinie die Schaffung möglichst einheitlicher Regelungen in den Mitgliedsstaaten bezweckte.

Aus der aktuellen EU-Gesetzeslage folgt mithin, dass der Rechtfertigungstatbestand der Einwilligung nicht ausgeschlossen werden kann.

c. Grenze des Verfassungsrechts

Einem Ausschluss der Einwilligungsmöglichkeit im Arbeitsverhältnis stehen darüber hinaus auch erhebliche verfassungsrechtliche Bedenken entgegen.

So ist die Einwilligungsmöglichkeit in § 4 BDSG einfachgesetzlicher Ausdruck des informationellen Selbstbestimmungsrechts.[437]

Wird dem Arbeitnehmer die Möglichkeit der Einwilligung und damit die Chance genommen, selbst darüber zu bestimmen, welche Formen der Erhebung, Verarbeitung und Nutzung welcher seiner Daten er seinem Arbeitgeber gestatten möchte und welche nicht, so führt dies letztlich zu einer Verkürzung seines in-

433 *Riesenhuber*, RdA 2011, 257, 263.
434 *Ehmann/Helfrich*, EG-Datenschutzrichtlinie, Einleitung, Rdnr. 13.
435 Calliess/*Ruffert*, EUV/AEUV, Art. 288 AEUV Rdnr. 20.
436 Calliess/*Ruffert*, EUV/AEUV, Art. 288 AEUV Rdnr. 19.
437 *Taeger*/Gabel, § 4 BDSG Rdnr. 43.

formationellen Selbstbestimmungsrechts und damit seines Persönlichkeitsrechts.[438] Der einzelne Arbeitnehmer würde in Bezug auf die Datenverarbeitungsprozesse an seinem Arbeitsplatz entmündigt.[439]

Aus den genannten Gründen ist der vollkommene Ausschluss der Einwilligungsmöglichkeit für das Arbeitsverhältnis daher nicht in rechtmäßiger Weise möglich.

d. Änderung der Rechtslage durch die geplante EU-Datenschutz-Grundverordnung

Die Rechtslage im Hinblick auf die Möglichkeit, Datenverarbeitungsvorgänge im Beschäftigungsverhältnis auf Grundlage der Einwilligung der Arbeitnehmer vorzunehmen, könnte durch die geplante Datenschutz-Grundverordnung auf europäischer Ebene eine weitreichende Änderung erfahren. Die EU-Datenschutz-Grundverordnung soll voraussichtlich in der Zeit ab 2014 bis 2016 die derzeitige EU-Datenschutzrichtlinie ablösen und das Datenschutzrecht sämtlicher Mitgliedsstaaten einer umfassenden Neuordnung und Harmonisierung zuführen. Der Entwurf einer Datenschutz-Grundverordnung[440] sieht in seiner derzeitigen Fassung (Stand: Januar 2012) in Artikel 7 einen Ausschluss der Einwilligungsmöglichkeit für den Fall eines bestehenden „erheblichen Ungleichgewichts" der Positionen von Betroffenem und datenverarbeitender Stelle vor. Erwägungsgrund 34 macht deutlich, dass hierbei vor allem an das zwischen Arbeitnehmer und Arbeitgeber im Beschäftigungsverhältnis bestehende Machtgefälle gedacht wurde. Damit folgt der EU-Gesetzgeber einer Forderung, die auch den Vorgaben der Artikel 29 Datenschutzgruppe[441] zu entsprechen scheint.

Tritt die entsprechende Passage der geplanten Verordnung unverändert in Kraft, kommt ihr Vorrang sowohl vor einfachgesetzlichen Regelungen des BDSG, als auch vor der Verfassung[442] zu. Das informationelle Selbstbestimmungsrecht der Arbeitnehmer könnte auf diese Weise durch einen europäischen Rechtsakt insoweit verkürzt werden, als dass eine selbständige Entscheidung des

---

438 *Fleck*, BB 2003, 306, 310.

439 Oetker/Preis/*Franzen*, EAS, B5300 Rdnr. 48; *Lambrich/Cahlik*, RDV 2002, 287, 294; *Thüsing/Lambrich*, BB 2002, 1146, 1150, Fn. 54.

440 Vorschlag für eine Verordnung des Europäischen Parlaments und des Rates zum Schutz natürlicher Personen bei der Verarbeitung personenbezogener Daten und zum freien Datenverkehr (Datenschutz-Grundverordnung) vom 25.1.2012 (KOM (2012) 11 endg.).

441 Artikel 29 Gruppe, WP 114, S. 11.

442 Vgl. die sogenannte „Solange"-Rechtsprechung des BVerfG, insbesondere die Solange-II-Entscheidung, nach der europäische Rechtsakte solange nicht am Maßstab des Grundgesetzes überprüft werden, solange auf EU-Ebene ein den Grundrechten vergleichbares Schutzniveau herrscht, BVerfGE 73, 339 = *BVerfG*, NJW 1987, 577.

betroffenen Beschäftigten über die Verarbeitung seiner Daten nicht mehr möglich sein wird. Jede Datenverarbeitung im Beschäftigungsverhältnis würde vielmehr eines Erlaubnistatbestandes in einer Rechtsvorschrift bedürfen. Der Streit um die Wirksamkeit der datenschutzrechtlichen Einwilligung und insbesondere um das Merkmal der Freiwilligkeit im Beschäftigungsverhältnis hätte sich damit jedenfalls für die Praxis erledigt.[443]

4. Folgerung für das Whistleblowing

Die Einwilligung des Betroffenen kann auch unter dem Gesichtspunkt ihrer Freiwilligkeit im Arbeitsverhältnis eine wirksame datenschutzrechtliche Rechtfertigungsgrundlage darstellen. Damit kommt sie zur Rechtfertigung der Implementierung eines Whistleblowing-Systems seitens des Arbeitgebers prinzipiell in Betracht. Dabei muss allerdings darauf geachtet werden, dass die Arbeitnehmer keinem ungebührlichen Zwang bei Abgabe der Einwilligung ausgesetzt werden. Zudem müssen die im Folgenden näher erläuterten Aspekte – Einwilligung als Teil des Arbeitsvertrags, Verweigerungs- und Widerrufsmöglichkeit – beachtet werden.

III. Einwilligung als Teil des Arbeitsvertrages

Neben den Merkmalen der Bestimmtheit und der Freiwilligkeit erscheint die Einholung der Arbeitnehmereinwilligung auch aus weiteren Gründen problematisch. Ist die Einwilligungserklärung des Arbeitnehmers zur Datenverarbeitung über ein Whistleblowing-System Bestandteil des Arbeitsvertrages oder soll sie zumindest im zeitlichen Zusammenhang mit dessen Abschluss eingeholt werden, so ist die Wirksamkeit einer entsprechenden Klausel an den §§ 305ff. BGB zu messen.[444] Wie sich aus § 310 Abs. 4 S. 2 BGB ergibt, sind die §§ 305ff. BGB auf Arbeitsverträge mit Ausnahme des § 305 Abs. 2 und 3 BGB grundsätzlich anwendbar.[445]

1. Gesonderter Hinweis

Zunächst sei darauf hingewiesen, dass die Einwilligung des Arbeitnehmers in den Betrieb eines Whistleblowing-Systems dann, wenn sie zusammen mit ande-

---

443 So auch *Hornung*, ZD 2012, 99, 103.

444 *Riesenhuber*, RdA 2011, 257, 261.

445 Siehe hierzu Palandt/*Grüneberg*, BGB, § 310 Rdnr. 51; speziell für die datenschutzrechtliche Einwilligung *Riesenhuber*, RdA 2011, 257, 261.

ren Erklärungen schriftlich erteilt werden soll, nach § 4a Abs. 1 S. 4 BDSG besonders hervorzuheben ist. Dies kann etwa durch Fettdruck oder durch Verwendung eines gesondert zu unterzeichnenden Anhangs geschehen.[446] Die Pflicht zur besonderen Hervorhebung soll verhindern, dass die Einwilligung im sogenannten „Kleingedruckten" eines Arbeitsvertrags verschwindet und von den Betroffenen gegebenenfalls ohne entsprechendes Bewusstsein abgegeben wird.[447]

2. Überraschende Klausel, § 305c Abs. 1 BGB

Die Einwilligung in die Datenverarbeitungsvorgänge im Rahmen des Whistleblowings dürfte sich für den einwilligenden Beschäftigten auch nicht als überraschend darstellen, § 305c Abs. 1 BGB.[448] Eine Klausel in Allgemeinen Geschäftsbedingungen ist überraschend i. S. des § 305c Abs. 1 BGB, wenn zwischen ihrem Inhalt und den Erwartungen des Vertragspartners eine deutliche Diskrepanz besteht, so dass dieser mit ihr vernünftigerweise nicht zu rechnen brauchte. Der Klausel muss ein Überrumpelungs- oder Übertölpelungseffekt innewohnen.[449]

Ein derartiger Überrumpelungseffekt wird teilweise dann angenommen, wenn die Einwilligung zur Datenverarbeitung bereits bei Abschluss des Arbeitsvertrages eingeholt, der Verhaltenskodex, dessen Einhaltung durch ein Whistleblowing-System sichergestellt werden soll, dem Arbeitnehmer aber erst zu einem späteren Zeitpunkt bekannt gemacht wird.[450] Gerade bei arbeitsvertraglichen Einwilligungen würde der Arbeitnehmer nicht zwingend damit rechnen müssen, dass auch eine Einwilligung zu Whistleblowing-Zwecken eingeholt wird, decke die arbeitsvertragliche Einwilligung doch typischerweise lediglich die Erhebung und Verarbeitung unmittelbar arbeitsvertragsbezogener Daten des den Arbeitsvertrag abschließenden Arbeitnehmers.[451]

Zur Lösung dieses Problems wird vorgeschlagen, im Verhaltenskodex selbst eine spezielle Whistleblower-Einwilligung vorzusehen, deren Bezugspunkt sich dann aus dem Sachzusammenhang ergebe.[452] Dies erscheint auch vor dem Hintergrund des oben erläuterten Problems der Bestimmtheit der Einwilligung sinnvoll.

---

446 *Däubler*, Arbeitsrecht und Internet, 2001, Rdnr. 330; *Lambrich/Cahlik*, RDV 2002, 287, 292.

447 *Gola*, RDV 2002, 109, 111.

448 *Mengel*, CCZ 2008, 85, 89; *Schmidl*, DuD 2006, 353, 355.

449 Palandt/*Grüneberg*, BGB, § 305c Rdnr. 4.

450 *Schmidl*, DuD 2006, 353, 355.

451 *Schmidl*, DuD 2006, 353, 355.

452 *Schmidl*, DuD 2006, 353, 355.

Die arbeitsvertragliche Einholung der Einwilligung eines Arbeitnehmers in die Verarbeitung seiner Daten über ein Whistleblowing-System ist auch im Hinblick auf das Verbot unangemessener Benachteiligung in § 307 Abs. 1 S. 1 BGB problematisch. Eine unangemessene Benachteiligung liegt vor, wenn der Verwender der AGB – hier also der Arbeitgeber – durch einseitige Vertragsgestaltung missbräuchlich eigene Interessen auf Kosten seines Vertragspartners – des Arbeitnehmers – durchzusetzen versucht, ohne von vornherein auch dessen Belange hinreichend zu berücksichtigen und ihm einen angemessenen Ausgleich zuzugestehen.[453]

Einen solchen Fall hat das BAG etwa bei einem formularmäßigen Verzicht des Arbeitnehmers auf die Kündigungsschutzklage angenommen.[454] Ebensolches könnte gelten, wenn dem Arbeitnehmer über das Mittel der Einwilligungserklärung die Zustimmung zu Datenverarbeitungsvorgängen abverlangt wird, die über die Normen des BDSG hinaus gehen, ohne dass der Arbeitnehmer hierfür eine Gegenleistung erhielte.[455]

In Bezug auf die Auswirkungen für das Arbeitsverhältnis liegt zwischen dem vertraglichen Verzicht auf die Kündigungsschutzklage und der Zustimmung zu bestimmten Datenverarbeitungsvorgängen i. R. d. Implementierung und Nutzung eines Whistleblowing-Systems jedoch ein qualitativer Unterschied. Durch den Verzicht auf die Kündigungsschutzklage wird dem Arbeitnehmer die Möglichkeit genommen, eine gerichtliche Überprüfung seiner Kündigung herbeizuführen.[456]

Die Ausbedingung der Einwilligung zur Datenverarbeitung im Rahmen von Whistleblowing-Systemen stellt demgegenüber keinen so weitreichenden Einschnitt dar. Hier kann noch nicht von einem Missbrauch i. S. von § 307 Abs. 1 S. 1 BGB gesprochen werden.

IV. Verweigerung der Einwilligung

Neben den rechtlichen Problemen im Hinblick auf die Wirksamkeit der datenschutzrechtlichen Einwilligung im Beschäftigungsverhältnis ergeben sich auch einige praktische Schwierigkeiten, wenn die Einrichtung eines Whistleblowing-Systems auf die Einwilligung der Arbeitnehmer gestützt werden soll. Die von

---

453 St. Rspr. des BGH, siehe nur *BGH*, NJW 2010, 57, 58; Palandt/*Grüneberg*, § 307 Rdnr. 12.

454 BAGE 124, 59, 66ff. = *BAG*, NZA 2008, 219, 221f.

455 *Kock/Franke*, NZA 2009, 646, 647.

456 BAGE 124, 59, 67 = *BAG*, NZA 2008, 219, 222.

der Datenverarbeitung Betroffenen müssen die Möglichkeit haben, die Erteilung ihrer Einwilligung zu verweigern, ohne dass dies zu einer ungerechtfertigten Benachteiligung führt.[457] Die Verweigerungsmöglichkeit ist selbstverständliche Kehrseite einer auf der freien Entscheidung des Betroffenen beruhenden Einwilligung.[458]

Verweigern einzelne Arbeitnehmer ihre Einwilligung, so kann dies zu einer uneinheitlichen Rechtslage hinsichtlich der Datenverarbeitungsvorgänge beim Whistleblowing führen.[459] Ein Rückgriff auf bestehende gesetzliche Erlaubnistatbestände wäre in diesem Fall jedenfalls nicht ohne vorherige Information der Betroffenen möglich.[460] Die durch die Verweigerungsmöglichkeit entstehende Rechtsunsicherheit erscheint vor dem Hintergrund des Interesses des Arbeitgebers, möglichst einheitliche und für alle Beschäftigten gleichermaßen geltende Regelungen im Unternehmen aufzustellen, problematisch.

V. Widerruflichkeit der Einwilligung

Ein weiteres Problem der Rechtfertigung von Datenverarbeitungsvorgängen im Rahmen von Whistleblowing-Systemen über die Einwilligung der betroffenen Arbeitnehmer ist die Möglichkeit des jederzeitigen Widerrufs einer einmal erteilten Einwilligung.[461] Zwar wird der Widerruf der Einwilligung nur in den Landesdatenschutzgesetzen ausdrücklich erwähnt. Als Ausprägung des Rechts auf informationelle Selbstbestimmung ist er jedoch auch im Rahmen des BDSG anzuerkennen.[462]

---

457 Roßnagel/*Holznagel/Sonntag*, Handbuch Datenschutzrecht, Kapitel 4.8 Rdnr. 63; *Simitis*, BDSG, § 4a Rdnr. 91.

458 *Simitis*, BDSG, § 4a Rdnr. 90.

459 *Schmidl*, DuD 2006, 353, 355.

460 Gegen einen Rückgriff auf gesetzliche Erlaubnistatbestände im Falle der Verweigerung oder des Widerrufs der Einwilligung: *Gola/Schomerus*, BDSG, § 4 Rdnr. 16; Roßnagel/*Holznagel/Sonntag*, Handbuch Datenschutzrecht, Kapitel 4.8 Rdnr. 17; Simitis/*Sokol*, BDSG, § 4 Rdnr. 6; *Taeger*/Gabel, § 4 BDSG Rdnr. 47. Für eine Rückgriffsmöglichkeit bei entsprechender vorheriger Information des Betroffenen: *Schaffland/Wiltfang*, BDSG, § 4a Rdnr. 1; *Hoeren*, VersR 2005, 1014, 1018; *Schafft/Ruoff*, CR 2006, 499, 503.

461 *Backes/Eul/Guthmann/Martwich/Schmidt*, RDV 2004, 156, 159 (zum Problem der Übermittlung von Arbeitnehmerdaten in Drittländer); *Mengel*, CCZ 2009, 85, 89; *von Zimmermann*, RDV 2006, 242, 244.

462 *OLG Düsseldorf*, ZIP 1985, 1319 (implizit); ErfK/*Wank*, § 4a BDSG Rdnr. 3; *Gola/Schomerus*, BDSG, § 4a Rdnr. 17ff.; Roßnagel/*Holznagel/Sonntag*, Handbuch Datenschutzrecht, Kapitel 4.8 Rdnr. 64; *Simitis*, BDSG, § 4a Rdnr. 94; *Riesenhuber*, RdA 2011, 257, 258.

Die freie und nicht durch eine Verzichtserklärung ausschließbare[463] Widerruflichkeit bringt neben der Verweigerungsmöglichkeit jedoch ein erhebliches Maß an Rechtsunsicherheit für die datenverarbeitende Stelle mit sich. Soll ein Datenverarbeitungsvorgang allein auf Grundlage der Einwilligung der Betroffenen vorgenommen werden, so besteht stets das Risiko, dass Einzelne die einmal erteilte Einwilligung zurückziehen und auf diese Weise eine im Hinblick auf datenschutzrechtlich relevante Vorgänge im Unternehmen uneinheitliche Rechtslage entsteht.

VI. Zwischenergebnis

Die datenschutzrechtliche Rechtfertigung der Einrichtung eines Whistleblowing-Systems über die Einwilligung der betroffenen Arbeitnehmer ist rechtlich zwar möglich. So steht insbesondere die Wirksamkeitsvoraussetzung der Freiwilligkeit der Einwilligungserteilung nicht generell entgegen. Gerade dann, wenn ein bestimmter Datenverarbeitungsvorgang zwingend notwendig ist – wie etwa für einige Unternehmen die Datenübermittlung an das PCAOB nach den Vorschriften des SOX[464] – ist die Einwilligung für das Arbeitsverhältnis jedoch ein wenig praktikabler Erlaubnistatbestand. In diesen und vielen anderen Fällen ist der Arbeitgeber auf eine einheitliche Handhabung im Betrieb und damit auf Einwilligungserklärungen durch alle Beschäftigten angewiesen und kann daher Verweigerungen und Widerrufe sowie die durch diese geschuldete erhebliche Rechtsunsicherheit nicht dulden.[465]

Im Ergebnis ist die Einwilligungslösung daher nicht zu empfehlen.

B. Rechtfertigung durch Betriebsvereinbarung

Der Rechtfertigung von Whistleblowing-Systemen über die Einwilligung der Arbeitnehmer stehen, wie soeben erläutert, rechtliche wie insbesondere auch praktische Bedenken entgegen. Eine einheitliche Regelung durch Betriebsvereinbarung ist daher in der Praxis oftmals das Mittel der Wahl. Wie sich aus dem Archiv betrieblicher Vereinbarungen der Hans Böckler Stiftung – dem Mitbestimmungs-, Forschungs- und Studienförderungswerk des DGB – ergibt, sind

---

463 *Bergmann/Möhrle/Herb*, BDSG, § 4a Rdnr. 24; Roßnagel/*Holznagel/Sonntag*, Handbuch Datenschutzrecht, Kapitel 4.8 Rdnr. 65; *Schaffland/Wiltfang*, BDSG, § 4a Rdnr. 27; *Simitis*, BDSG, § 4a Rdnr. 95; anders nur *Wächter*, Datenschutz im Unternehmen, Rdnr. 232.

464 Beispiel von *Hilber/Hartung*, BB 2003, 1054, 1059.

465 *Kort*, MMR 2011, 294, 299.

Regelungen zum Whistleblowing in Betriebsvereinbarungen keine Seltenheit.[466] Die betrieblichen Vereinbarungen enthalten dabei verschiedene Bestimmungen. Oftmals finden sich Hinweise auf die mit der Einführung des Whistleblowings verfolgten Ziele sowie Definitionen des Begriffs des Whistleblowers. Ebenfalls wird häufig geregelt, welche Verhaltensverstöße zur Meldung gebracht werden sollen, welcher Personenkreis zur Meldung berechtigt ist und an welche Stelle im Unternehmen sich die Meldenden wenden können. Auch die vertrauliche oder sogar anonyme Behandlung der Anzeigen wird teilweise in den Betriebsvereinbarungen zugesichert. Ferner sind auch Regelungen zu datenschutzrechtlichen Betroffenenrechten nicht unüblich.[467]

Um die praktische Relevanz der folgenden Ausführungen zu verdeutlichen, sollen an dieser Stelle beispielhaft einige Textauszüge aus entsprechenden Betriebsvereinbarungen über das Whistleblowing zitiert werden. Diese stammen aus der „Datenbank Betriebsvereinbarungen" der Hans Böckler Stiftung.

Ziel der Regelung

(1) Vereinbarung Metallerzeugung und -bearbeitung 2010:

> *„Gemäß dem Sarbanes Oxley Act aus 2002 dient der Whistleblower Process dazu, so früh wie möglich schwerwiegende Betrügereien und Fehlverhalten im Prüfungs- und Rechnungswesen sowie in Bank- und Bestechungsangelegenheiten aufzuweisen und zu erkennen."*

Meldungsinhalte

(2) Vereinbarung Maschinenbau 2008:

> *„Meldung gefährlicher Zustände und anderer inakzeptabler Gegebenheiten in Bezug auf Gesundheit und Umwelt, damit Berufsunfälle minimiert und Korrekturmaßnahmen ergriffen werden können. [...].*
> *Verstöße gegen das Gesetz, diesen Verhaltenskodex oder gegen Unternehmensgrundsätze"*

(3) Vereinbarung Informationstechnikhersteller 2010:

> *„Gemeldet werden können Compliance-Verstöße, insbesondere Business Conduct Guidelines-Verstöße, die Risiken darstellen und zu Schäden für das Unternehmen beziehungsweise einzelne Mitarbeiter führen können. Die Hinweise sollen von einer möglichst detaillierten und vollständigen Schilderung der beobachteten Tatsachen und Dokumenten begleitet sein."*

---

466 Vgl. http://www.boeckler.de/594.htm#bvdoku32580.

467 Entsprechende Textauszüge finden sich unter: http://www.boeckler.de/cps/rde/xchg/hbs/hs.xsl/4129.htm?bvdoku.theme=79#bvdoku1.

(4) Vereinbarung Metallerzeugung und -bearbeitung 2010:

„Meldungen, die sich nicht auf die Bereiche Prüfungs- und Rechnungswesen, Bankangelegenheiten oder auf Fälle von Bestechung beziehen, werden nicht berücksichtigt. Eine Ausnahme bilden Vorfälle, die die Interessen [des Unternehmens] oder die Integrität und das körperliche und mentale Wohl seiner Mitarbeiter gefährden."

Meldeberechtigter Personenkreis

(5) Vereinbarung Gastgewerbe 2010:

„Diese Betriebsvereinbarung gilt für alle Beschäftigten der [...] Deutschland GmbH, Mitarbeiterinnen und Mitarbeiter im Rahmen von Arbeitnehmerüberlassung sowie freiberufliche Mitarbeiterinnen und Mitarbeiter, die in Betriebsstätten der [...] Deutschland GmbH eingesetzt sind."

(6) Vereinbarung Versicherungsgewerbe 2011:

„Diese Betriebsvereinbarung gilt für alle Arbeitnehmer des Unternehmens im Sinne von § 5 BetrVG. Sie gilt nicht für leitende Angestellte."

Meldewege

(7) Vereinbarung Telekommunikationsdienstleister 2008:

„[...] können die Beschäftigten an die Ethik Line richten. Hierfür stehen den Beschäftigten Telefon, Telefax, Email und Briefpost als Eingabemöglichkeiten zur Verfügung. [...] ein webbasiertes Meldesystem, das Hinweisgebern ermöglicht, absolut anonym Meldungen abzugeben. Hierbei ist über eine Postfachlösung eine anonyme Kommunikation möglich, um auch Rückfragen an den Hinweisgeber zu richten."

(8) Vereinbarung Chemische Industrie 2010:

„[...] hat eine so genannte "Speak-Up-Line" eingerichtet, über die Sie mögliche Verstöße gegen den Verhaltenskodex und andere Vorfälle melden können. Sie können sich Ihrer Muttersprache bedienen und, wenn Sie das möchten, anonym bleiben. Die Speak-Up Line ist rund um die Uhr erreichbar. Wir haben in jedem Land eine gebührenfreie Rufnummer eingerichtet, die an den jeweiligen Standorten bekannt gegeben wird."

(9) Vereinbarung Energiedienstleister 2010:

„Die Ombudsleute sind generell erfahrene externe Rechtsanwälte. Die personenbezogenen Daten und sonstigen Informationen, die der Ombudsmann vom Hinweisgeber erhält, werden streng vertraulich behandelt, solange der Hinweisgeber dem Ombudsmann nicht deren vollständige oder teilweise Weitergabe gestattet."

(10) Vereinbarung Metallerzeugung und -bearbeitung 2010:

> *„Jeder Mitarbeiter hat das Recht auf Einsichtnahme und Richtigstellung seiner persönlichen Daten. Dies gilt ebenfalls für alle in den Meldungsakten verfügbaren Angaben."*

Die Regelungen lassen zum Teil deutlich ihren Ursprung in den Vorgaben des SOX erkennen (siehe (1), (4) und (8)).

Ob der Abschluss einer Betriebsvereinbarung über das Whistleblowing jedoch auch zu einer rechtlich einwandfreien Lösung führt, ist im Folgenden zu untersuchen. Hierbei gilt es, zwei Fragen zu beantworten. Können Betriebsvereinbarungen als sonstige Rechtsvorschriften überhaupt einen datenschutzrechtlichen Erlaubnistatbestand darstellen und wenn ja, darf durch eine Regelung auf Ebene der Betriebsvereinbarung das Datenschutzniveau des BDSG unterlaufen werden? Zuvor soll jedoch festgestellt werden, dass die (verpflichtende) Einführung von Whistleblowing-Systemen der Mitbestimmung des Betriebsrats unterliegt.

I. Mitbestimmungsrecht des Betriebsrats

1. Ordnungsverhalten, § 87 Abs. 1 Nr. 1 BetrVG

Ein Mitbestimmungsrecht des Betriebsrats bei der Regelung des Whistleblowings ergibt sich – jedenfalls dann, wenn es sich bei der entsprechenden Regelung nicht lediglich um Gesetzesvollzug oder um die Wiederholung arbeitsvertraglicher Pflichten handelt[468] – zunächst aus § 87 Abs. 1 Abs. 1 Nr. 1 BetrVG. Diese Norm sieht ein Mitbestimmungsrecht für Fragen der Ordnung des Betriebs und des Verhaltens der Arbeitnehmer im Betrieb vor.

Im Rahmen von § 87 Abs. 1 Nr. 1 BetrVG muss strikt zwischen dem mitbestimmungspflichtigen Ordnungsverhalten und dem mitbestimmungsfreien Arbeitsverhalten unterschieden werden. Letzteres ist dann betroffen, wenn die Arbeitspflicht der Arbeitnehmer durch eine Weisung des Arbeitgebers unmittelbar konkretisiert wird und somit die ureigenen Befugnisse des Arbeitgebers berührt sind.[469] Durch die Einführung eines umfassenden Whistleblowing-Systems und die Verpflichtung der Arbeitnehmer zur Anzeige von Verstößen wird dagegen nicht lediglich die Arbeitspflicht der Arbeitnehmer konkretisiert.

Eine solche Verpflichtung betrifft nicht die Erbringung der Arbeitsleistung und bezieht sich auch nicht ausschließlich auf das Verhältnis zwischen Arbeitge-

468 *Kort*, NJW 2009, 129, 131.
469 Wlotzke/Preis/Kreft/*Bender*, BetrVG, § 87 Rdnr. 35f.

ber und Arbeitnehmer.[470] Vielmehr werden durch eine Verpflichtung zum Whistleblowing auch das Miteinander der Arbeitnehmer im Betrieb und damit die betriebliche Ordnung betroffen. Whistleblowing-Systeme können dazu führen, dass sich die Arbeitnehmer eines Betriebs ständig beobachtet und kontrolliert fühlen. Der unbefangene Umgang der Beschäftigten untereinander wird zwangsläufig durch eine Pflicht zur Meldung von Verhaltensverstößen beeinflusst.[471] Die Einführung einer umfassenden Anzeigepflicht kann somit das Zusammenleben in der Betriebsgemeinschaft und den Betriebsfrieden nachhaltig stören, was für ein Mitbestimmungsrecht des Betriebsrats spricht.[472]

Anderes gilt nur dann, wenn der Arbeitgeber die Anzeige von Verstößen in das Ermessen der Arbeitnehmer stellt und hierfür kein zwingendes Verfahren vorschreibt.[473] Denn die Pflicht zur Meldung gewichtiger Verstöße ergibt sich bereits aus der Treuepflicht des Arbeitnehmers, nach der dieser gehalten ist, Schaden vom Arbeitgeber abzuwehren.[474] Genaue Regelungen betreffend das Whistleblowing-Verfahren – etwa Meldung an eine bestimmte zuständige Person oder Nutzung einer Telefon-Hotline – lösen unabhängig von dem verpflichtenden Charakter einer Whistleblowing-Klausel dessen Mitbestimmungspflicht nach § 87 Abs. 1 S. 1 Nr. 1 BetrVG aus. Den Arbeitnehmern wird hierdurch die Entscheidung über das „Wie“ der Meldung genommen. Dies betrifft wiederum das Ordnungsverhalten.[475]

2. Technische Überwachungseinrichtung, § 87 Abs. 1 Nr. 6 BetrVG

Neben § 87 Abs. 1 Nr. 1 BetrVG könnte sich auch aus § 87 Abs. 1 Nr. 6 BetrVG eine Mitbestimmungspflicht des Betriebsrats ergeben. Nach § 87 Abs. 1 Nr. 6 BetrVG unterliegt die Einführung und Anwendung von technischen Einrichtungen, die dazu bestimmt sind, das Verhalten oder die Leistung der Arbeitnehmer zu überwachen, ebenfalls dem Mitbestimmungsrecht des Betriebsrates. Zweck der Norm ist es, den von einer technischen Überwachung ausgehenden Gefahren für das Persönlichkeitsrecht der Arbeitnehmer zu begegnen und einer

470 *Richardi*, BetrVG, § 87 Rdnr. 174.

471 *Fahrig*, Verhaltenskodex und Whistleblowing, S. 123; *Bertzbach*, jurisPR-ArbR 37/2007 Anm. 2.

472 *LAG Düsseldorf* m. Anm. *Bittmann/Lenze*, DB 2006, 165f.; *Kock*, MDR 2006, 673, 675.

473 *Schuster/Darsow*, NZA 2005, 273, 276.

474 *Kock*, MDR 2006, 673, 675; *von Steinau-Steinrück/Glanz*, NJW-Spezial, 2008, 146.

475 *Fahrig*, Verhaltenskodex und Whistleblowing, S. 124; *Mengel/Hagemeister*, BB 2007, 1386, 1392.

Degradierung der Arbeitnehmer zu bloßen „Objekten einer Überwachungstechnik“ entgegenzuwirken.[476]

Relevant wird die Vorschrift dann, wenn in einem Unternehmen ein Whistleblowing-System eingerichtet werden soll, welches Anzeigen über eine Telefon-Hotline entgegen nimmt. Ein Telefon ist offensichtlich eine technische Einrichtung. Diese dient auch der Arbeitnehmerüberwachung, wenn etwa die Telefondaten der Arbeitnehmer aufgezeichnet werden um deren Arbeitsverhalten zu kontrollieren.[477] Teilweise wird ein Mitbestimmungsrecht des Betriebsrates nach § 87 Abs. 1 Nr. 6 BetrVG darüber hinaus auch dann angenommen, wenn die eingehenden Anrufe bei einer Whistleblowing-Hotline aufgezeichnet werden oder sogar lediglich die Rufnummern der Anrufe gespeichert werden.[478] Dem ist jedoch nicht zuzustimmen. Im Falle einer Whistleblower-Hotline dient das Telefon selbst nicht – wie von § 87 Abs. 1 Nr. 6 BetrVG vorausgesetzt – der Überwachung der Arbeitnehmer. Vielmehr werden diese von ihren Kolleginnen und Kollegen „überwacht“. Das Telefon fungiert dagegen lediglich als Empfänger von Anzeigen über das Fehlverhalten eines Arbeitnehmers oder auch des Arbeitgebers. Ihm kommt darüber hinausgehend keine eigenständige Kontrollwirkung zu, wie sie von einer technischen Einrichtung i. S. des § 87 Abs. 1 Nr. 6 BetrVG verlangt wird.[479]

Anderer Ansicht ist zwar das AG Wuppertal.[480] Allerdings stellt dieses zu Unrecht auf die Möglichkeit ab, bei einer Telefonhotline aufgrund der technischen Gegebenheiten ermitteln zu können, von welchem Anschluss aus die Hotline angerufen wurde.[481] Diese Möglichkeit kann zwar die Anonymität des Anrufers aufheben, sie führt jedoch nicht – auch nicht als Nebeneffekt – zu dessen Überwachung. Abgesehen davon, geht es bei der Einrichtung einer Whistleblower-Hotline auch vielmehr um die Gefahr der technischen Überwachung der angezeigten Arbeitnehmer als um die Überwachung des Whistleblowers selbst. Die Einschätzung des AG Wuppertal kann daher widerlegt werden. Die Berufungsinstanz ließ die Frage, ob sich aus dem Betreiben einer Telefonhotline zur Entge-

---

476 *Richardi*, BetrVG, § 87 Rdnr. 484; Wlotzke/Preis/Kreft/*Bender*, BetrVG, § 87 Rdnr. 106.

477 *Kock*, ZIP 2009, 1406, 1409; ders. MDR 2006, 673, 676; *Simon/Kock*, DB 2005, 1800, 1801.

478 *Eisenbeis/Nießen*, FS Leinemann, 697, 718f.; *Reufels/Deviard*, CCZ 2009, 201, 208.

479 *Kock*, ZIP 2009, 1406, 1409; ders. MDR 2006, 673, 676; *Mengel/Hagemeister*, BB 2007, 1386, 1388.

480 *ArbG Wuppertal*, NZA-RR 2005, 476, 480 (Wal-Mart).

481 Dies scheint auch *Fahrig* für das maßgebliche Kriterium zu halten: „Entscheidend ist mithin, ob beispielsweise bei Installation eines Whistleblowing-Verfahrens die Telefongespräche aufgezeichnet werden oder aufgrund der Erfassung der Telefondaten eine Identifizierung des Anrufers möglich ist, da sodann mittels des Verfahrens eine Überwachung erfolgt.“, *Fahrig*, Verhaltenskodex und Whistleblowing, S. 142 m. w. N.

gennahme von Anzeigen ein Mitbestimmungsrecht des Betriebsrats ergibt, dann auch ausdrücklich offen.[482]

3. Freiwillige Betriebsvereinbarungen, § 88 BetrVG

Will der Arbeitgeber keine Pflicht der Arbeitnehmer zum Whistleblowing statuieren, sondern stellt er die Anzeige vielmehr in das Ermessen der Beschäftigten, so ist eine derartige Klausel – wie gezeigt – nicht nach § 87 Abs. 1 Nr. 1 BetrVG zwingend mitbestimmungspflichtig. In einem solchen Fall kann jedoch freiwillig eine Betriebsvereinbarung geschlossen werden, um eine betriebseinheitliche Handhabung zu gewährleisten. § 88 BetrVG enthält eine Aufzählung möglicher Gegenstände einer solchen freiwilligen betriebsvereinbarungsrechtlichen Regelung. Die Aufzählung ist jedoch nicht abschließend („insbesondere“), so dass auch eine Regelung zum Whistleblowing mittels freiwilliger Betriebsvereinbarung eingeführt werden kann.

4. Ergebnis

Die Einführung eines Whistleblowing-Systems unterliegt in der Regel dem Mitbestimmungsrecht des Betriebsrats nach § 87 Abs. 1 Nr. 1 BetrVG. Anderes gilt nur, wenn der Arbeitgeber das Whistleblowing auf gewichtige Verstöße beschränkt und deren Meldung in das Ermessen der Arbeitnehmer stellt. In diesen Fällen kann jedoch auch freiwillig eine Betriebsvereinbarung geschlossen werden, § 88 BetrVG. § 87 Abs. 1 Nr. 6 BetrVG ist auch bei Nutzung einer speziellen Telefon-Hotline zur Meldung von Missständen nicht einschlägig.

II. Betriebsvereinbarungen als „andere Rechtsvorschrift“ i. S. von § 4 Abs. 1 BDSG

Soll die Einführung eines Whistleblowing-Systems auf Grundlage einer entsprechenden Betriebsvereinbarung erfolgen, so wirft dies weitere Fragestellungen auf. Klärungsbedürftig ist zunächst, ob Betriebsvereinbarungen „andere Rechtsvorschriften“ i. S. des § 4 Abs. 1 BDSG darstellen und damit überhaupt eine datenschutzrechtliche Rechtfertigungsgrundlage bieten können.

482 *LAG Düsseldorf*, NZA-RR 2006, 81, 86 (Wal-Mart).

1. Weite Auslegung des Begriffs „andere Rechtsvorschrift", Ansicht des BAG

Die Ansicht des BAG zu dieser Frage ist seit einem Urteil aus dem Jahr 1986[483] bekannt. Darin ging es um die Einführung einer Telefonanlage in einem Stahlhandelsunternehmen, die zu Abrechnungszwecken Daten über ausgehende Gespräche der Arbeitnehmer erfasste. Hierzu schlossen die Betriebsparteien vor der einvernehmlich angerufenen Einigungsstelle eine Betriebsvereinbarung. Der Spruch der Einigungsstelle wurde von dem klagenden Betriebsrat in Teilen für rechtsunwirksam gehalten. Haupt- und Hilfsantrag blieben jedoch ohne Erfolg.

In der Urteilsbegründung legte das BAG den Begriff der „anderen Rechtsvorschrift" i. S. des § 4 Abs. 1 BDSG weit aus und bezog auch Tarifverträge und Betriebsvereinbarungen in den Kreis derjenigen Regelungen ein, durch die die Verarbeitung personenbezogener Daten abweichend vom BDSG geregelt werden kann.[484] Dabei sind die kollektivrechtlichen Regelungen nach Ansicht des Gerichts nicht darauf beschränkt, den Datenschutz der Arbeitnehmer zu verstärken. Die Vorschriften des BDSG stellten keinen unabdingbaren Mindeststandard dar, von dem nur zugunsten der Beschäftigten abgewichen werden könnte.[485] Danach wäre sogar ein Unterschreiten des Datenschutzniveaus des BDSG durch Betriebsvereinbarungen möglich. Allerdings dürfen Betriebsvereinbarungen zur Regelung des Datenumgangs auch nach der Rechtsprechung des BAG keinen beliebigen Inhalt haben, sondern müssen sich vielmehr im Rahmen der Regelungsautonomie der Betriebspartner halten und die sich aus grundgesetzlichen Wertungen, zwingendem Gesetzesrecht und den allgemeinen Grundsätzen des Arbeitsrechts ergebenden Beschränkungen beachten.[486]

Dabei können Betriebsvereinbarungen nach Ansicht des BAG jedoch sogar Eingriffe in Grundrechtspositionen der Arbeitnehmer rechtfertigen. So entschied das BAG in einem Urteil zur Videoüberwachung am Arbeitsplatz[487], dass diese prinzipiell durch Betriebsvereinbarung geregelt werden könnte, die Betriebsvereinbarung mithin Rechtsgrundlage für einen Eingriff in das allgemeine Persönlichkeitsrecht sein kann. So verbiete die den Betriebsparteien durch § 75 Abs. 2 S. 1 BetrVG auferlegte Pflicht, die freie Entfaltung der Persönlichkeit des Arbeitnehmers zu schützen, nicht jede Betriebsvereinbarung, die zu ei-

483 BAGE 52, 88 = *BAG*, NJW 1987, 674.
484 BAGE 52, 88, 102 = *BAG*, NJW 1987, 674, 677.
485 BAGE 52, 88, 103 = *BAG*, NJW 1987, 674, 677.
486 BAGE 52, 88, 103 = *BAG*, NJW 1987, 674, 677.
487 BAGE 111, 173 = *BAG*, NJW 2005, 313.

ner Einschränkung des Persönlichkeitsrechts führt.[488] Voraussetzung für einen Eingriff ist jedoch wie stets ein Überwiegen der schutzwürdigen Arbeitgeberbelange im Rahmen einer Interessen- und Güterabwägung im Einzelfall.[489]

Festzuhalten bleibt somit, dass Betriebsvereinbarungen jedenfalls nach der Rechtsprechung des BAG eine eigenständige Rechtsgrundlage für Datenverarbeitungsvorgänge im Rahmen eines Arbeitsverhältnisses darstellen und diese in weitem Umfang regeln können. Demnach könnte auch die Einführung eines Whistleblowing-Systems mit den dazugehörigen Datenerhebungen und -verarbeitungen über eine entsprechende Betriebsvereinbarung gerechtfertigt werden.

2. Normative Wirkung von Betriebsvereinbarungen

Auch in der Literatur werden Betriebsvereinbarungen als andere Rechtsvorschriften i. S. des § 4 Abs. 1 BDSG anerkannt. Dies geschieht zum Teil unter Berufung auf die normative Wirkung von Betriebsvereinbarungen gemäß § 77 Abs. 4 S. 1 BetrVG, nach dem Betriebsvereinbarungen unmittelbare und zwingende Geltung zukommt.[490] Zum Teil wird die Tatsache schlicht als selbstverständlich akzeptiert.[491]

Dabei wird – im Gegensatz zur Rechtsprechung des BAG – oftmals betont, dass Betriebsvereinbarungen keinen Grundrechtseingriff rechtfertigen können, sondern sich vielmehr in den Grenzen höherrangigen Rechts, insbesondere der Grundrechte und der EU-Rechtstandards, halten müssen.[492]

3. Rückschlüsse aus dem Entwurf für ein Beschäftigtendatenschutzgesetz

Die Ansicht des Gesetzgebers zu dieser Problematik könnte unter Heranziehung des „Entwurfes eines Gesetzes zur Regelung des Beschäftigtendatenschutzes" näher bestimmt werden.

Nach dem Gesetzesentwurf der Bundesregierung vom 15. Dezember 2010[493] sollte § 4 Abs. 1 BDSG der folgende Satz angefügt werden:

---

488 BAGE 111, 173, 178 = *BAG*, NJW 2005, 313, 314.

489 BAGE 111, 173, 178 = *BAG*, NJW 2005, 313, 314.

490 *Gola/Schomerus*, BDSG, § 4 Rdnr. 10; *Gola/Wronka*, Handbuch Arbeitnehmerdatenschutz, Rdnr. 242; *Winteler*, Inside the Cloud, 469, 473f.; *Brandt*, DuD 2010, 213; *Freise/Wohlgemuth*, DVR 1982, 285, 290; *Lambrich/Cahlik*, RDV 2002, 287, 294; *Roßmann*, DuD 2002, 286, 287; *Sassenberg/Bamberg*, DuD 2006, 226, 227.

491 *Mester*, Arbeitnehmerdatenschutz, S. 78; *Wohlgemuth*, Datenschutz für Arbeitnehmer, Rdnr. 211.

492 *Schmidl*, DuD 2006, 353, 357; *Tinnefeld/Petri/Brink*, MMR 2010, 727, 729.

493 BTDrucks 17/4230.

„Andere Rechtsvorschriften im Sinne dieses Gesetzes sind auch Betriebs- und Dienstvereinbarungen."

Nach der beigefügten Begründung sollte mit dieser Ergänzung die bisherige Rechtsprechung des BAG kodifiziert werden. Die Möglichkeiten und Grenzen, durch Betriebsvereinbarungen abweichende Regelungen zu treffen, sollten dabei weder eingeschränkt noch erweitert werden.

§ 321 Abs. 5 BDSG-E bestimmte allerdings, dass von den Vorschriften des vorangehenden Unterabschnitts nicht zu Ungunsten der Beschäftigten abgewichen werden dürfte. Laut Begründung sollte durch diese Regelung nicht ausgeschlossen werden, dass Tarifverträge, Betriebs- oder Dienstvereinbarungen die gesetzlichen Regelungen konkretisieren oder Alternativen gestalten können, um den jeweiligen betrieblichen Besonderheiten Rechnung zu tragen, ohne dabei jedoch von den gesetzlichen Regelungen zum Nachteil der Beschäftigten abzuweichen. Mit der Regelung in § 321 Abs. 5 konterkarierte der Gesetzgeber jedoch gerade sein Anliegen, die Rechtsprechung des BAG zu kodifizieren und Betriebsvereinbarungen als „andere Rechtsvorschriften" anzuerkennen.[494] So ging die bisherige Rechtsprechung des BAG weit über die geplante gesetzliche Regelung hinaus, in dem sie auch Betriebsvereinbarungen zuließ, die zu Ungunsten der Beschäftigen vom BDSG abwichen, jedenfalls solange § 75 BetrVG gewahrt bleibt.

Es ist vor diesem Hintergrund daher zu untersuchen, wie der § 321 Abs. 5 BDSG-E auszulegen ist.[495] Liest man die Vorschrift im Zusammenhang mit § 4 Abs. 1 S. 2 BDSG-E, so ist von einem einschränkenden Verständnis der Norm auszugehen.[496] Denn wenn nach § 4 Abs. 1 S. 2 BDSG-E Betriebsvereinbarungen einen datenschutzrechtlichen Erlaubnistatbestand darstellen können, so beinhaltet dies zwangsläufig, dass hiermit auch ein Abweichen vom Datenschutzniveau des BDSG zu Ungunsten der Beschäftigten einhergeht. Denn jeder weitere Erlaubnistatbestand unterschreitet insofern das Schutzniveau des BDSG, als eine Datenverarbeitung ohne den entsprechenden Erlaubnistatbestand unzulässig wäre.[497] Das Zusammenspiel der §§ 4 Abs. 1 S. 2 BDSG-E und 321 Abs. 5 BDSG-E ergibt somit, dass aus Sicht des Gesetzgebers jedenfalls geringfügige Unterschreitungen des Datenschutzniveaus des BDSG durch Betriebsvereinbarungen möglich sein können.[498]

494 So auch *Beckschulze/Natzel*, BB 2010, 2368, 2369.

495 *Kort*, MMR 2011, 294, 298.

496 *Kort*, MMR 2011, 294, 298.

497 *Kort*, MMR 2011, 294, 298.

498 *Kort*, MMR 2011, 294, 298; ähnlich *Heinson/Sörup/Wybitul*, CR 2010, 751, 752.

4. Stellungnahme

Betriebsvereinbarungen sind als andere Rechtsvorschriften i. S. des § 4 Abs. 1 BDSG anzusehen und können somit auch datenschutzrechtliche Aspekte des Whistleblowings regeln. Dies entspricht nicht nur der Rechtsprechung des BAG, es ergibt sich vielmehr auch bei Auslegung des § 4 Abs. 1 BDSG unter Anwendung der klassischen Auslegungsmethoden nach Savigny[499]. Der klassische Auslegungskanon umfasst die Kriterien Wortlaut, Systematik, Entstehungsgeschichte sowie Sinn und Zweck der Norm, deren Zulässigkeit innerhalb der Rechtsanwendung trotz mangelnder gesetzlicher Festlegung prinzipiell unbestritten ist.[500] Diese Auslegungskriterien sollen auch im Folgenden zu Rate gezogen werden.

a. Wortlaut/Grammatische Auslegung

Geht man vom Wortlaut der Norm aus, so spricht § 4 Abs. 1 BDSG von „anderen Rechtsvorschriften". Eine Rechtsvorschrift ist eine materielle Rechtsnorm mit unmittelbarer Außenwirkung.[501] Der Begriff umfasst Parlamentsgesetze, Rechtsverordnungen und Satzungen. Zwar ist eine Betriebsvereinbarung keines von diesen[502], sondern vielmehr ein rechtsgeschäftlicher Vertrag zwischen Arbeitgeber und Betriebsrat.[503] Nach § 77 Abs. 4 S. 1 BetrVG kommt jedoch auch Betriebsvereinbarungen unmittelbare Außenwirkung zu, so dass sie jedenfalls in ihrem normativen Teil als Rechtsvorschriften i. S. von § 4 Abs. 1 BDSG zu behandeln sind.[504]

b. Genese/Historische Auslegung

Auch die Genese spricht für eine Einbeziehung von Betriebsvereinbarungen in den Kreis der Normen, die die Datenverarbeitung abweichend vom BDSG regeln können.

---

499 BVerfGE 1, 299, 312 = *BVerfG*, NJW 1952, 737 (LS) (seither ständige Rspr.); *Rüthers/Fischer*, Rechtstheorie, Rdnr. 698ff.; *Schwacke*, Juristische Methodik, S. 88ff.; *Zippelius*, Methodenlehre, S. 42ff.

500 *Rüthers/Fischer*, Rechtstheorie, Rdnr. 702; *Schwacke*, Juristische Methodik, S. 88f.; *Bitter/Rauhut*, JuS 2009, 289, 292.

501 Simitis/*Dix* BDSG, § 1 Rdnr. 168; *Sassenberg/Bamberg*, DuD 2006, 226.

502 Anders nur die insbesondere von *Herschel* und *Galperin* vertretene sog. Satzungstheorie.

503 *Richardi*, BetrVG, § 77 Rdnr. 24; Münchener Handbuch zum Arbeitsrecht/*Matthes*, Bd. 2, § 239 Rdnr. 1.

504 Däubler/Klebe/Wedde/*Weichert*, BDSG, § 4 Rdnr. 2; Simitis/*Sokol*, BDSG, § 4 Rdnr. 11; *Taeger*/Gabel, § 4 BDSG Rdnr. 34 m. w. N.; *Sassenberg/Bamberg*, DuD 2006, 226f.

Eine dem heutigen § 4 Abs. 1 BDSG entsprechende Regelung findet sich seit der ersten Fassung vom 27. Januar 1977 im BDSG. Damals regelte noch § 3 S. 1 BDSG a. F. (1977), dass „die Verarbeitung personenbezogener Daten (…) in jeder ihrer (…) Phasen nur dann zulässig ist, wenn dieses Gesetz oder eine andere Rechtsvorschrift sie erlaubt oder der Betroffene eingewilligt hat“. Die amtliche Begründung[505] schweigt zur Qualität der „anderen Rechtsvorschrift“ im Sinne dieser Vorschrift. Zwar wird an anderer Stelle[506] betont, dass das Datenschutzrecht eine Querschnittsmaterie ist und es keine umfassende und gleichzeitig übersichtliche bundesgesetzliche Datenschutzregelung geben kann. Besonderen Rechtsvorschriften des Bundes mit Datenschutzcharakter wird daher der Vorrang eingeräumt. Die Betonung des Vorrangs anderer bundesgesetzlicher Regelungen sollte aber nicht in dem Sinne verstanden werden, dass ausschließlich Rechtsvorschriften mit Rang eines Bundesgesetzes „andere Rechtsvorschriften“ i. S. der Norm darstellen können. Ein solches Verständnis hätte der Gesetzgeber vielmehr in der gesetzlichen Regelung zum Ausdruck gebracht und hier ausdrücklich von „anderen bundesgesetzlichen Rechtsvorschriften“ gesprochen. Die genetische Auslegung zeigt also, dass auch der Wille des historischen Gesetzgebers der Einordnung von Betriebsvereinbarungen als „andere Rechtsvorschriften“ i. S. des § 4 Abs. 1 BDSG nicht entgegensteht. Dieses Ergebnis wird durch den Gesetzentwurf eines Beschäftigtendatenschutzgesetzes bestätigt.

c. Teleologische Auslegung

Nicht zuletzt ergibt sich auch aus dem Sinn und Zweck des § 4 BDSG, dass eine – auch von den Vorschriften des BDSG abweichende – Regelung durch Betriebsvereinbarungen möglich sein muss. Müssten sich sämtliche Regelungen, die sich auf Datenverarbeitungsvorgänge beziehen, in den Grenzen des BDSG halten, so wäre die Regelung des § 4 Abs. 1 BDSG überflüssig, da dann letztlich – neben der Einwilligung – nur das BDSG selbst Rechtsgrundlage für die Erhebung, Verarbeitung und Nutzung von personenbezogenen Daten sein könnte. Der Passus „oder eine andere Rechtsvorschrift“ ergäbe dann keinen Sinn und könnte ebensogut aus der Norm gestrichen werden. Auch der Telos spricht somit dafür, dass Betriebsvereinbarungen datenschutzrechtliche Fragen regeln und dabei sogar von den Vorgaben des BDSG abweichen können.

505 BTDrucks 7/1027.
506 BTDrucks 7/1027, 3.3.

III. Reichweite einer betriebsvertraglichen Regelung

Unabhängig von der Einordnung von Betriebsvereinbarungen als andere Rechtsvorschriften i. S. des § 4 Abs. 1 BDSG stellt sich die Frage nach der Reichweite einer betriebsvertraglichen Regelung. Insbesondere ist die Möglichkeit zu untersuchen, durch den Abschluss von Betriebsvereinbarungen das Datenschutzniveau des BDSG zu unterlaufen. Gerade dann, wenn die Regelungen des BDSG die Einführung eines Whistleblowing-Systems nicht decken, kommt dieser Frage entscheidende Bedeutung zu.

1. Abschließende Festlegung der zulässigen Arbeitnehmerdatenverarbeitung durch Betriebsvereinbarungen

Problematisch ist eine Regelung durch Betriebsvereinbarung zunächst dann, wenn sie die zulässige Verarbeitung von Arbeitnehmerdaten abschließend festlegt.[507] In diesem Fall könnte der Arbeitnehmer einer von ihm – aus subjektiven Erwägungen heraus – gewünschten Datenverarbeitung nicht zustimmen; die Betriebsvereinbarung stünde der individuellen Einwilligung vielmehr entgegen. Ein solches Ergebnis wäre jedoch mit dem Recht auf informationelle Selbstbestimmung des Arbeitnehmers nicht vereinbar. Wird aus Gründen des informationellen Selbstbestimmungsrechts des Arbeitnehmers die Freiwilligkeit der Einwilligung im Arbeitsverhältnis trotz aller rechtlicher Bedenken anerkannt[508], so darf es auch über den Abschluss von Betriebsvereinbarungen nicht zu einer faktischen Entmündigung des Arbeitnehmers kommen.

Eine Betriebsvereinbarung kann also nicht an die Stelle der Einwilligung treten, sondern beide Rechtfertigungsgründe stehen gleichberechtigt nebeneinander.[509] Wird ein Whistleblowing-System durch Betriebsvereinbarung geregelt und ausgestaltet, so muss es den Arbeitnehmern dennoch möglich sein, einer über die geregelten Datenverarbeitungsvorgänge hinausgehenden Verarbeitung ihrer Daten im Einzelfall zuzustimmen. Hiergegen lässt sich zwar einwenden, dass sich ein Arbeitnehmer nicht durch eine individuell erteilte Einwilligung dem Schutz der kollektivvertraglichen Regelungen entziehen können darf.[510] Auch das Gebot vertrauensvoller Zusammenarbeit aus § 2 Abs. 1 BetrVG wird als Argument gegen eine weiterhin bestehende Einwilligungsmöglichkeit der Mitarbeiter angeführt.[511] Zudem muss natürlich beachtet werden, dass die Mög-

---

507 *Gola/Schomerus*, BDSG, § 4a Rdnr. 9.

508 Zur Freiwilligkeit der Einwilligung siehe Teil 4 § 3 A II.

509 *Lambrich/Cahlik*, RDV 2002, 287, 294.

510 *Gola*, RDV 2002, 109, 116.

511 *Gola*, RDV 2002, 109, 116.

lichkeit der Arbeitnehmer, über die Regelungen einer Betriebsvereinbarung hinaus einer bestimmten Verarbeitung ihrer Daten zuzustimmen, der angestrebten notwendigen Vereinheitlichung der zulässigen Datenverarbeitungsvorgänge in einem Unternehmen entgegensteht.

Allerdings schaffen Betriebsvereinbarungen einen Mindeststandard, der zwar durchaus überschritten, jedoch nicht unterschritten werden darf. Alle Datenverarbeitungsvorgänge, deren einheitliche Handhabung erforderlich ist, sind daher nach Möglichkeit bereits in die Betriebsvereinbarung aufzunehmen. Stimmt der Arbeitnehmer im Einzelfall weiteren Verarbeitungsvorgängen zu, so steht dieses „Mehr" an Datenverarbeitung einer ordnungsgemäßen Handhabung des Datenschutzes in einem Unternehmen nicht entgegen.

2. Abweichen vom Schutzniveau des BDSG zum Nachteil des Arbeitnehmers

Die für die praktische Gestaltung einer Betriebsvereinbarung entscheidendste Frage ist, ob hierbei die Regelungen des BDSG als Mindeststandard zu beachten sind oder ob von diesen auch zu Ungunsten der Arbeitnehmer abgewichen werden darf.

Wie bereits gezeigt, hält die Rechtsprechung ein Absenken des Schutzniveaus des BDSG durch Betriebsvereinbarungen für möglich.[512] Betriebsvereinbarungen dürften nicht nur unbestimmte Rechtsbegriffe des BDSG konkretisieren und hierdurch betrieblichen Besonderheiten anpassen, sondern auch vom BDSG abweichende Regelungen treffen.[513] Eine Verbesserung des Datenschutzniveaus sei dabei nicht Voraussetzung, solange die Grenzen der Regelungsautonomie der Betriebsvertragsparteien (grundgesetzliche Wertungen, zwingendes Gesetzesrecht, allgemeine Grundsätze des Arbeitsrechts) eingehalten würden.[514]

In der Literatur existiert zu dieser Frage ein weites Meinungsspektrum. Zum Teil wird der Ansicht des BAG in der datenschutzrechtlichen Literatur ausdrücklich widersprochen.[515] Als Argument wird dabei auch auf die Vorgaben der EU-Datenschutzrichtlinie, die einen Mindeststandard an Datenschutz schaffen wolle, sowie auf die seit der Entscheidung des BAG im Jahr 1986 veränderte

512 BAGE 52, 88, 103 = *BAG*, NJW 1987, 674, 677.

513 BAGE 52, 88, 103 = *BAG*, NJW 1987, 674, 677.

514 BAGE 52, 88, 103 = *BAG*, NJW 1987, 674, 677.

515 *Bergmann/Möhrle/Herb*, BDSG, § 4 Rdnr. 25f.; *Gola/Schomerus*, BDSG, § 4 Rdnr. 10; Simitis/ *Sokol*, BDSG, § 4 Rdnr. 17; *Latendorf*, CR 1987, 242, 244; *Latendorf/Rademacher*, CR 1989, 1105, 1108; *Linnenkohl/Rauschenberg/Schütz*, BB 1987, 1454; *Roßmann*, DuD 2002, 286, 288; *Simitis*, RDV 1989, 49, 60; *Wächter*, DuD 1988, 600, 601 („Muster an überkommener Begriffsjurisprudenz"); *Wohlgemuth*, BB 1991, 340, 341.

Bedeutung des Datenschutzes in der Informationsgesellschaft rekurriert.[516] Zum Teil wird – ebenfalls im Gegensatz zur Rechtsprechung – zwar eine Auslegung und Konkretisierung, nicht jedoch eine Abbedingung gesetzlicher Erlaubnistatbestände durch Betriebsvereinbarungen für möglich gehalten.[517]

Hierfür spricht auch das im Arbeitsrecht verankerte Günstigkeitsprinzip. Betriebsvereinbarungen enthalten einseitig zwingende Regelungen und haben stets dispositiven Charakter zugunsten des Arbeitnehmers.[518] Vor diesem Hintergrund erscheint es nicht möglich, das für die Arbeitnehmer geltende Datenschutzniveau durch Betriebsvereinbarungen weiter herabzusetzen.[519]

Wieder andere Stimmen in der Literatur folgen letztlich dem BAG.[520] So wird vertreten, § 4 Abs. 1 BDSG enthalte eine „gesetzliche Öffnungsklausel für die Betriebspartner".[521] Es widerspreche dem Sinn der Regelung des § 4 Abs. 1 BDSG, nach dem auch „andere Rechtsvorschriften" einen Datenverarbeitungsvorgang rechtfertigen können, wenn diese anderen Rechtsvorschriften sich am BDSG zu orientieren hätten.[522] Dabei wird jedoch stets betont, dass das allgemeine Persönlichkeitsrecht der Arbeitnehmer die Grenze zulässiger betriebsvereinbarungsrechtlicher Regelungen darstellt, die auch in § 75 Abs. 2 BetrVG zum Ausdruck kommt. Fälle, in denen eine Datenverarbeitung zwar nicht nach dem BDSG, wohl aber nach einer Betriebsvereinbarung rechtmäßig ist, werden für nicht sehr wahrscheinlich gehalten.[523]

---

516 *Roßmann*, DuD 2002, 286, 288.

517 Däubler/Klebe/Wedde/*Weichert*, BDSG, § 4 Rdnr. 2.

518 *Richardi*, BetrVG, § 77 Rdnr. 144 m. w. N.; ausführlich *Belling*, Günstigkeitsprinzip, S. 107ff.; *Sassenberg/Bamberg*, DuD 2006, 226, 227.

519 *Wohlgemuth*, Datenschutz für Arbeitnehmer, Rdnr. 217; *Freise/Wohlgemuth*, DVR 1982, 285, 300f.; *Sassenberg/Bamberg*, DuD 2006, 226, 227; im Ergebnis auch *Däubler*, Gläserne Belegschaften, Rdnr. 787ff.; *Sproll*, Individualrechtliche Probleme des Arbeitnehmerdatenschutzes, S. 95; *Jobs* laut Veranstaltungsbericht von *Boese*, RDV 1987, 107; *Klebe/Roth*, AiB 1985, 131, 134f.; *Latendorf*, CR 1987, 242, 244; *Linnenkohl/Rauschenberg/Schütz*, BB 1987, 1454, 1455; *BAG* m. Anm. *Mostert*, AuR 1987, 149, 150f.; *Mückenberger*, BetrR 1987, 249, 268f.

520 *Schaffland/Wiltfang*, BDSG, § 4 Rdnr. 3; *Wybitul*, BB 2009, 1582, 1585.

521 *Lambrich/Cahlik*, RDV 2002, 287, 295; vgl. auch *Brandt*, DuD 2010, 413, der die Frage, ob Betriebsvereinbarungen „datenschutzrechtliche Öffnungsklauseln" darstellen" im Ergebnis aber verneint.

522 *Lambrich/Cahlik*, RDV 2002, 287, 295.

523 Oetker/Preis/*Franzen*, EAS, B5300 Rdnr. 63; *Franzen*, RdA 2010, 257, 259; *Kock/Franke*, NZA 2009, 646, 647; *Lambrich/Cahlik*, RDV 2002, 287, 295; *Thüsing*, RDV 2010, 147, 148; *Winteler*, Inside the Cloud, 469, 473f.

IV. Stellungnahme und Ergebnis, Folgerung für das Whistleblowing

Betriebsvereinbarungen sind als „andere Rechtsvorschriften“ i. S. des § 4 Abs. 1 BDSG anzuerkennen. Sie können den Datenschutz der Arbeitnehmer auch abweichend vom BDSG regeln. Dabei darf in das Persönlichkeitsrecht der Arbeitnehmer jedoch nur im Rahmen der Verhältnismäßigkeit eingegriffen werden.[524] § 75 Abs. 2 BetrVG setzt einer Aushöhlung des Persönlichkeitsrechtsschutzes der Arbeitnehmer eine nicht zu überschreitende Grenze.[525] Für die Einführung von Whistleblowing-Systemen bedeutet dies, dass eine Regelung per Betriebsvereinbarung grundsätzlich möglich ist. Ausnahmen bestehen bei unverhältnismäßigen Eingriffen in das Persönlichkeitsrecht sowie das Recht auf informationelle Selbstbestimmung der Arbeitnehmer. Es kommt mithin in jedem Fall auf die konkrete Ausgestaltung des Whistleblowing-Systems an. Auf die hier erforderliche Abwägung der grundrechtlichen Positionen wird später noch ausführlich eingegangen werden.[526]

Festzuhalten bleibt darüber hinaus, dass Betriebsvereinbarungen in ihrem persönlichen Geltungsbereich hinter den Normen des BDSG zurückbleiben.[527] So liegt insbesondere auch dem § 32 BDSG der weite Beschäftigungsbegriff des § 3 Nr. 11 BDSG zu Grunde, der über den Arbeitnehmerbegriff, wie er in § 5 Abs. 1 BetrVG definiert ist, hinausgeht. Über § 3 Nr. 11 BDSG erfasst werden insbesondere auch arbeitnehmerähnliche Personen sowie Bewerberinnen und Bewerber für ein Beschäftigungsverhältnis wie auch Personen, deren Beschäftigungsverhältnis bereits beendet ist. Für die letztgenannten Personengruppen können daher in einer Betriebsvereinbarung keinerlei Regelungen über das Whistleblowing getroffen werden. Die nur eingeschränkte personelle Geltung betriebsvereinbarungsrechtlicher Regelungen spiegelt auch der oben zitierte Auszug aus der Vereinbarung Versicherungsgewerbe 2011 (6) wider.

Ein Blick auf die gesetzlichen Erlaubnistatbestände des BDSG ist demzufolge an dieser Stelle unverzichtbar.

C. Gesetzliche Erlaubnistatbestände des BDSG

Als gesetzliche Erlaubnistatbestände für das Whistleblowing kommen der allgemeine § 28 BDSG sowie der speziell auf Datenverarbeitungsvorgänge im Be-

---

524 *Sassenberg/Bamberg*, DuD 2006, 226, 228.

525 Roßnagel/*Büllesbach*, Handbuch Datenschutzrecht, Kapitel 6.1 Rdnr. 89; *Sassenberg/Bamberg*, DuD 2006, 226, 228; *Zilkens*, DuD 2005, 253.

526 Teil 4 § 3 C II 2 c.

527 Simitis/*Seifert*, BDSG, § 32 Rdnr. 13.

schäftigungsverhältnis zugeschnittene § 32 BDSG in Betracht. Eine spezielle Vorschrift, die die Zulässigkeit der Datenverarbeitungsvorgänge beim Whistleblowing regelt, existiert bislang nicht. Auch der Regierungsentwurf eines Gesetzes zur Regelung des Beschäftigtendatenschutzes[528] enthielt keine Vorschrift zum Whistleblowing. Dieses hätte vielmehr den geplanten §§ 32d und e BDSG-E untergeordnet werden müssen, was jedoch keine Konkretisierung der Rechtslage in Bezug auf die datenschutzrechtlichen Positionen der Betroffenen mit sich gebracht hätte.[529] Ebenso wenig enthält die auf europäischer Ebene geplante Datenschutz-Grundverordnung in ihrer derzeit bekannten Fassung[530] explizite Ausführungen zum Whistleblowing. Eine ausdrückliche Normierung der datenschutzrechtlichen Voraussetzungen des Whistleblowings wäre in diesem Zusammenhang allerdings wünschenswert.[531] Ein Formulierungsvorschlag für einen entsprechenden Erlaubnistatbestand soll in Teil 7 dieser Arbeit entwickelt werden.

I. Verhältnis von § 32 und § 28 BDSG

Bevor die Normen auf ihre Tauglichkeit zur Rechtfertigung der Datenverarbeitungen im Rahmen von Whistleblowing-Systemen hin geprüft werden, soll zunächst das Verhältnis der Paragraphen 28 und 32 BDSG zueinander geklärt werden. Dieses geht aus der Gesetzesbegründung zu § 32 BDSG jedenfalls nicht in letzter Eindeutigkeit hervor und ist daher nur schwer bestimmbar.

1. Gesetzesbegründung

Nach Ansicht des Gesetzgebers[532] soll der zum 1. September 2009 in das BDSG eingefügte § 32 BDSG den allgemein für Datenverarbeitungsvorgänge in Vertragsverhältnissen geltenden § 28 Abs. 1 S. 1 Nr. 1 BDSG verdrängen und im Hinblick auf Beschäftigungsverhältnisse konkretisieren. § 28 Abs. 1 S. 2 BDSG, der eine konkrete Festlegung der Zwecke, für die die erhobenen Daten verarbei-

528 BTDrucks 17/4230.

529 *Kort*, MMR 2011, 294, 297.

530 Vorschlag für eine Verordnung des Europäischen Parlaments und des Rates zum Schutz natürlicher Personen bei der Verarbeitung personenbezogener Daten und zum freien Datenverkehr (Datenschutz-Grundverordnung) vom 25.1.2012 (KOM (2012) 11 endg.).

531 *Tinnefeld/Petri/Brink*, MMR 2011, 427, 431 zitieren *Wybitul*, der eine entsprechende Normierung für „schmerzhaft dringlich" hält; siehe auch *Entschließung der 81. Konferenz der Datenschutzbeauftragten des Bundes und der Länder* v. 16./17.3.2011 in Würzburg, Beschäftigtendatenschutz stärken statt abbauen, in der eine gesetzliche Regelung zum Thema Whistleblowing ausdrücklich gefordert wird.

532 BTDrucks 16/13657, S. 20f.

tet oder genutzt werden sollen, fordert, soll aufgrund der hinreichend bestimmten und erschöpfenden neuen Regelung für Beschäftigungsverhältnisse ebenfalls keine Anwendung mehr finden. Werden personenbezogene Daten eines Beschäftigten für Zwecke des Beschäftigungsverhältnisses erhoben, verarbeitet oder genutzt, so soll § 28 Abs. 1 BDSG insgesamt durch § 32 BDSG ersetzt werden. Insoweit soll § 32 BDSG eine Sperrwirkung entfalten.

Für andere Zwecke sollen Beschäftigtendaten vom Arbeitgeber jedoch auch weiterhin nach den allgemeinen Vorschriften des BDSG und anderer Gesetze verarbeitet werden können. Als solche auch weiterhin im Beschäftigungsverhältnis relevant werdende Normen werden § 28 Abs. 1 S. 1 Nr. 2 BDSG sowie § 28 Abs. 3 S. 1 Nr. 1 BDSG in der Begründung des Gesetzentwurfs genannt. Auch § 28 Abs. 6 bis 8 BDSG sollen bei der Verarbeitung besonderer personenbezogener Daten weiterhin im Beschäftigungsverhältnis Anwendung finden.

Für das Whistleblowing kämen demnach die Regelungen des § 32 Abs. 1 S. 1 und S. 2 BDSG sowie § 28 Abs. 1 S. 1 Nr. 2 BDSG prinzipiell als gesetzliche Erlaubnistatbestände in Betracht. Der Vollständigkeit halber sei an dieser Stelle darauf hingewiesen, dass § 28 Abs. 1 S. 1 Nr. 3 BDSG als Rechtfertigungsgrundlage von vorneherein ausscheidet. Bei den über ein Whistleblowing-System verarbeiteten Daten handelt es sich weder um allgemein zugängliche Daten, noch um solche, die die für die Datenverarbeitung verantwortliche Stelle veröffentlichen durfte. Entscheidend für die Abgrenzung von § 32 BDSG zu § 28 Abs. 1 S. 1 Nr. 2 BDSG wäre nach Auffassung des Gesetzgebers, ob die Daten der Beschäftigten im Rahmen des Whistleblowings für Zwecke des Beschäftigungsverhältnisses oder für anderweitige Zwecke verarbeitet würden. Dieser Abgrenzung widmen sich die folgenden Ausführungen.

2. Verbleibende Anwendbarkeit von § 28 Abs. 1 S. 1 Nr. 2 BDSG

In der Literatur wird die Gesetzesbegründung zu § 32 BDSG teilweise kontrovers diskutiert. Umstritten ist insbesondere die verbleibende Anwendbarkeit von § 28 Abs. 1 S. 1 Nr. 2 BDSG bei einem bestehenden Arbeitsverhältnis.[533]

a. Kein Rückgriff auf § 28 Abs. 1 S. 1 Nr. 2 BDSG im Beschäftigungsverhältnis

Schon nach alter Rechtslage war umstritten, ob § 28 Abs. 1 S. 1 Nr. 2 BDSG neben dem bisher auch für Beschäftigungsverhältnisse einschlägigen § 28 Abs. 1 S. 1 Nr. 1 BDSG zur Anwendung kommen kann. Dies wurde zum Teil absolut

533 Hauschka/*Schmidl*, Corporate Compliance, § 29 Rdnr. 279 bezeichnet diese Frage als „derzeit noch offen".

ausgeschlossen. Bei einem bestehenden Vertragsverhältnis sei allein § 28 Abs. 1 S. 1 Nr. 1 BDSG maßgeblich für die Zulässigkeit der Datenverarbeitung. Die verantwortliche Stelle könne sich nicht „beliebig auf eine Zulässigkeitsalternative stützen".[534] Selbiges müsste nach dieser Ansicht folglich auch für das Verhältnis von § 32 Abs. 1 S. 1 BDSG zu § 28 Abs. 1 S. 1 Nr. 2 BDSG gelten.

Von maßgeblichen Vertretern der datenschutzrechtlichen Kommentarliteratur[535] wird bei bestehendem Vertragsverhältnis jedenfalls eine enge Auslegung des § 28 Abs. 1 S. 1 Nr. 2 BDSG befürwortet. Primärer Erlaubnistatbestand sei in diesen Fällen § 28 Abs. 1 S. 1 Nr. 1 BDSG, § 28 Abs. 1 Nr. 2 und 3 hätten demgegenüber nur „komplementäre Funktion"[536]. So könnten über § 28 Abs. 1 S. 1 Nr. 2 BDSG mit Berufung auf die „berechtigten Interessen" der datenverarbeitenden Stelle nicht mehr oder andere Daten erhoben und verarbeitet werden, als es der zwischen den Parteien bestehende Vertrag nach seinem Sinn und Zweck zulasse.[537] Vertragliche Schutzpflichten dürften nicht durch die Anwendung des § 28 Abs. 1 S. 1 Nr. 2 BDSG verletzt werden.[538] Gerade dies stünde jedoch zu befürchten, wenn die begrenzende Funktion des Vertragszwecks in § 28 Abs. 1 S. 1 Nr. 1 BDSG über einen Rückgriff auf Nr. 2 unterlaufen werden könnte.[539]

Gestützt wird eine enge Auslegung des § 28 Abs. 1 S. 1 Nr. 1 BDSG auch von der datenschutzrechtlichen Aufsichtsbehörde des Landes Baden-Württemberg. Diese stellte zu § 28 Abs. 1 S. 1 BDSG fest:

> *„Die andere Zulässigkeitsalternative (Erforderlichkeit zur Wahrung berechtigter Interessen und kein Grund zur Annahme der Beeinträchtigung schutzwürdiger Belange) hat daneben zwar selbstständige Bedeutung, ist aber bei Bestehen eines Vertragsverhältnisses eng auszulegen. Der Vertragspartner soll sich in der Regel darauf verlassen können, dass seine Daten nur für den Zweck verwendet werden, zu dem er sie gegeben hat, so dass er bei einer anderweitigen Verwendung meist in seinen schutzwürdigen Belangen beeinträchtigt sein dürfte".*[540]

Nicht zuletzt wird auch die „Sperrwirkung des Verbotsprinzips in Verbindung mit einer Spezialregelung" als Argument für eine vollständige Verdrängung des § 28 BDSG durch § 32 BDSG angeführt.[541] Die Kombination des Verbots mit

---

534 *Spindler*/Schuster/*Nink*, Recht der elektronischen Medien, § 28 BDSG Rdnr. 3.

535 *Bergmann/Möhrle/Herb*, BDSG, § 28 Rdnr. 227; Däubler/Klebe/*Wedde*/Weichert, BDSG, § 28 Rdnr. 14; *Gola/Schomerus*, BDSG, § 28 Rdnr. 9; *Simitis*, BDSG, § 28 Rdnr. 54f.

536 *Simitis*, BDSG, § 28 Rdnr. 54.

537 Däubler/Klebe/*Wedde*/Weichert, BDSG, § 28 Rdnr. 14; *Gola/Schomerus*, BDSG, § 28 Rdnr. 9.

538 *Gola/Schomerus*, BDSG, § 28, Rdnr. 9.

539 *Bergmann/Möhrle/Herb*, BDSG, § 28 Rdnr. 227.

540 Hinweise zum BDSG für die private Wirtschaft Nr. 7, Staatsanz. Baden-Württemberg, 1978 Nr. 52, S. 4.

541 *Schneider*, FS Hassemer, 1211, 1221, der dieses Ergebnis jedoch für nicht vermittelbar und auch nicht gewollt hält und daher im Ergebnis einen Rückgriff auf § 28 BDSG auch im Rahmen

Erlaubnisvorbehalt in § 4 Abs. 1 BDSG mit der speziell für die Datenverarbeitung im Beschäftigungsverhältnis geltenden Norm des § 32 Abs. 1 S. 1 BDSG führe letztlich dazu, dass Beschäftigtendaten nur im Rahmen des § 32 Abs. 1 S. 1 BDSG, mit Einwilligung des Betroffenen oder aber bei Erlaubnis durch eine Rechtsvorschrift – nicht aber durch den verdrängten § 28 BDSG – verarbeitet werden dürften.[542]

b. Geltung von § 28 Abs. 1 S. 1 Nr. 2 BDSG auch im Beschäftigungsverhältnis

Der oben aufgeführten engen Ansicht steht eine weite Auffassung gegenüber, die § 28 Abs. 1 S. 1 Nr. 2 BDSG neben § 32 BDSG zur Anwendung kommen lassen will. Unter den Befürwortern einer Geltung von § 28 Abs. 1 S. 1 Nr. 2 BDSG bei einem bestehenden Beschäftigungsverhältnis gibt es dabei solche, die diesen Erlaubnistatbestand nur bei Datenverarbeitungen für beschäftigungsfremde Zwecke zur Anwendung gelangen lassen wollen und solche, die ihm generell neben § 32 Abs. 1 S. 1 BDSG Bedeutung zumessen.

aa. Nur für beschäftigungsfremde Zwecke

Zum Teil wird eine Anwendbarkeit von § 28 Abs. 1 S. 1 Nr. 2 BDSG neben § 32 BDSG nur für beschäftigungsfremde Zwecke angenommen, die in keinem unmittelbaren Zusammenhang mit dem Beschäftigungsverhältnis stehen.[543] Neben der historischen Auslegung nach dem Willen des Gesetzgebers[544] soll sich dies auch bei wortlautgetreuer Auslegung mit Blick auf die amtliche Überschrift des § 32 BDSG ergeben.[545] Nach dieser regelt § 32 BDSG die Zulässigkeit der Datenerhebung, Datenverarbeitung und Datennutzung für Zwecke des Beschäftigungsverhältnisses. Für andere Zwecke kann daher ein Rückgriff auf die allgemeine Norm des § 28 BDSG nicht ausgeschlossen sein. Nach dieser Ansicht besteht zwar kein absolutes Alternativitätsverhältnis zwischen § 32 Abs. 1 S. 1 BDSG und § 28 Abs. 1 S. 1 Nr. 1 BDSG, so dass ein Rückgriff auf § 28 Abs. 1 S. Nr. 2 BDSG beliebig möglich wäre.[546] Eine Zulässigkeit der Verarbeitung von Arbeitnehmerdaten unabhängig von der unmittelbaren Erforderlichkeit der Da-

eines bestehenden Beschäftigungsverhältnisses für unausweichlich hält, um sämtliche Fragen der Datenverarbeitung im Arbeitsverhältnis zu erfassen.

542 *Schneider*, FS Hassemer, 1211, 1221.

543 ErfK/*Wank*, § 32 BDSG Rdnr. 3; *Erfurth*, NJOZ 2009, 2914, 2922; *Schmidt*, DuD 2010, 207, 209; *ders.*, RDV 2009, 193, 195; *Selk*, RDV 2009, 254, 261f.

544 Siehe hierzu Teil 4 § 3 C I 1.

545 *Erfurth*, NJOZ 2009, 2914, 2922.

546 *Gola/Wronka*, Handbuch Arbeitnehmerdatenschutz, Rdnr. 404.

tenverarbeitung für das vertragliche Beschäftigungsverhältnis, wie sie § 32 Abs. 1 S. 1 BDSG verlangt, sei jedoch möglich, wenn es um zwar beschäftigungsbezogene Vorgänge gehe, die jedoch unabhängig von der Zweckbestimmung des Arbeitsvertrags stünden.[547] Als Beispiel lässt sich etwa die Datenverarbeitung im Rahmen freiwillig und unabhängig vom Beschäftigungsverhältnis durch den Arbeitgeber gewährter Leistungen[548], bei Mitteilungen im Falle eines Unternehmensverkaufs[549] oder im Zuge von Veröffentlichungen in einer Werkszeitung[550] oder auch im Rahmen polizeilicher Ermittlungen und bei Notfällen[551] anführen.

bb. Unabhängig vom Zweck der Datenverarbeitung

Andere nehmen dagegen an, bei den Zulässigkeitstatbeständen des § 28 Abs. 1 BDSG – und somit auch bei § 32 Abs. 1 S. 1 BDSG, soweit er § 28 Abs. 1 S. 1 Nr. 1 BDSG verdrängt – handele es sich um echte Alternativen, die in völliger Unabhängigkeit voneinander stünden.[552] § 28 Abs. 1 S. 1 Nr. 2 BDSG solle neben § 32 BDSG nicht nur für beschäftigungsfremde Zwecke anwendbar sein.[553] Hierfür spräche zum einen der Wortlaut der Normen. Ein Rangverhältnis sei den Alternativen des § 28 Abs. 1 BDSG nicht zu entnehmen.[554] Dieses Ergebnis ergäbe zudem auch eine richtlinienkonforme Auslegung, denn Art. 7 RL 95/46/EG sähe ebenfalls keinen Vorrang der ersten Alternative des § 28 Abs. 1 S. 1 BDSG vor.[555] Gegen eine „exklusive Geltung der Nr. 1 bei Bestehen von Vertragsverhältnissen“ wird zudem vorgebracht, dass ansonsten der Erlaubnistatbestand des § 28 Abs. 2 BDSG, der auf die Nr. 2 und 3 des § 28 Abs. 1 S. 1 BDSG verweist, weitgehend leerliefe.[556] Da die Gesetzesbegründung eine Eingrenzung der neben § 32 BDSG nach wie vor anwendbaren Normen auf die Verfolgung beschäfti-

547 *Gola/Wronka*, Handbuch Arbeitnehmerdatenschutz, Rdnr. 407.

548 *Gola/Wronka*, Handbuch Arbeitnehmerdatenschutz, Rdnr. 407; *Gola/Jaspers*, RDV 2009, 212, 213; *Schmidt*, DuD 2009, 207, 209.

549 *Gola/Wronka*, Handbuch Arbeitnehmerdatenschutz, Rdnr. 407; *Gola/Jaspers*, RDV 2009, 212, 213f.; *Schmidt*, DuD 2009, 207, 209; umfassend zu Unternehmenstransaktionen *Selk*, RDV 2009, 254, 261f.

550 *Gola/Wronka*, Handbuch Arbeitnehmerdatenschutz, Rdnr. 407.

551 *Gola/Jaspers*, RDV 2009, 212, 214; *Schmidt*, DuD 2009, 207, 209.

552 *Schaffland/Wiltfang*, BDSG, § 28 Rdnr. 13.

553 *Byers*, Videoüberwachung, S. 139; *Gola/Jaspers*, RDV 2009, 212, 214; *Grentzenberg/Schreibauer/Schuppert*, K&R 2009, 535, 540; *Roßnagel*, NJW 2009, 2716, 2721.

554 *Büser*, BB 1997, 213, 217; *Thüsing*, NZA 2009, 865, 869.

555 *Joussen*, NZA 2010, 254, 257; *Thüsing*, NZA 2009, 865, 869.

556 *Thüsing*, NZA 2009, 865, 869.

gungsfremder Zwecke nicht konsequent durchhielte, sei ferner auch nicht von einem dahingehenden gesetzgeberischen Willen auszugehen.[557]

c. Möglichkeit der parallelen Anwendung des gesamten § 28 Abs. 1 BDSG

Darüber hinaus wird in der Literatur eine parallele Anwendbarkeit des gesamten § 28 BDSG neben § 32 BDSG befürwortet.[558] Demnach soll auch ein Rückgriff auf § 28 Abs. 1 S. 1 Nr. 1 BDSG zulässig sein, sofern mit der Datenverarbeitung ein beschäftigungsfremder Zweck verfolgt wird. Ein solches Verständnis sei auch vom Wortlaut der Gesetzesbegründung zu § 32 BDSG gedeckt.[559]

Hiermit kann jedoch nur der Fall gemeint sein, dass die Parteien eines Arbeitsvertrages in völliger Unabhängigkeit von dem bestehenden Beschäftigungsverhältnis einen anderweitigen Vertrag – etwa einen Kaufvertrag über einen gebrauchten PKW – schließen. Im Rahmen dieses Vertragsverhältnisses gilt selbstverständlich ausschließlich § 28 Abs. 1 S. 1 Nr. 1 BDSG. § 32 BDSG findet keine Anwendung. Dies dürfte allerdings auch nicht bestritten werden.

Im Übrigen erscheint eine parallele Anwendbarkeit des § 28 Abs. 1 S. 1 Nr. 1 BDSG neben § 32 Abs. 1 S. 1 BDSG aus systematischen Gründen verfehlt.

§ 28 Abs. 1 S. 1 Nr. 1 BDSG gestattet eine Datenverarbeitung, wenn sie für die Begründung, Durchführung oder Beendigung eines rechtsgeschäftlichen oder rechtsgeschäftsähnlichen Schuldverhältnisses mit dem Betroffenen erforderlich ist. Auch § 32 Abs. 1 S. 1 BDSG stellt auf die Erforderlichkeit der Datenverarbeitung zur Begründung, Durchführung oder Beendigung des Beschäftigungsverhältnisses ab. Besteht nun zwischen der datenverarbeitenden Stelle (Arbeitgeber) und dem Betroffenen (Arbeitnehmer) ein wirksames Beschäftigungsverhältnis, so ist denklogisch kein Fall vorstellbar, in dem bei gleichzeitiger Einschlägigkeit des § 32 Abs. 1 S. 1 BDSG, auch § 28 Abs. 1 S. 1 Nr. 1 BDSG anwendbar sein könnte.

Vielmehr handelt es sich hier um einen typischen Fall des Grundsatzes der Spezialität einer Norm. Dieser besagt, dass die speziellere Norm, die alle Tatbestandsmerkmale der generellen Norm und zusätzlich ein weiteres enthält, die generelle Norm in ihrem Anwendungsbereich verdrängt (lex specialis derogat legi generali). Genauso verhält es sich hier. Liegt ein Beschäftigungsverhältnis vor, so wird § 28 Abs. 1 S. 1 Nr. 1 BDSG von § 32 Abs. 1 S. 1 BDSG verdrängt, sofern es um die Begründung, Durchführung oder Beendigung dieses Beschäftigungsverhältnisses geht. Werden also im Rahmen des Arbeitsvertrags Daten ver-

557 *Gola/Jaspers*, RDV 2009, 212, 214.

558 Taeger/Gabel/*Zöll*, § 32 BDSG Rdnr. 6; *Franzen*, RdA 2010, 257, 260.

559 Taeger/Gabel/*Zöll*, § 32 BDSG Rdnr. 6.

arbeitet – sei es auch für beschäftigungsfremde Zwecke – so ist ein Rückgriff auf § 28 Abs. 1 S. 1 Nr. 1 BDSG verfehlt.

3. Stellungnahme

Es sollte im Hinblick auf das Verhältnis von § 28 und § 32 BDSG der Intention des Gesetzgebers weitgehend Rechnung getragen werden. § 28 Abs. 1 S. 1 Nr. 1 BDSG wird von § 32 Abs. 1 S. 1 BDSG vollumfänglich verdrängt, soweit es um Datenverarbeitungsvorgänge im Zusammenhang mit einem bestehenden Beschäftigungsverhältnis geht. Die Norm kann allenfalls dann Bedeutung erlangen, wenn Arbeitgeber und Arbeitnehmer unabhängig von ihrem Arbeitsverhältnis einen anderweitigen Vertrag (Kaufvertrag, Mietvertrag etc.) schließen.[560]

§ 28 Abs. 1 S. 1 Nr. 2 BDSG ist dagegen auch bei einem bestehenden Arbeitsverhältnis neben § 32 anwendbar, und zwar nicht beschränkt auf beschäftigungsfremde Zwecke. Vielmehr kommt die Norm dann zur Anwendung, wenn zwar keine unmittelbare Erforderlichkeit der Datenerhebung und –verarbeitung für das Arbeitsverhältnis gegeben ist[561], aber andere – auch beschäftigungsbezogene – Interessen die Datenverarbeitung rechtfertigen. Diese Auslegung ergibt sich sowohl aus dem Wortlaut der Regelungen der §§ 32 und 28 BDSG als auch unter Berücksichtigung der RL 95/46/EG. In deren Art. 7 wird weder eine Rangfolge der Zulässigkeitsalternativen festgelegt noch findet eine inhaltliche Beschränkung der „berechtigten Interessen" auf solche ohne Bezug zu einem bestehenden Vertragsverhältnis statt.

4. Ergebnis

Im Rahmen der Beurteilung der datenschutzrechtlichen Zulässigkeit des Whistleblowings können mithin drei Erlaubnistatbestände des BDSG relevant werden: § 32 Abs. 1 S. 1, § 32 Abs. 1 S. 2 sowie § 28 Abs. 1 S. 1 Nr. 2 BDSG. Diese gilt es im Folgenden auf ihre Anwendbarkeit hin zu überprüfen. § 28 Abs. 1 S. 1 Nr. 1 BDSG ist dagegen in Bezug auf das Whistleblowing nicht anwendbar, da dieses immer im Rahmen eines Beschäftigungsverhältnisses stattfindet und keinen weiteren, hiervon unabhängigen Vertrag erfordert.

---

560 Zur Begründung siehe oben unter Teil 4 § 3 C I 2 c.

561 *Gola/Wronka*, Handbuch Arbeitnehmerdatenschutz, Rdnr. 404.

II. Anwendung der Vorschriften

1. § 32 BDSG

a. § 32 Abs. 1 S. 1 BDSG

Nach § 32 Abs. 1 S. 1 BDSG dürfen personenbezogene Daten eines Beschäftigten für Zwecke des Beschäftigungsverhältnisses erhoben, verarbeitet oder genutzt werden, wenn dies für die Entscheidung über die Begründung eines Beschäftigungsverhältnisses oder nach Begründung des Beschäftigungsverhältnisses für dessen Durchführung oder Beendigung erforderlich ist.

aa. Beschäftigte

Die Erlaubnistatbestände des § 32 BDSG gelten nur für „Beschäftigte". Mit Einfügung des § 32 in das BDSG wurde daher auch eine Definition des Beschäftigten erforderlich.[562] Der Begriff des „Beschäftigten" ist nunmehr in § 3 Abs. 11 BDSG legal-definiert. Er ist weiter als der des Arbeitnehmers und erfasst neben (Bundes-)Beamten, Auszubildenden und Bewerbern insbesondere auch arbeitnehmerähnliche Personen. Damit geht der persönliche Geltungsbereich des Beschäftigtendatenschutzes nach § 32 BDSG deutlich weiter als der durch die Interessenvertretungen insbesondere in Betriebsvereinbarungen gewährleistete Datenschutz.[563] Vor allem für Beschäftigte nach dem Jugendfreiwilligendienstgesetz, sogenannte Ein-Euro-Jobber, sowie arbeitnehmerähnliche Personen bestehen zumeist keine kollektivvertraglichen Regelungen.[564] Auch die Gruppen der Bewerberinnen und Bewerber sowie derjenigen Personen, deren Beschäftigungsverhältnis bereits beendet ist, werden in Betriebsvereinbarungen nicht berücksichtigt. Für die angesprochenen Personengruppen ist die Frage nach der Anwendbarkeit der gesetzlichen Erlaubnistatbestände daher von besonderer Bedeutung.

bb. Erforderlichkeit für Zwecke des Beschäftigungsverhältnisses (Begründung, Durchführung oder Beendigung eines Beschäftigungsverhältnisses)

Folgt man allein dem Wortlaut der Norm, so kann § 32 Abs. 1 S. 1 BDSG nur dann als Erlaubnistatbestand herangezogen werden, wenn der Einsatz des

---

562 Däubler/Klebe/Wedde/*Weichert*, BDSG, § 3 Rdnr. 67; Taeger/Gabel/*Buchner*, § 3 BDSG Rdnr. 62.

563 Simitis/*Seifert*, BDSG, § 32 Rdnr. 13.

564 Simitis/*Seifert*, BDSG, § 32 Rdnr. 13.

Whistleblowing-Systems Bestandteil der Durchführung (Begründung oder Beendigung) eines Arbeitsverhältnisses ist. Zur Erfüllung der gegenseitigen Hauptleistungspflichten (Arbeitsleistung gegen Lohnzahlung) ist das Whistleblowing allerdings nicht erforderlich.[565] Hieraus könnte man folgern, dass ein Rückgriff auf § 32 Abs. 1 S. 1 BDSG von vornherein ausgeschlossen ist. So hält auch der Düsseldorfer Kreis die Anwendbarkeit des § 28 Abs. 1 S. 1 Nr. 1 BDSG – der entsprechende Arbeitsbericht entstand vor Einführung des § 32 in das BDSG – für ausgeschlossen, da das Arbeitsverhältnis im Falle der unternehmensseitigen Implementierung eines Whistleblowing-Systems nicht unmittelbar betroffen sei.[566]

Nach der Gesetzesbegründung soll § 32 Abs. 1 S. 1 BDSG den auch weiterhin für rechtsgeschäftliche und rechtsgeschäftsähnliche Schuldverhältnisse geltenden § 28 Abs. 1 S. 1 Nr. 1 BDSG im Hinblick auf die Datenerhebung und -verwendung im Beschäftigungsverhältnis ersetzen.[567] Dabei verfolgte der Gesetzgeber das Ziel, die von der Rechtsprechung zum Datenschutz im Beschäftigungsverhältnis aufgestellten Grundsätze zu kodifizieren.[568] Wichtig ist, dass die Datenerhebung zu Beschäftigungszwecken erfolgen und für deren Erfüllung erforderlich sein muss. Unter „Beschäftigungszwecke" sollen dabei ausweislich der Gesetzesbegründung auch Maßnahmen fallen, die zur Verhinderung von Straftaten oder sonstigen Rechtsverstößen erforderlich sind, die im Zusammenhang mit dem Beschäftigungsverhältnis stehen.[569]

Voraussetzung ist nach alldem ein unmittelbarer Zusammenhang zwischen der Datenverarbeitung und dem Zweck des Arbeitsvertrags.[570] Die Datenverarbeitung muss für die Erfüllung der sich aus dem Arbeitsvertrag ergebenden Pflichten oder für die Wahrnehmung der sich aus diesem ergebenden Rechte erforderlich sein.[571] Das Kriterium der Erforderlichkeit bedeutet dabei, dass eine entsprechende Pflichtenerfüllung beziehungsweise Rechtewahrnehmung ohne die Datenverarbeitung nicht oder nicht angemessen möglich wäre.[572] Zwar reicht eine bloße „Dienlichkeit" der Datenverarbeitung im Hinblick auf den Zweck des

565 Vgl. hierzu für den Einsatz der Videoüberwachung *Byers*, Videoüberwachung, S. 133; *Schemmel/Ruhmannseder/Witzigmann*, 6. Kapitel, Rdnr. 56; *Thüsing*, NZA 2009, 865, 867.

566 Arbeitsbericht Düsseldorfer Kreis, S. 2.

567 BTDrucks 16/13657, S. 20.

568 BTDrucks 16/13657, S. 20.

569 BTDrucks 16/13657, S. 21.

570 *Simitis*, BDSG, § 28 Rdnr. 57; *Schmidl*, DuD 2006, 353, 358; *von Zimmermann*, RDV 2006, 242, 245.

571 *Wisskirchen/Körber/Bissels*, BB 2006, 1567, 1568.

572 *Gola/Jaspers*, RDV 2009, 212f.; *Mähner*, MMR 2010, 379, 381.

Beschäftigungsvertrags nicht aus.[573] Eine Unverzichtbarkeit der Verarbeitung von Arbeitnehmerdaten für den Arbeitgeber kann demgegenüber jedoch ebenfalls nicht verlangt werden.[574] Als Orientierungspunkt bietet sich die Frage an, ob bei Unterlassen der Datenverarbeitung eine Gefährdung des weiteren Betriebs des Unternehmens droht.[575]

Für die weitere Untersuchung im Hinblick auf die Anwendbarkeit des § 32 Abs. 1 S. 1 BDSG und die diesem Erlaubnistatbestand immanente Prüfung des Kriteriums der Erforderlichkeit ist eine Differenzierung in zweifacher Hinsicht erforderlich: zum einen zwischen den Daten des Whistleblowers und den Daten des Gemeldeten, zum anderen zwischen der Erhebung der Daten über das Whistleblowing-System und der weiteren Verarbeitung dieser Daten.

(1) Datenerhebung, Whistleblower

Nur wenn und soweit nach dem Arbeitsverhältnis eine Pflicht zum Whistleblowing besteht, kann die Erhebung personenbezogener Daten des Whistleblowers in § 32 Abs. 1 S. 1 BDSG ihre Rechtfertigungsgrundlage finden.[576] Denn nur dann dient das Whistleblowing unmittelbar der Erfüllung einer arbeitsvertraglichen Verpflichtung und damit der Zweckbestimmung des Arbeitsvertrags. Zwar ist es möglich, individualvertragliche Vereinbarungen über das Whistleblowing beziehungsweise über eine Whistleblower-Klausel beinhaltende Ethikrichtlinien zu treffen. Dies führt jedoch zu zweierlei Problemen. Wie bereits bei der Untersuchung der Einwilligung als datenschutzrechtlicher Rechtfertigungsgrundlage festgestellt wurde[577], haben individuelle Vereinbarungen stets zur Folge, dass für verschiedene Arbeitnehmer(gruppen) verschiedene Regelungen gelten (können). Gerade in Bezug auf die Einführung von Whistleblowing-Systemen ist dies für den Arbeitgeber wenig praktikabel. Zudem sind arbeitsvertragliche Klauseln über § 310 Abs. 4 S. 2 BGB der AGB-Kontrolle unterworfen. Ihre Wirksamkeit ist an den §§ 305ff. BGB zu messen und muss insbesondere dem Transparenzgebot des § 307 Abs. 1 S. 2 BGB genügen. Ferner dürfen sie den Arbeitnehmer nicht unangemessen benachteiligen, § 307 Abs. 1 S. 1 BGB.

---

573 *Däubler*/Klebe/Wedde/Weichert, BDSG, § 32 Rdnr. 14; *Däubler*, Gläserne Belegschaften, Rdnr. 110ff.

574 BAGE 53, 226, 234 = *BAG*, NZA 1987, 415, 417; *Erfurth*, NJOZ 2009, 2914, 2919.

575 *Däubler*, Gläserne Belegschaften, Rdnr. 117, 119.

576 So auch *Schemmel/Ruhmannseder/Witzigmann*, 6. Kapitel, Rdnr. 67; vgl. auch *Wybitul*, Handbuch Datenschutz im Unternehmen, Rdnr. 176f., der eine Rechtfertigung über § 32 Abs. 1 S. 1 BDSG annimmt, sofern Verhaltensrichtlinien eine Pflicht zum Whistleblowing normieren.

577 Siehe oben Teil 4 § 3 A.

Verfügt ein Unternehmen über einen Betriebsrat, können Whistleblower-Klauseln auch über Betriebsvereinbarungen Gegenstand eines Arbeitsvertragsverhältnisses werden (zur Mitbestimmungspflichtigkeit entsprechender Klauseln siehe oben[578]). Allerdings ist die Einführung einer Pflicht zum Whistleblowing durch Betriebsvereinbarung aufgrund des im Arbeitsrecht geltenden Günstigkeitsprinzips nur möglich, wenn der Arbeitsvertrag ohnehin eine entsprechende Öffnungsklausel enthält oder wenn die Whistleblower-Pflicht auch über das Direktionsrecht in das Arbeitsverhältnis eingeführt werden könnte.[579] Die individualarbeitsvertragliche Zulässigkeit ist Voraussetzung für die kollektivvertragliche Zulässigkeit einer für den Arbeitnehmer belastenden, weil ihn zu einem bestimmten Verhalten verpflichtenden, Maßnahme.[580] Es kommt also auf die direktionsrechtliche Einführbarkeit einer Whistleblower-Klausel an.

Einer Einführung von Whistleblower-Klauseln als Teil umfassender Ethikrichtlinien über das Direktionsrecht des Arbeitgebers (§ 106 Gewerbeordnung) sind jedoch Grenzen gesetzt. Wichtigste Grenze des Direktionsrechtes ist dabei der Arbeitsvertrag selbst.[581] Geht es um die Implementierung von Verhaltenskodizes, können diese nur dann und nur insoweit über das Direktionsrecht des Arbeitgebers eingeführt werden, als sie bestehende gesetzliche oder arbeitsvertragliche Haupt- oder Nebenpflichten des Arbeitnehmers konkretisieren.[582]

Eine Ausweitung insbesondere arbeitsvertraglicher Nebenpflichten ist dagegen nicht zulässig.[583] Da eine explizite und allgemeingültige gesetzliche Pflicht oder ein entsprechendes Recht zum Whistleblowing nach deutschem Recht nicht besteht[584], kommt als ausfüllungsfähige Nebenpflicht in diesem Zusammenhang nur die dem arbeitsrechtlichen Treueverhältnis entspringende Schadensabwendungspflicht des Arbeitnehmers in Betracht. Diese umfasst jedoch grundsätzlich nur die Meldung gravierender Pflichtverstöße und schwerwiegenden Fehlverhaltens – allen voran die Anzeige von Straftaten – an den Arbeitgeber, deren mangelnde Aufdeckung tatsächlich zu einem (gravierenden) Schaden für das Unternehmen führen kann.[585] Gedacht sei hier an Fälle von Steuerhinterziehung, Korruption oder Betrug. Nicht von der Schadensabwendungspflicht umfasst ist dagegen die Meldung von Bagatellen, Ordnungswidrigkeiten oder Verstößen ge-

578 Teil 4 § 3 B I.

579 *Fahrig*, Verhaltenskodex und Whistleblowing, S. 65; *Annuß* NZA 2001, 756, 757.

580 *Fahrig*, Verhaltenskodex und Whistleblowing, S. 65; *Annuß* NZA 2001, 756, 757.

581 Hk-ArbR/*Becker*, § 106 GewO Rdnr. 2.

582 *Schuster/Darsow*, NZW 2005, 273.

583 Hk-ArbR/*Kreuder*, § 611 BGB Rdnr. 495.

584 Siehe hierzu auch oben Teil 4 § 1 C II.

585 BAGE 22, 375, 377f. = *BAG*, NJW 1970, 1861; *BGH*, NJW-RR 1989, 614, 615; MüKo zum BGB/*Müller-Glöge*, § 611 Rdnr. 1082; *Mengel/Ullrich*, NZA 2006, 240, 243.

gen unternehmensinterne Richtlinien. Sind keine Personen- oder schweren Sachschäden zu befürchten, muss ein Arbeitnehmer seinen Kollegen nicht anzeigen.[586] Dies gilt zumindest, sofern die Gefahr nicht aus dem eigenen Aufgabenbereich des Arbeitnehmers herrührt. Ist sein ihm zugeordneter Arbeitsbereich betroffen, kann die Anzeigepflicht des Arbeitnehmers ausnahmsweise umfassender ausfallen.[587]

Vor diesem Hintergrund kann jedenfalls auch keine allgemeine, sämtliche Anzeigen umfassende Whistleblower-Klausel über das Direktionsrecht in ein Arbeitsverhältnis eingeführt werden. Eine Heranziehung von § 32 Abs. 1 S. 1 BDSG als Legitimationsgrundlage für die Erhebung der Daten des Whistleblowers ist daher nur in beschränktem Maße möglich.

(2) Datenerhebung, Gemeldeter

Die Nutzung eines Whistleblowing-Systems durch den Whistleblower setzt zwangsläufig voraus, dass auch Daten über einen Dritten – den Gemeldeten – erhoben werden. Die Erhebung von personenbezogenen Angaben über dritte Personen setzt nicht notwendig einen eigenen Erlaubnistatbestand – Einwilligung oder Rechtsvorschrift – voraus. Vielmehr ergibt sich der Kreis der Daten, die zulässigerweise erhoben werden können, aus dem mit der Datenerhebung im Rahmen des zugrundeliegenden Schuldverhältnisses verfolgten Zweck. Auch Daten über Dritte können in diesen Kreis fallen.[588] Im Falle der Erhebung von Daten über Whistleblowing-Systeme fallen zwangsläufig Daten über den Verdächtigten an. Dies ist unvermeidbar, soll der Zweck einer Pflicht zum Whistleblowing erfüllt werden. Die Erhebung der Daten des Gemeldeten kann insofern in denselben (engen) Grenzen über § 32 Abs. 1 S. 1 BDSG legitimiert werden.

(3) Datenverarbeitung, Whistleblower

Die über die Person des Whistleblowers erhobenen Daten (Name, Position im Unternehmen) werden benötigt, wenn der über das Whistleblowing-System gemeldete Sachverhalt unklar ist oder weitere Fragen aufwirft. In diesen Fällen kann es dem Arbeitgeber notwendig erscheinen, mit dem Whistleblower Rücksprache zu halten. Die Datenverwendung zu derartigen Nachforschungszwecken

586 MüKo zum BGB/*Müller-Glöge*, § 611 Rdnr. 1082.

587 BeckOK-ArbR/*Joussen*, § 611 Rdnr. 387; *Schemmel/Ruhmannseder/Witzigmann*, 4. Kapitel, Rdnr. 130.

588 So zu § 28 Abs. 1 S. 1 Nr. 1 *Simitis*, BDSG, § 28 Rdnr. 63.

dient jedoch nicht mehr der Zweckbestimmung des Arbeitsvertrags.[589] Diese wurde mit der Meldung des beobachteten Verhaltensverstoßes bereits erfüllt. Da § 32 Abs. 1 S. 2 BDSG nur den Fall erfasst, in dem der von der Datenverarbeitung Betroffene auch derjenige ist, den der Verdacht der Begehung einer Straftat trifft, kann er für den weiteren Umgang mit den Daten des Whistleblowers nicht herangezogen werden. Hier ist ein Rückgriff auf § 28 Abs. 1 S. 1 Nr. 2 BDSG geboten.

(4) Datenverarbeitung, Gemeldeter

Bei der weiteren Verarbeitung der Daten des Gemeldeten fehlt es ebenso an einem unmittelbaren Bezug zur Zweckbestimmung des Arbeitsvertragsverhältnisses. Die Datenverarbeitung ist vielmehr für die Sachverhaltsermittlung und Sanktionierung erforderlich.[590] Auch durch eine Sanktion, wie etwa den Ausspruch einer Kündigung, setzt der Arbeitgeber zwar letztlich seine ihm nach dem Arbeitsverhältnis zustehenden Rechte durch.[591] Dem eigentlichen Zweck des Beschäftigungsverhältnisses – Erbringung einer Arbeitsleistung gegen Entgelt – ist eine solche Sanktionierung jedoch nicht mehr dienlich.

Hat der Whistleblower dem Arbeitgeber durch seine Meldung tatsächliche Anhaltspunkte für eine im Rahmen des Beschäftigungsverhältnisses begangene Straftat geliefert, so richtet sich die Datenverarbeitung zur weiteren Aufklärung des Falls nach § 32 Abs. 1 S. 2 BDSG.[592] Im Übrigen ist auch hier auf § 28 Abs. 1 S. 1 Nr. 2 BDSG zurückzugreifen.[593]

cc. Zwischenergebnis

Bereits eine genauere Analyse der Anwendbarkeit des § 32 Abs. 1 S. 1 BDSG zeigt, dass das BDSG für die Datenverarbeitungsvorgänge im Rahmen des Whistleblowings keine passende Rechtsgrundlage parat hält. Das Nebeneinander von § 32 Abs. 1 S. 1, S. 2 und § 28 Abs. 1 S. 1 Nr. 2 BDSG ist nach derzeitiger Rechtslage unausweichlich und trägt nicht zur Verringerung der ohnehin im Bereich der rechtlichen Beurteilung des Whistleblowings herrschenden Rechtsunsicherheit bei.

---

589 *Fahrig*, Verhaltenskodex und Whistleblowing, S. 103; *ders.*, NZA Online Aufsatz, 1/2011, 1, 4.
590 *Fahrig*, Verhaltenskodex und Whistleblowing, S. 104; *ders.*, NZA Online Aufsatz, 1/2011, 1, 4.
591 *Schemmel/Ruhmannseder/Witzigmann*, 6. Kapitel, Rdnr. 69.
592 *Haußmann/Kaufmann*, ArbRAktuell 2011, 186; dazu unten, Teil 4 § 3 C II 1 b.
593 Dazu Teil 4 § 3 C II 2.

b. § 32 Abs. 1 S. 2 BDSG

Wie bereits angedeutet, kommt auch § 32 Abs. 1 S. 2 BDSG als Rechtfertigungsgrundlage für Datenverarbeitungsvorgänge im Rahmen der Nutzung von Whistleblowing-Systemen in Betracht. § 32 Abs. 1 S. 2 BDSG regelt die Datenverarbeitung „zur Aufdeckung von Straftaten". Zu diesem Zwecke dürfen personenbezogene Daten eines Beschäftigten der Norm nach nur dann erhoben, verarbeitet oder genutzt werden, wenn zu dokumentierende tatsächliche Anhaltspunkte den Verdacht begründen, dass der Betroffene im Beschäftigungsverhältnis eine Straftat begangen hat, die Erhebung, Verarbeitung oder Nutzung zur Aufdeckung erforderlich ist und das schutzwürdige Interesse des Beschäftigten an dem Ausschluss der Erhebung, Verarbeitung oder Nutzung nicht überwiegt, insbesondere Art und Ausmaß im Hinblick auf den Anlass nicht unverhältnismäßig sind.

aa. Reichweite der Regelung

(1) Aufdeckung...

„Aufdeckung von Straftaten" kann den gesamten Bereich unternehmensinterner Ermittlungen erfassen[594] oder sich nur auf die Aufklärung bereits durch einen konkreten Verdacht bestätigter Straftaten beziehen[595]. Das Ergebnis, dass eine verdachtsunabhängige, rein präventive, Datenverarbeitung unter den geringeren Voraussetzungen des § 32 Abs. 1 S. 1 BDSG zulässig sein soll, die Weiterverfolgung begründeter Verdachtsfälle dagegen in § 32 Abs. 1 S. 2 BDSG vor größere datenschutzrechtliche Hürden gestellt wird, stellt einen Widerspruch dar.[596] Hiergegen lässt sich zwar anführen, dass der Gesetzgeber mit Schaffung des § 32 BDSG keine Änderung der bisherigen Rechtslage herbeiführen wollte.[597] Präventive Kontrollmaßnahmen dienen zudem der Vermeidung von Straftaten und kommen so letztlich nicht nur dem Unternehmen, sondern auch den beschäftigten Mitarbeitern zugute.[598] Dennoch sollte die Aufklärung begangener Straftaten gegenüber einer rein präventiven Maßnahme erleichterten Vorausset-

594 *Mähner*, MMR 2010, 379, 381; *Vogel/Glas*, DB 2009, 1747, 1751.

595 Däubler/Klebe/*Wedde*/Weichert, BDSG, § 32 Rdnr. 125ff.; *Wybitul*, Datenschutz im Unternehmen, Rdnr. 176, 200, 203; *Koch*, ITRB 2010, 164f.; *Schmidt*, RDV 2009, 193, 197; *ders.*, DuD 2009, 207, 211; *Thüsing*, NZA 2009, 865, 868.

596 *Mähner*, MMR 2010, 379, 381; *Steinau-Steinrück/Mosch*, NJW-Spezial 2009, 450, 451; *Vogel/Glas*, DB 2009, 1747, 1751.

597 *Zikesch/Reimer*, DuD 2010, 96, 97.

598 *Zikesch/Reimer*, DuD 2010, 96, 97.

zungen unterliegen. Dies folgt schon daraus, dass sich Maßnahmen bei Bestehen konkreter Verdachtsmomente gegen bestimmte Personen richten, verdachtsunabhängige Präventivmaßnahmen dagegen sämtliche Beschäftigte eines Betriebes erfassen. Die Datenverarbeitung zu Präventionszwecken zieht also weitere Kreise als die zur Verdachtsaufklärung. Diese Diskrepanz der Zulässigkeitsvoraussetzungen lässt sich nur dadurch aufheben oder zumindest weitestgehend eindämmen, indem man – insoweit entgegen der Gesetzesbegründung[599] – statt auf § 32 Abs. 1 S. 1 BDSG auf § 28 Abs. 1 S. 1 Nr. 2 BDSG zurückgreift, der wie § 32 Abs. 1 S. 2 BDSG ausdrücklich eine Abwägung der widerstreitenden Interessen vorsieht.[600]

(2) ...von Straftaten

§ 32 Abs. 1 S. 2 BDSG bezieht sich seinem Wortlaut nach auf Straftaten. Dies sind Verbrechen oder Vergehen im Sinne des § 12 StGB. Im Falle der Meldung sonstiger Verhaltensverstöße – Ordnungswidrigkeiten oder Verstößen gegen unternehmensinterne Verhaltensrichtlinien – kommt ein Rückgriff auf die Norm dagegen von vornherein nicht in Betracht.[601] Straftaten, die gerade im Zusammenhang mit der Anzeige über Whistleblowing-Systeme häufig vorkommen und deren Bekämpfung die Implementierung entsprechender Meldesysteme in einem Unternehmen auch gerade dient, sind etwa die Veruntreuung von Vermögenswerten des Unternehmens (§ 266 StGB), der Diebstahl von Eigentum oder Geldern des Arbeitgebers oder der Kollegen (§ 242 StGB) sowie deren Unterschlagung (§ 246 StGB), Betrug zum Nachteil des Arbeitgebers oder der Kollegen (§ 263 StGB), der Verrat von Betriebs- und Geschäftsgeheimnissen (§ 17 UWG) oder auch Sachbeschädigung an Betriebseigentum.

Kritisiert wird teilweise, dass eine Einordnung der Datenverarbeitung zur Aufklärung von Ordnungswidrigkeiten und Verhaltensverstößen nach § 32 Abs. 1 S. 1 BDSG unter den dort genannten geringeren Voraussetzungen nicht nachvollziehbar sei.[602] Die Datenverarbeitung dürfte auch in diesen Fällen jedenfalls nicht „großzügiger" gehandhabt werden als zur Aufklärung von Straf-

---

599 BTDrucks 16/13657, S. 21.

600 *Gola/Schomerus*, BDSG, § 32 Rdnr. 33 ausdrücklich für das Whistleblowing; *Vogel/Glas*, DB 2009, 1747, 1751.

601 *Bergmann/Möhrle/Herb*, BDSG, § 32 Rdnr. 166; *Gola/Schomerus*, BDSG, § 32 Rdnr. 29; *Schaffland/Wiltfang*, BDSG, § 32 Rdnr. 42; Simitis/*Seifert*, BDSG, § 32 Rdnr. 102; Taeger/ Gabel/*Zöll*, § 32 BDSG, Rdnr. 39; *Erfurth*, NJOZ 2009, 2914, 2921; *Koch*, ITRB 2010, 164; *Thüsing*, NZA 2009, 865, 868.

602 *Deutsch/Diller*, DB 2009, 1462, 1464; *Franzen*, RdA 2010, 257, 260; *Schmidt*, RDV 2009, 193, 195; fragend *Barton*, RDV 2009, 200, 203.

taten.[603] Daher wird auch in diesen Fällen eine Anwendung des § 28 Abs. 1 S. 1 Nr. 2 BDSG für sachgerecht erachtet.[604] Hierfür lässt sich anführen, dass das Aufklärungsinteresse des Arbeitgebers bei im Betrieb begangenen Straftaten besonders groß ist und daher die Anforderungen an eine Datenverarbeitung gerade in diesen Fällen nicht höher sein können als bei bloßen Ordnungswidrigkeiten oder Vertragsverletzungen. Es besteht so die Gefahr, dass die Aufklärung schwerwiegender Delikte nur unter erschwerten Bedingungen möglich ist, was nicht im Interesse des Gesetzgebers sein kann.[605] Allerdings ist auch zu berücksichtigen, dass der Eingriff in das allgemeine Persönlichkeitsrecht des Betroffenen dann besonders intensiv ist, wenn dieser einer Straftat verdächtigt wird. Insofern scheint es durchaus gerechtfertigt, an die Datenverarbeitung zur Aufdeckung von Straftaten erhöhte Anforderungen zu stellen.

Problematisch ist zudem auch die Einordnung sogenannter „Bagatelldelikte" im Zusammenhang mit § 32 Abs. 1 S. 1 BDSG. Die Abwägungsklausel am Ende der Norm „…und das schutzwürdige Interesse des Beschäftigten an dem Ausschluss der Erhebung, Verarbeitung oder Nutzung nicht überwiegt, insbesondere Art und Ausmaß im Hinblick auf den Anlass nicht unverhältnismäßig sind" spricht zunächst dafür, eine Datenverarbeitung bei Bagatellstraftaten nicht auf § 32 Abs. 1 S. 2 BDSG stützen zu können. In diese Richtung weist auch die Gesetzesbegründung. Hier heißt es: „Mit dem in der Abwägungsklausel erwähnten Anlass der Datenerhebung, -verarbeitung oder -nutzung sind zum einen die Art und Schwere der Straftat und zum anderen die Intensität des Verdachts gemeint".[606]

Jedoch können auch Delikte, die auf den ersten Blick wie eine Bagatelle wirken, in ihrer Summe zu durchaus beachtlichen Schäden des Unternehmens führen. Dem Arbeitgeber die Datenverarbeitung zur Aufklärung der Straftaten in derartigen Fällen zu verbieten, würde eine im Hinblick auf die Eigentumsgarantie des Art. 14 Abs. 1 GG nicht zu rechtfertigende Rechtsschutzverkürzung darstellen.[607] Auf diese Weise würde ein „schutzwürdiges Interesse" des Täters an der Nichtaufdeckung und Verfolgung seiner Tat" begründet.[608] Dennoch durch eine Datenverarbeitung gewonnene Erkenntnisse würden zudem im Rahmen eines späteren Kündigungsschutzprozesses einem Beweisverwertungsverbot un-

603 *Gola/Schomerus*, BDSG, § 32 Rdnr. 29; *Thüsing*, NZA 2009, 865, 868.

604 ErfK/*Wank*, § 32 BDSG Rdnr. 29; *Gola/Schomerus*, BDSG, § 32 Rdnr. 33 für das Whistleblowing; *Vogel/Glas*, DB 2009, 1747, 1751; *Thüsing* will dagegen § 32 Abs. 1 S. 1 BDSG anwenden, NZA 2009, 865, 868.

605 *Schmidt*, RDV 2009, 163, 165.

606 BTDrucks 16/13657, S. 21.

607 *Barton*, RDV 2009, 200, 203.

608 *Barton*, RDV 2009, 200, 204.

terliegen und könnten nicht vom Arbeitgeber zur Begründung der Kündigung herangezogen werden.[609]

Letztlich ist gerade im Arbeitsverhältnis ohnehin fraglich, wo eine Bagatellgrenze angesetzt werden könnte. Insbesondere bei der Beurteilung der Rechtmäßigkeit von Kündigungen infolge des Diebstahls oder der Unterschlagung geringwertiger Sachen des Arbeitgebers durch einen Arbeitnehmer ist die Rechtsprechung des BAG als rigoros zu bezeichnen. Aufgrund des durch die Tatsache des Diebstahls an sich bereits irreparabel zerstörten Vertrauensverhältnisses kommt es bei der Beurteilung der Rechtmäßigkeit einer verhaltensbedingten Kündigung nach ständiger Rechtsprechung des BAG in der Regel nicht auf den Wert des durch den Arbeitnehmer entwendeten Gegenstandes an.[610]

Zwar steht bei der Regelung des § 32 Abs. 1 S. 2 BDSG nicht das Vertrauensverhältnis von Arbeitgeber und Arbeitnehmer im Vordergrund, sondern das informationelle Selbstbestimmungsrecht des Arbeitnehmers. Je schwerwiegender der Vorwurf, der über das Whistleblowing-System an den Arbeitgeber gelangt, desto eher kann im Rahmen der Aufklärung dieses Vorwurfs ein Eingriff in das Recht auf informationelle Selbstbestimmung des Verdächtigten gerechtfertigt sein. Dennoch kann gerade bei Vorliegen einer – wenn auch in ihren Auswirkungen nur geringfügigen – strafbaren Handlung kein datenschutzrechtlicher Freifahrtsschein für Straftäter erteilt werden. Auf den wirtschaftlichen Schaden, den die Tat für das Unternehmen nach sich zieht, kann es daher im Rahmen der Interessenabwägung nach § 32 Abs. 1 S. 2 BDSG nicht ankommen.

bb. Konsequenz für das Whistleblowing

Wurde über ein Whistleblowing-System eine Straftat gemeldet und geht es im Folgenden um die weitere Verarbeitung der personenbezogenen Daten des Gemeldeten zur Aufklärung dieser Straftat, so kann die Datenverarbeitung auf § 32 Abs. 1 S. 2 BDSG gestützt werden. Hierbei kann es keine Rolle spielen, welche wirtschaftlichen Auswirkungen die einzelne Tat für das Unternehmen mit sich bringt.

Die *Erhebung* der Daten des Verdächtigten über das Whistleblowing-System kann dagegen keine Grundlage in § 32 Abs. 1 S. 2 BDSG finden, da zu diesem Zeitpunkt noch kein konkreter Tatverdacht seitens des Arbeitgebers vorliegt. Dieser wird vielmehr erst durch die Meldung über das Whistleblowing-System begründet. Insoweit entsteht der von § 32 Abs. 1 S. 2 BDSG geforderte An-

---

609 *Barton*, RDV 2009, 200, 204.

610 St. Rspr.: *BAG*, NJW 1985, 284, 285 (Bienenstich); *BAG*, NZA 2004, 486, 487f.; BAGE 134, 349, 355f. = *BAG*, NJW 2011, 167, 168f. (Emmely).

fangsverdacht bei der Nutzung von Whistleblowing-Systemen zeitgleich mit der Erhebung der personenbezogenen Daten.[611] Für die Rechtfertigung der Datenerhebung kann daher nur auf § 28 Abs. 1 S. 1 Nr. 2 BDSG zurückgegriffen werden.[612] Dieser Erlaubnistatbestand soll Gegenstand der folgenden Ausführungen sein.

2. § 28 Abs. 1 S. 1 Nr. 2 BDSG

Zum Teil wird § 28 BDSG als alleinige Rechtsgrundlage für die Datenverarbeitung im Rahmen des Whistleblowings angesehen.[613] Wie die obigen differenzierenden Ausführungen gezeigt haben, ist diesem Ansatz allerdings nicht zu folgen.

Letztlich kommt es jedoch sowohl im Rahmen des § 32 Abs. 1 S. 2 BDSG als auch bei Anwendung des § 28 Abs. 1 S. 1 Nr. 2 BDSG auf eine Abwägung der widerstreitenden Interessen an. Für die Fälle, in denen eine Rechtfertigung der Einführung eines Whistleblowing-Systems bereits über § 32 Abs. 1 S. 1 BDSG in Betracht kommt, wird zum Teil vertreten, ebenfalls eine entsprechende Interessenabwägung vorzunehmen. Zwar finde sich in § 32 Abs. 1 S. 1 BDSG im Gegensatz zu § 32 Abs. 1 S. 2 BDSG kein ausdrücklicher Hinweis auf den Verhältnismäßigkeitsgrundsatz.[614] Dennoch sei auch im Anwendungsbereich des S. 1 die Vornahme einer entsprechenden Interessenabwägung angezeigt.[615] Dies gebiete schon das Grundrecht auf informationelle Selbstbestimmung.[616]

Im Rahmen der Abwägung miteinander in Einklang zu bringen sind insbesondere die berechtigten Interessen des Arbeitgebers als der verantwortlichen Stelle an der Datenerhebung mit den schutzwürdigen Belangen des Gemeldeten.

a. Berechtigte Interessen der verantwortlichen Stelle

Das „berechtigte" Interesse der verantwortlichen Stelle kann jedes tatsächliche Interesse auch wirtschaftlicher oder ideeller Art sein, das nach „vernünftigen Erwägungen durch die Sachlage gerechtfertigt ist."[617] Das Interesse muss ferner

611 *Hanloser*, MMR 2009, 594, 597.

612 *Gola/Schomerus*, BDSG, § 32 Rdnr. 33; *Vogel/Glas*, DB 2009, 1747, 1750f.

613 *Gola/Jaspers*, RDV 2009, 212, 214.

614 *Schmidt*, RDV 2009, 193, 198.

615 *Gola/Jaspers*, RDV 2009, 212, 213; *Schmidt*, RDV 2009, 193, 198; *ders.*, DuD 2009, 207, 212; *Thüsing*, NZA 2009, 865, 868; anders wie bereits oben (Teil 4 § 3 C II 1 b aa (1)) gezeigt: *Vogel/Glas*, DB 2009, 1747, 1751.

616 *Schmidt*, RDV 2009, 193, 198.

617 *Bergmann/Möhrle/Herb*, BDSG, § 28 Rdnr. 230; *Gola/Schomerus*, BDSG, § 28 Rdnr. 24.

von der Rechtsordnung gebilligt sein[618], das heißt, es darf nicht geltendem Recht widersprechen.

Auf Seiten der verantwortlichen Stelle ist das Interesse an der Aufklärung und Verhinderung von (Wirtschafts-)Straftaten und anderweitigen Missständen im Unternehmen anzusetzen.[619] Gerade Wirtschaftsdelikte können zu erheblichen finanziellen Schäden für das Unternehmen führen und sich zudem auch negativ auf den Börsenkurs eines Unternehmens auswirken.[620] Durch den mit dem Bekanntwerden von Missständen einhergehenden Verlust an Kundenvertrauen, kann es darüber hinaus zu weiteren Umsatzeinbußen kommen.[621] Das Interesse, derartige Konsequenzen zu verhindern, ist grundrechtlich durch Art. 12 Abs. 1, 14 Abs. 1 und 2 Abs. 1 GG unter dem Aspekt der unternehmerischen Betätigungsfreiheit sowie der Eigentumsgarantie aus Art. 14 Abs. 1 GG geschützt[622], mithin von der Rechtsordnung anerkannt.

Auch das Interesse, die Anforderungen des SOX zu erfüllen, ist berechtigt.[623] Kommt ein Unternehmen den Zielen des SOX nicht nach, so drohen ihm einschneidende wirtschaftliche Konsequenzen bis hin zum Ausschluss vom US-amerikanischen Börsenmarkt.[624] So verbietet Regel 10A-3 des Securities Exchange Act von 1934 der betroffenen Gesellschaft im Falle eines Verstoßes gegen die Vorschriften des SOX den weiteren Handel an der US-Börse.[625] Allerdings kann dieses Interesse nur insoweit Bedeutung erlangen, als es um Whistleblowing-Systeme geht, die Hinweise zur Aufdeckung fragwürdiger Buchführungs- und Buchprüfungsvorgänge sowie zur Bekämpfung von Korruption und Finanzkriminalität entgegennehmen.[626] Der Anwendungsbereich des SOX ist insoweit inhaltlich beschränkt.[627] Auch die Erfüllung der SOX-Ziele selbst, nämlich die Sicherstellung von transparenten und stabilen Finanzmärkten, liegt im berechtigten Interesse der Unternehmen.[628]

---

618 *Bergmann/Möhrle/Herb*, BDSG, § 28 Rdnr. 231; *Gola/Schomerus*, BDSG, § 28 Rdnr. 222; *Schaffland/Wiltfang*, BDSG, § 28 Rdnr. 85; *Taeger*/Gabel, § 28 BDSG Rdnr. 55.

619 So auch *von Zimmermann*, RDV 2006, 242, 246.

620 *Wybitul*, ZD 2011, 118.

621 *Wybitul*, ZD 2011, 118.

622 Siehe oben unter Teil 2 § 1 C I.

623 *Behrendt/Kaufmann*, CR 2006, 642, 626; *Breinlinger/Kader*, RDV 2006, 60, 64; *von Zimmermann*, RDV 2006, 242, 246; ebenso auch Artikel 29 Gruppe, WP 117, S. 9.

624 *Neumann*, Whistleblowing, S. 169; *Schemmel/Ruhmannseder/Witzigmann*, 3. Kapitel, Rdnr. 9; *Breinlinger/Kader*, RDV 2006, 60.

625 *Schürrle/Fleck*, CCZ 2011, 218 mit Verweis auf SEC, Final Rule, Rel. 33-8220; 34-47654.

626 *Von Zimmermann*, RDV 2006, 242, 246.

627 Siehe oben unter Teil 4 § 1 A I 3.

628 *Schmidt*, Governance, S. 65.

Nach § 130 Abs. 1 S. 1 OWiG besteht für viele Unternehmensinhaber zudem die gesetzliche Pflicht, alle Aufsichtsmaßnahmen zu ergreifen, die erforderlich sind, um in dem Betrieb oder Unternehmen Zuwiderhandlungen gegen Pflichten zu verhindern, die den Inhaber treffen und deren Verletzung mit Strafe oder Geldbuße bedroht ist. Hieraus wird zum Teil sogar eine Rechtspflicht zum Betrieb von Hinweisgebersystemen abgeleitet.[629] Je stärker die Gefahr wiege, dass es in einem Unternehmen zu Rechtsverstößen kommt, desto eher sei eine entsprechende Verpflichtung anzunehmen.[630] Zwar ist zweifelhaft, ob aus § 130 Abs. 1 S. 1 OWIG tatsächlich eine Pflicht zur Einrichtung von Whistleblowing-Systemen entnommen werden kann; vielmehr lässt die Vorschrift den Unternehmen im Hinblick auf die konkrete Ausgestaltung der Aufsichtsmaßnahmen freie Hand. Ein fahrlässiges oder vorsätzliches Unterlassen der erforderlichen Aufsichtsmaßnahmen ist allerdings mit Strafe oder/und einem Bußgeld von bis zu einer Million Euro bedroht. Auch das Interesse, den Anforderungen des § 130 Abs. 1 OWiG nachzukommen und damit der Pflicht, Rechtstreue im Unternehmen sicherzustellen (Legalitätspflicht)[631], zu genügen, muss auf Arbeitgeberseite berücksichtigt werden.

Neben § 130 Abs. 1 S. 1 OWiG begründen im Einzelfall für bestimmte Unternehmen auch weitere Normen die Legalitätspflicht, so etwa § 91 Abs. 2 AktG für Aktiengesellschaften, die sogar explizit zur Einrichtung von Überwachungssystemen zum Zwecke der frühzeitigen Erkennung von Fehlentwicklungen im Unternehmen verpflichtet werden.

Darüber hinaus kann auch Art. 2 Abs. 1, 1 Abs. 1 GG im Hinblick auf den hieraus entwickelten sozialen Geltungsanspruch als Arbeitgeber oder Wirtschaftsunternehmen Bedeutung erlangen, insofern als dass Whistleblowing-Systeme wie andere Compliance-Maßnahmen zur Aufbesserung des Unternehmensimages dienen.[632] Der Arbeitgeber hat ein Interesse daran, in der Öffentlichkeit möglichst „gut darzustehen“ und zudem neue Geschäfte einzugehen. Diese ideellen und wirtschaftlichen Interessen können im Rahmen der Interessenabwägung ebenfalls in Ansatz gebracht werden.

b. Keine entgegenstehenden schutzwürdigen Interessen des Betroffenen

§ 28 Abs. 1 S. 1 Nr. 2 BDSG setzt ferner voraus, dass der Datenverarbeitung keine überwiegenden schutzwürdigen Interessen des Betroffenen entgegenstehen.

---

629 *Wybitul*, ZD 2011, 118.

630 *Wybitul*, ZD 2011, 118.

631 *Wybitul*, ZD 2011, 118.

632 Siehe oben unter Teil 4 § 2 zum Whistleblowing als Bestandteil eines effektiven Compliance-Programms.

Damit wird § 28 Abs. 1 S. 1 Nr. 2 BDSG zu einer Abwägungsklausel. Miteinander abzuwägen sind die berechtigten Interessen des Unternehmens an einer Datenverarbeitung mit den – gegebenenfalls konträren – Interessen des Betroffenen.

Als schutzwürdiges Interesse des Betroffenen ist entsprechend der Intention des BDSG in jedem Fall das informationelle Selbstbestimmungsrecht, Art. 2 Abs. 1, 1 Abs. 1 GG, in die Interessenabwägung einzubringen.[633] Der Betroffene hat ein Interesse daran, dass seine Daten nicht ohne seine Kenntnis und Zustimmung von einem Whistleblowing-System verarbeitet und gegebenenfalls an dritte Stellen übermittelt werden. Als schwerwiegender dürfte noch das Interesse der Beschäftigten eingeordnet werden, über das Whistleblowing-System nicht zum Opfer böswilliger Denunziationen und falscher Anschuldigungen zu werden.[634] Dieses Interesse findet seine rechtliche Grundlage insbesondere auch im Recht der persönlichen Ehre. Als Teil des allgemeinen Persönlichkeitsrechts aus Art. 2 Abs. 1, 1 Abs. 1 GG gehört auch das Recht auf Ehre zu den in die Abwägung einzubringenden schutzwürdigen Interessen.[635] Daneben sind auch anderweitige Aspekte, etwa die Gefahr wirtschaftlicher oder beruflicher Nachteile, auf Seiten des Betroffenen zu berücksichtigen.[636]

Zu beachten ist, dass im Falle eines Whistleblowing-Systems sowohl Daten des Whistleblowers als auch Daten des Gemeldeten verarbeitet werden, somit beide Teile „Betroffene“ im Sinne des Datenschutzrechts (§ 3 Abs. 1 BDSG) sind. Bei der Interessenabwägung im Rahmen des § 28 Abs. 1 S. 1 Nr. 2 BDSG ist daher die Interessenlage des Whistleblowers wie auch des Gemeldeten zu berücksichtigen. Hierbei wird insbesondere auch den grundrechtlich geschützten Rechtspositionen der beteiligten Personenkreise (Whistleblower, Gemeldeter, Arbeitgeber)[637] Rechnung zu tragen sein.

c. Interessenabwägung, Unzulänglichkeit des § 28 Abs. 1 S. 1 Nr. 2 BDSG als Rechtfertigungstatbestand

Das Ergebnis der Interessenabwägung kann nicht pauschal für den Einsatz sämtlicher Whistleblowing-Systeme in sämtlichen Unternehmen ermittelt werden. Vielmehr hat die Interessenabwägung im Einzelfall zu erfolgen. Zwar soll eine

633 *Gola/Schomerus*, BDSG, § 28 Rdnr. 26; Roßnagel/*Hoeren*, Handbuch Datenschutzrecht, Kapitel 4.6 Rdnr. 32; *Simitis*, BDSG, § 28 Rdnr. 128.

634 *Schmidl*, DuD 2006, 353, 358.

635 *Schaffland/Wiltfang*, BDSG, § 28 Rdnr. 87.

636 *Gola/Schomerus*, BDSG, § 28 Rdnr. 26; *Schaffland/Wiltfang*, BDSG, § 28 Rdnr. 88 insoweit bejahend für die Einordnung des Eigentums als schutzwürdiges Interesse, nicht so aber für das Vermögen; *Taeger*/Gabel, § 28 BDSG Rdnr. 64; *Mester*, Arbeitnehmerdatenschutz, S. 112.

637 Siehe Teil 2.

summarische Prüfung der berechtigten Betroffeneninteressen ausreichen.[638] Eine Einbeziehung der spezifischen Umstände der konkreten Verarbeitungssituation kann jedoch richtigerweise nicht entfallen.[639] Die Abwägung hat ähnlich wie die verfassungsrechtliche Verhältnismäßigkeitsprüfung zu erfolgen.[640]

aa. Beschränkung der Nutzbarkeit des Whistleblowing-Systems im Rahmen der Verhältnismäßigkeit

Um dem Verhältnismäßigkeitsgrundsatz innerhalb der Interessenabwägung zu genügen, wurde von der Artikel 29 Datenschutzgruppe sowie vom Düsseldorfer Kreis vorgeschlagen, sorgfältig zu prüfen, ob eine Beschränkung der Personenkreise, die über das Whistleblowing-System gemeldet werden können sowie derer, die das System für Meldungen nutzen können, möglich ist.[641] Eine solche Begrenzung der Nutzbarkeit des Systems könne nach Auffassung der Datenschützer der Artikel 29 Gruppe zwar nicht zwingend vorgeschrieben werden. Sie solle jedoch unter Verhältnismäßigkeitsgesichtspunkten der Zulässigkeit des Whistleblowings insgesamt zuträglich sein.[642]

Zwar ist es richtig, dass es auch den Grundsätzen der Datenvermeidung und Datensparsamkeit (§ 3a BDSG) entspricht, eine Einschränkung der Personenkreise vorzunehmen und somit möglichst wenige Daten über das System zu verarbeiten. Allerdings sollten auch diese Grundsätze nicht zu Lasten der Effektivität und der Zweckmäßigkeit des Systems angewendet werden. Dies widerspricht letztlich auch dem Verhältnismäßigkeitsprinzip[643]. Whistleblowing-Systeme sollten – sofern sie in einem Unternehmen eingerichtet werden und im Übrigen alle Anforderungen eines datenschutzkonformen Betriebs erfüllen – allen Mitarbeitern offen stehen. Es ist ebenso wahrscheinlich, dass ein Mitarbeiter der oberen Führungsetage eines Unternehmens Kenntnis von Korruption und Bestechlichkeit in seinem Kollegenkreis erhält als dass eine einfache Arbeiterin einen Umweltskandal mit weitreichenden Auswirkungen für das Unternehmen und auch die Allgmeinheit aufdecken kann. Beide Personengruppen sollten daher

---

638 *Auernhammer*, BDSG, § 28 Rdnr. 26; Däubler/Klebe/*Wedde*/Weichert, BDSG, § 28 Rdnr. 52; *Gola/Schomerus*, BDSG, § 28 Rdnr. 28; *Schaffland/Wiltfang*, BDSG, § 28 Rdnr. 89; *Simitis*, BDSG, § 28 Rdnr. 129; *Taeger*/Gabel, § 28 BDSG Rdnr. 61; *Beckhusen*, Datenumgang, S. 125; *Ganßauge*, Datenverarbeitung, S. 168; *Steidle*, Multimedia-Assistenten, S. 200.

639 *Simitis*, BDSG, § 28 Rdnr. 129; *Kühling/Seidel/Sividris*, Datenschutzrecht, S. 143.

640 *Kühling/Seidel/Sividris*, Datenschutzrecht, S. 143.

641 Artikel 29 Gruppe, WP 117, S. 10; Arbeitsbericht Düsseldorfer Kreis, S. 4.

642 Artikel 29 Gruppe, WP 117, S. 10; *Schmidl* hält diese Vermutung als Richtlinie für geeignet, DuD 2006, 414, 415.

643 Zu diesem Prinzip näher unter Teil 3 § 1 B IV.

Zugang zu dem Whistleblowing-System erhalten, um die beobachteten Vorgänge zu melden. Auch der Kreis der meldefähigen Personen sollte nicht pauschal eingeschränkt werden. Maßgeblich für die Frage, ob Whistleblowing zulässig ist oder nicht, sollte immer die Qualität des angezeigten Fehlverhaltens sein, nicht jedoch, welcher Person dieses Fehlverhalten zur Last gelegt wird.[644] Wirtschaftskriminalität etwa kann es auf allen Ebenen eines Unternehmens geben.

Insgesamt ist eine Einschränkung der Nutzbarkeit des Whistleblowing-Systems mit dem Ziel, dem Verhältnismäßigkeitsgrundsatz zu genügen, daher als sinnwidrig abzulehnen.

bb. Abwägung der (grundrechlich geschützten) Interessen

Im Rahmen der vorzunehmenden Interessenabwägung sind neben den konfligierenden Grundrechtspositionen insbesondere auch die spezifischen Besonderheiten des jeweiligen Betriebes zu berücksichtigen. Auch die Art der über das Whistleblowing-System erhobenen Daten[645] und die Speicherdauer[646] können Anhaltspunkte liefern.

Ein Faktor, der in die Interessenabwägung einfließen sollte, ist auch die Größe und das Geschäftsfeld des Unternehmens. In einer kleinen Bäckerei wird insbesondere die Notwendigkeit der Implementierung eines Whistleblowing-Systems von vornherein anders zu beurteilen sein als bei einem weltweit agierenden multi-nationalen Konzern.[647] Bei Letzterem ist die Gefahr von Wirtschaftsstraftaten und anderen Verhaltensverstößen schon allein deshalb erhöht, weil sich die Täter mangels persönlicher Bekanntheit und Verbundenheit mit ihren Kollegen und Vorgesetzten seltener in der Situation sehen, „ertappt" zu werden. Zudem ist hier der Anreiz zur Begehung von Delikten höher, wenn mehr Geld im Spiel ist.

Des Weiteren muss das über Art. 12 Abs. 1, 14 Abs. 1 GG geschützte Interesse an der Aufklärung eines gemeldeten Missstandes in die Interessenabwägung einfließen. Es ist innerhalb der Interessenabwägung umso schwerer zu gewichten, je schwerer auch die von dem gemeldeten Missstand ausgehenden Folgen für das Unternehmen wiegen. Der Düsseldorfer Kreis spricht hier in seinem Arbeitsbericht zum Whistleblowing insoweit von „harten" und „weichen Faktoren".[648] Geht es um die Aufdeckung von gegen das Unternehmen gerichteten Straftaten – als Beispiele werden die auch im SOX genannten Fälle von Betrug, Fehlverhalten in Bezug auf Rechnungslegung und Rechnungslegungskontrollen,

---

644 Ebenso *Zander*, Ethik- und Verhaltensrichtlinien im Betrieb, S. 120.

645 *Bergmann/Möhrle/Herb*, BDSG, § 28 Rdnr. 243; *Simitis*, BDSG, § 28 Rdnr. 131ff.

646 *Simitis*, BDSG, § 28 Rdnr. 131.

647 *Wybitul*, ZD 2011, 118, 119.

648 Arbeitsbericht Düsseldorfer Kreis, S. 3.

Wirtschaftsprüfungsdelikte, Korruption, Banken- und Finanzkriminalität sowie verbotene Insidergeschäfte genannt – oder um die Meldungen von Verstößen gegen Menschenrechte oder Umweltschutzbestimmungen („harte Faktoren“), soll die Interessenabwägung in der Regel zugunsten des Unternehmens ausfallen.[649] Bezieht sich die Meldung dagegen auf Verstöße gegen betriebsinterne Ethikrichtlinien („weiche Faktoren“), soll dagegen ein Überwiegen des Betroffeneninteresses nahe liegen.[650] Steht die Aufklärung schwerer Straftaten in Rede, so muss der Betroffene im Interesse der Aufklärung eher eine Einschränkung seines allgemeinen Persönlichkeitsrechts aus Art. 2 Abs. 1, 1 Abs. 1 GG – das hier sowohl in seiner Ausprägung als Recht auf informationelle Selbstbestimmung als auch als Recht auf Achtung der persönlichen Ehre betroffen ist – hinnehmen. Allerdings ist der Eingriff in eben dieses Grundrecht auch umso weitreichender, je schwerer die Anschuldigung wiegt. Der Verdacht, Täter eines Korruptionsdelikts zu sein, lastet schwerer auf einer Person als die bloße Anzeige eines Verstoßes gegen eine unternehmensinterne Verhaltensvorgabe (Rauchverbot oder ähnliches). Auch die Konsequenzen, die der Angeschuldigte zu fürchten hat, dürften hier unterschiedlich hart ausfallen.

Um mit den Betroffeneninteressen in Einklang gebracht werden zu können, muss das Whistleblowing-System daher wirksamen Schutz vor ungerechtfertigten Anschuldigungen und falschen Verdächtigungen bieten.[651] Hierzu kann bei Nichtzulassung anonymer Meldungen etwa die Bestellung eines Daten-Treuhänders einen bedeutenden Beitrag leisten.[652] Durch Zwischenschaltung einer unabhängigen Stelle kann sowohl dem informationellen Selbstbestimmungsrecht des Whistleblowers, der um negative Konsequenzen seiner Anzeige fürchtet, als auch dem Persönlichkeitsrecht des Gemeldeten, dem im Falle einer denunziatorischen Anzeige die Möglichkeit rechtlicher Schritte gegen den Denunzianten zu unternehmen nicht verwehrt werden darf, Rechnung getragen werden.

Im Hinblick auf die Speicherdauer der Daten ist festzustellen, dass diese spätestens dann gelöscht werden müssen, wenn sie für die weitere Aufklärung des über das Whistleblowing-System gemeldeten Sachverhalts nicht weiter benötigt werden. Ferner sollte eine Obergrenze (zum Beispiel 2 Monate)[653] festgelegt werden, nach der eine Überprüfung der Notwendigkeit der weiteren Datenspeicherung stattfindet. Einer unbegrenzten Speicherung der Daten würde das informationelle Selbstbestimmungsrecht des Betroffenen entgegenstehen.

---

649 Arbeitsbericht Düsseldorfer Kreis, S. 3.

650 Arbeitsbericht Düsseldorfer Kreis, S. 3.

651 *Von Zimmermann*, RDV 2006, 242, 246.

652 Siehe unten Teil 5 § 3 A.

653 Vgl. Artikel 29 Gruppe, WP 117, S. 12; Stellungnahme der CNIL, S. 6; Arbeitsbericht Düsseldorfer Kreis, S. 6.

cc. Folgerung: Unzulänglichkeit des § 28 Abs. 1 S. 1 Nr. 2 BDSG

Letztlich erfordert § 28 Abs. 1 S. 1 Nr. 2 BDSG eine Interessenabwägung in jedem Einzelfall, das heißt, für jede über ein Whistleblowing-System eingehende Meldung müsste erneut eine Abwägung zwischen dem Aufklärungsinteresse des Unternehmens und den persönlichkeitsrechtlichen Interessen des Betroffenen stattfinden.[654] Aufgrund dieser Einzelfallbezogenheit eignet sich die Norm nur unzureichend als datenschutzrechtliche Rechtfertigungsgrundlage für den Betrieb unternehmensinterner Whistleblowing-Systeme.[655] Die Schaffung eines speziellen datenschutzrechtlichen Erlaubnistatbestands ist dringend angezeigt.[656]

654 *Schmidl*, DuD 2006, 353, 358.

655 So auch *Schmidl*, DuD 2006, 353, 359.

656 Siehe hierzu den Vorschlag einer entsprechenden Regelung in Teil 7 dieser Arbeit.

Teil 5: Betroffenenrechte und die Anonymität des Whistleblowers

„Ein Denunziant ist an und für sich schon sehr zweideutig, ein anonymer Denunziant aber ist vollends das verächtlichste und gefährlichste Wesen, das sich denken läßt“

Georg-Friedrich Rebmann, Die Wächter der Burg Zion[657]

Es wurde festgestellt, dass das Whistleblowing sowohl vor dem Hintergrund internationaler Vorgaben (insbesondere durch den SOX) als auch als Mittel effektiver Compliance-Programme in vielen Unternehmen unverzichtbar geworden ist. Ferner wurde ermittelt, auf welcher datenschutzrechtlichen Rechtfertigungsgrundlage Whistleblowing-Systeme in Unternehmen eingeführt werden können. Weitgehend außen vor gelassen wurde dabei die Frage nach der anonymen Ausgestaltbarkeit von Whistleblowing-Systemen. Dieser Problemstellung widmet sich der folgende Teil dieser Arbeit. Untersucht werden soll dabei im Besonderen, inwiefern die Rechte des Gemeldeten, allen voran sein Recht auf informationelle Selbstbestimmung, einem anonym nutzbaren Whistleblowing-System entgegenstehen.

§ 1 Betroffenenrechte nach dem BDSG

A. Benachrichtigung, § 33 BDSG

Die Daten der über ein Whistleblowing-System angezeigten Person werden ohne ihre Kenntnis erhoben und gespeichert. Bei der erstmaligen Speicherung gebührt ihr daher das Benachrichtigungsrecht nach § 33 BDSG (§ 19a BDSG bei der Datenverarbeitung durch eine öffentliche Stelle des Bundes[658]). Zu unterrichten ist der Betroffene über die Vornahme der Datenspeicherung, die Art der gespeicherten Daten, den Zweck der Datenverarbeitung und die datenverarbeitende Stelle. Die Kenntnis dieser „Basisinformationen“ soll den Betroffenen in die Lage versetzen, seine übrigen Rechte, etwa auf Auskunft, Berichtigung, Sperrung

657 *Rebmann*, Werke und Briefe, S. 67.

658 Für öffentliche Stellen der Länder gelten die entsprechenden Normen in den Landesdatenschutzgesetzen.

oder Löschung seiner Daten, wahrnehmen zu können.[659] Nur dann, wenn sich die über das Whistleblowing-System erfolgte Meldung bei erster Prüfung ihrer Zulässigkeit bereits als offensichtlich unsubstantiiert erweist und die Daten – sofern kein eine weitere Verfolgung erforderlich machender Missbrauch vorliegt – sofort zu löschen sind, kann eine Benachrichtigung des Betroffenen im Einzelfall entfallen.[660] Aufgrund der sofortigen Löschung der eingegangenen Daten erübrigt sich in diesen Fällen die Wahrnehmung weiterer Betroffenenrechte durch den Gemeldeten.[661]

Der Benachrichtigung des Angezeigten über die Tatsache der Anzeige und die in diesem Zusammenhang gespeicherten Daten können allerdings gewichtige Interessen entgegenstehen, so etwa das Interesse an einer effektiven Aufklärung des über das Whistleblowing-Systems erhobenen Vorwurfs. Auf diese entgegenstehenden Interessen soll am Ende dieses Abschnitts im Zusammenhang mit dem Auskunftsrecht noch näher eingegangen werden.[662]

B. Auskunft, § 34 BDSG

I. Verfassungsrechtliche Bedeutung des Auskunftsanspruchs

Neben dem Recht auf Benachrichtigung von einer Verarbeitung seiner Daten nach § 33 BDSG steht dem Betroffenen nach § 34 BDSG (§ 19 BDSG bei der Datenverarbeitung durch öffentliche Stellen des Bundes[663]) auch ein fortwährender Auskunftsanspruch zu. Dieser folgt dem Gedanken, dass der Betroffene zu jeder Zeit das Recht hat, zu wissen, „wer was wann und bei welcher Gelegenheit über ihn weiß“[664]. Das Auskunftsrecht gehört zu den im Volkszählungsurteil vom BVerfG geforderten verfahrensrechtlichen Schutzvorkehrungen zur Sicherung der informationellen Selbstbestimmung[665] und wird auch als „Magna Charta“ des

659 *Däubler*/Klebe/Wedde/Weichert, BDSG, § 33 Rdnr. 1; Simitis/*Dix*, BDSG, § 33 Rdnr. 1.
660 *Breinlinger/Kader*, RDV 2006, 60, 67f.
661 *Breinlinger/Kader*, RDV 2006, 60, 67f.
662 Siehe Teil 5 § 2 C.
663 Für öffentliche Stellen der Länder gelten die entsprechenden Normen in den Landesdatenschutzgesetzen.
664 BVerfGE 65, 1, 43 = *BVerfG*, NJW 1984, 419, 422 (Volkszählungsurteil); *Beckhusen*, Datenumgang, S. 273; *Kühling/Seidel/Sividris*, Datenschutzrecht, S. 188.
665 BVerfGE 65, 1, 43 = *BVerfG*, NJW 1984, 419, 422 (Volkszählungsurteil); *Bergmann/Möhrle/Herb*, BDSG, § 34 Rdnr. 4.

Datenschutzrechts bezeichnet[666]. Es ist für den Betroffenen das „fundamentale Datenschutzrecht".[667]

Diese Aussagen zeigen bereits, welch große Bedeutung dem Anspruch auf Auskunft des Betroffenen gemeinhin zugesprochen wird. Er ist Grundvoraussetzung zur Wahrnehmung des Rechts auf informationelle Selbstbestimmung.[668] Denn nur wer um die fehlerhafte Verarbeitung seiner personenbezogenen Daten weiß, kann sein informationelles Selbstbestimmungsrecht aktiv ausüben und etwa die Berichtigung, Sperrung oder Löschung der Daten begehren oder gegebenenfalls Schadensersatzansprüche aufgrund der unzulässigen Datenverarbeitung geltend machen.[669] Das Benachrichtigungsrecht nach § 33 BDSG reicht hierfür allein nicht aus, da dieses dem Betroffenen nur Auskunft über das „Ob", nicht jedoch über das „Wie" der Datenverarbeitung, das heißt über den Inhalt der zu seiner Person gespeicherten Daten verschafft.[670]

Aufgrund seiner großen Bedeutung für das informationelle Selbstbestimmungsrecht erfährt der Auskunftsanspruch durch § 6 Abs. 1 BDSG noch eine weitere Absicherung. Die Norm legt die Unabdingbarkeit des Auskunftsanspruchs fest. Ein Ausschluss oder eine Beschränkung des Auskunftsanspruchs durch Rechtsgeschäft sind nicht möglich. Somit können etwa auch Beschäftigte nicht im Rahmen ihres Arbeitsvertrags auf ihr Auskunftsrecht gegenüber dem Arbeitgeber als datenverarbeitender Stelle verzichten. Eine entsprechende Vertragsklausel im Arbeitsvertrag des über das Whistleblowing-System Gemeldeten wäre also unwirksam.[671]

II. Inhalt des Auskunftsanspruchs

1. Die „Herkunft der Daten" als Inhalt des Auskunftsanspruchs

Der Betroffene hat nach § 34 Abs. 1 S. 1 Nr. 1 BDSG Anspruch auf Auskunftserteilung über alle zu seiner Person gespeicherten Daten. Der Auskunftsanspruch bezieht sich dabei ausdrücklich auch auf die Herkunft der Daten. Hiermit ist die

---

666 Kilian/Heussen/*Polenz*, Computerrecht, 134 Rdnr. 5; Roßnagel/*Wedde*, Handbuch Datenschutzrecht, Kapitel 4.4. Rdnr. 2; Simitis/*Dix*, BDSG, § 34 Rdnr. 2; *Tinnefeld/Ehmann/Gerling*, Einführung Datenschutzrecht, S. 413; *Beckhusen*, Datenumgang, S. 279 m. w. N.

667 Simitis/*Dix*, BDSG, § 34 Rdnr. 1; *Beckhusen*, Datenumgang, S. 279; *Mallmann*, GewA 2000, 354.

668 Simitis/*Dix*, BDSG, § 34 Rdnr. 2.

669 *Gola/Schomerus*, BDSG, § 33 Rdnr. 1; *Schaffland/Wiltfang*, BDSG, § 6 Rdnr. 5; Simitis/*Dix*, BDSG, § 34 Rdnr. 1; *Beckhusen*, Datenumgang, S. 279; *Mallmann*, GewA 2000, 354.

670 Taeger/Gabel/*Meents*, § 34 BDSG Rdnr. 3.

671 *Däubler*/Klebe/Wedde/Weichert, BDSG, § 6 Rdnr. 6.

Quelle der gespeicherten Informationen gemeint; bei dieser kann es sich sowohl um eine natürliche Person als auch um eine Einrichtung handeln.[672] Die Identität eines Informanten ist somit vom Auskunftsanspruch nach § 34 Abs. 1 S. 1 Nr. 1 BDSG umfasst.[673] Hintergrund des Auskunftsanspruchs in Bezug auf die Herkunft der gespeicherten Daten ist wiederum das allgemeine Persönlichkeitsrecht: dieses schützt auch denjenigen, der „die Ungewissheit über die Identität eines Informanten beseitigen möchte".[674]

Handelt es sich bei dem Informanten um eine natürliche Person, so liegt in der Auskunft an den Betroffenen zwar wiederum eine Weitergabe personenbezogener Daten.[675] Der hierdurch erfolgende Eingriff in das Recht auf informationelle Selbstbestimmung des Hinweisgebers (Whistleblowers) ist jedoch von § 34 BDSG gedeckt. Im Interesse der Transparenz der Datenverarbeitung muss derjenige, der selbst Daten über dritte Personen weitergibt, auch hinnehmen, dass diese Tatsache der Datenweitergabe nicht geheim bleibt.[676] Um dem Auskunftsanspruch des § 34 Abs. 1 BDSG vollständig zu genügen, müsste also die Identität des Whistleblowers als der Quelle der über den Gemeldeten gespeicherten Daten dem Gemeldeten auf Verlangen offengelegt werden.[677]

2. Speicherpflicht der datenverarbeitenden Stelle in Bezug auf die „Herkunft der Daten"

a. Speicherpflicht aufgrund rechtlicher Vorgaben

Es wurde festgestellt, dass § 34 Abs. 1 S. 1 Nr. 1 BDSG den Auskunftsanspruch des Betroffenen auch auf die Herkunft der gespeicherten Daten erstreckt. Hieraus folgt für die datenverarbeitende Stelle jedoch grundsätzlich noch keine Pflicht, entsprechende Daten über die Herkunft auch tatsächlich zu speichern sowie zur Bereithaltung dieser Daten zum Zwecke der Auskunftserteilung.[678] Dies ent-

---

672 *Bergmann/Möhrle/Herb*, BDSG, § 34 Rdnr. 42; *Däubler*/Klebe/Wedde/Weichert, BDSG, § 34 Rdnr. 12; Erbs/Kohlhaas/*Ambs*, § 34 BDSG Rdnr. 3; *Gola/Schomerus*, BDSG, § 34 Rdnr. 10; *Beckhusen*, Datenumgang, S. 282.

673 BVerwGE 89, 14, 16f. = *BVerwG*, NJW 1992, 451, 452 (hier bezogen auf § 19 Abs. 1 S. 1 Nr. 1 BDSG); *Pohl*, Informationsbeschaffung, S. 137.

674 *RhPfVerfGH*, NJW 1999, 2264.

675 *Däubler*/Klebe/Wedde/Weichert, BDSG, § 34 Rdnr. 15; Simitis/*Dix*, BDSG, § 34 Rdnr. 22.

676 *Däubler*/Klebe/Wedde/Weichert, BDSG, § 34 Rdnr. 15.

677 *Seffer/Mayer-Wegelin*, ITRB 2009, 41, 44.

678 *Däubler*/Klebe/Wedde/Weichert, BDSG, § 34 Rdnr. 13; Erbs/Kohlhaas/*Ambs*, § 34 BDSG Rdnr. 3; *Gola/Schomerus*, BDSG, § 34 Rdnr. 10; *Schaffland/Wiltfang*, BDSG, § 34 Rdnr. 4; Simitis/*Dix*, BDSG, § 34 Rdnr. 22; *Tinnefeld/Ehmann/Gerling*, Einführung Datenschutzrecht,

spricht den Vorgaben der EU-Datenschutzrichtlinie. Hier heißt es in Artikel 12 lit. a), es müssten die *verfügbaren* Informationen über die Herkunft der Daten dem Betroffenen mitgeteilt werden. Der Auskunftsanspruch besteht also nur insoweit, als Daten über die Herkunft bei der datenspeichernden Stelle überhaupt vorhanden sind. Eine rechtliche Pflicht aus § 34 BDSG zur Speicherung von Angaben zur Identität des Whistleblowers, die einer anonymen Meldung entgegenstehen könnte, besteht dementsprechend nicht.

Dies hat zur Folge, dass es zu einem Leerlaufen des Auskunftsanspruchs im Hinblick auf die Herkunft der Daten kommen kann.[679] Da diese Konsequenz im Einzelfall unzumutbar erscheint, kann sich eine Verpflichtung zur Speicherung von Informationen über einen Hinweisgeber für die datenverarbeitende Stelle jedoch unter Umständen auch aus anderen Vorschriften ergeben. So etwa aus § 9 BDSG unter dem Gesichtspunkt der Organisationskontrolle[680] oder aus arbeitsrechtlichen Grundsätzen.[681] Gerade im Arbeitsverhältnis soll ein früherer Arbeitgeber als Informant dem Betroffenen auch dann offengelegt werden, wenn die Herkunft der Daten an sich nicht mitgespeichert worden ist.[682] Dies folgt sowohl aus dem Interesse an einer weitgehenden Datentransparenz im Arbeitsverhältnis, als es sich auch aus § 32 Abs. 2 BDSG ergibt, der in Bezug auf Beschäftigtendaten eine Ausnahme von dem Grundsatz der automatisierten Datenverarbeitung normiert und nunmehr auch manuell gespeicherte Daten dem Schutz des BDSG unterstellt.[683]

Im Folgenden wird daher zu untersuchen sein, ob und wenn ja inwieweit sich auch im Falle der Nutzung von Whistleblowing-Systemen eine Verpflichtung der datenverarbeitenden Stelle zur Speicherung von Daten über die Herkunft der gemeldeten Informationen – das heißt über die Identität des Whistleblowers – ergeben kann. Eine solche Pflicht könnte der Einrichtung anonymer Whistleblowing-Systeme entgegenstehen.

S. 591; *Gola/Wronka*, Handbuch Arbeitnehmerdatenschutz, Rdnr. 365; *Mallmann*, GewA 2000, 354, 355.

679 Kilian/Heussen/*Polenz*, Computerrecht, 134 Rdnr. 10 nimmt daher eine Pflicht der speichernden Stelle zum Vorhalten der entsprechenden Daten an; ebenso *Mester*, Arbeitnehmerdatenschutz, S. 166.

680 *Däubler*/Klebe/Wedde/Weichert, BDSG, § 34 Rdnr. 13; Simitis/*Dix*, BDSG, § 34 Rdnr. 22.

681 *Däubler*/Klebe/Wedde/Weichert, BDSG, § 34 Rdnr. 13; Taeger/Gabel/*Meents*, § 34 BDSG Rdnr. 19; *Däubler*, Gläserne Belegschaften, Rdnr. 525.

682 *Däubler*, Gläserne Belegschaften, Rdnr. 525.

683 *Däubler*, Gläserne Belegschaften, Rdnr. 525.

b. Speicherpflicht aufgrund der besonderen Interessenlage des Gemeldeten, Treu und Glauben

Eine Speicherpflicht hinsichtlich des Namens des Whistleblowers könnte sich dann ergeben, wenn ein über § 34 BDSG hinausgehendes Auskunftsrecht des Gemeldeten bestünde. Ein solches Auskunftsrecht über die Person des Informanten kann sich aus § 242 BGB – Grundsatz von Treu und Glauben – ergeben.[684] Bei diesem Grundsatz handelt es sich entgegen der engen und auf Schuldverhältnisse bezogenen Formulierung in § 242 BGB um einen allgemeinen Rechtsgedanken, der das gesamte Rechtsleben durchzieht.[685] Umfasst wird insbesondere der Aspekt der „billigen Rücksichtnahme“ auf die Rechte und Interessen des jeweils anderen Teils.[686]

Gerade im Falle der Meldung von (angeblichen) Verhaltensverstößen über eine Whistleblowing-Hotline besteht ein erhebliches Interesse des Gemeldeten an der Speicherung des Namens des Meldenden. Diesem Interesse muss unter Anwendung des Treu-und-Glauben-Grundsatzes Rechnung getragen werden. Sollte sich etwa der von dem Meldenden vorgebrachte Vorwurf letztlich als unhaltbar erweisen und sollte der Whistleblower wissentlich falsche Angaben gemacht haben, so hat die einer Straftat oder eines sonstigen Pflichtverstoßes bezichtigte und hierdurch gegebenenfalls bereits erhebliche Nachteile erleidende Person durchaus ein legitimes Interesse daran, gegen den bösgläubigen Whistleblower rechtliche Schritte einzuleiten. Würden keinerlei Angaben über die Herkunft der Informationen in dem Whistleblowing-System gespeichert, so wäre die Einleitung eines (Straf-)Verfahrens gegen den Whistleblower von vornherein nicht möglich. Dies würde eine erhebliche Einschränkung der Rechte des Gemeldeten darstellen.

Diese These einer Speicherpflicht im Hinblick auf den Namen des Informanten wird durch einen Blick ins Beamtenrecht weiter unterstützt. Nach beamtenrechtlichen Grundsätzen besteht ein Recht des verdächtigten Amtsträgers auf Nennung eines Denunzianten.[687] Schon aufgrund der beamtenrechtlichen Fürsorgepflicht hat der Dienstherr den Beamten bei der Abwehr von gegen seine Amtsführung gerichteten (falschen) Beschuldigungen zu unterstützen.[688] Geschieht die Bezichtigung des Beamten leichtfertig oder wider besseres Wissen, so hat der Dienstherr dem Beamten den Namen des Informanten zu nennen, auch wenn die-

684 Erbs/Kohlhaas/*Ambs*, § 34 BDSG Rdnr. 3.

685 Jauernig/*Mansel*, BGB, § 242 Rdnr. 1f.; MüKo zum BGB/*Roth/Schubert*, § 242 Rdnr. 1ff.; Palandt/*Grüneberg*, BGB, § 242 Rdnr. 1.

686 Jauernig/*Mansel*, BGB, § 242 Rdnr. 3.

687 BVerwGE 118, 10 = *BVerwG*, NJW 2003, 3217; Taeger/Gabel/*Meents*, § 34 BDSG Rdnr. 9.

688 BVerwGE 118, 10, 13 = *BVerwG*, NJW 2003, 3217, 3218.

sem zuvor Vertraulichkeit zugesichert worden ist. Die Frage, ob der Informant leichtfertig oder wider besseres Wissen gehandelt hat, ist dabei in einem Zwischenverfahren nach § 99 Abs. 2 VwGO zu klären.[689] Auf dieses sogenannte „in camera"-Verfahren wird im Laufe dieser Untersuchung noch zurückzukommen sein.[690]

III. Vorrang des § 83 BetrVG im Arbeitsverhältnis

Für das Arbeitsverhältnis stellt sich letztlich noch die Frage, ob § 83 BetrVG dem allgemeineren § 34 BDSG vorgeht. § 83 BetrVG, der das Einsichtsrecht des Arbeitnehmers in die über ihn geführten Personalakten normiert, ist bezogen auf das Auskunftsrecht des Gemeldeten jedenfalls unter dem Aspekt der Herkunft der Daten jedoch nicht vorrangig. Der Begriff der Personalakte ist zwar materiell zu bestimmen und umfasst sämtliche Daten des Beschäftigten, die sich auf sein Arbeitsverhältnis auswirken können.[691] Prinzipiell könnten daher auch über ein Whistleblowing-System erfasste Daten zur „Personalakte" gezählt werden. Selbst wenn man dies annehmen würde, so enthielte § 83 BetrVG jedoch keine Aussage bezüglich eines Auskunftsrechts im Hinblick auf die Herkunft der in der Personalakte geführten Daten. Insoweit ist auf § 34 Abs. 1 S. 1 BDSG zurückzugreifen.[692]

Auch nach Beachtung des § 83 BetrVG ergibt sich somit keine Abweichung zu dem hier ermittelten Ergebnis. Der Arbeitgeber hat Daten über die Identität des Whistleblowers zu speichern und dem Betroffenen gegebenfalls Auskunft hierüber zu erteilen.

IV. Rechtsfolgen bei Verstoß gegen die Auskunftspflicht

Betreiber von Whistleblowing-Systemen sollten die Ansprüche der Gemeldeten auf Benachrichtigung und Auskunft ernst nehmen. Vorsätzliche oder fahrlässige Verstöße hiergegen können nach § 43 Abs. 1 Nr. 8, 8a, § 43 Abs. 3 BDSG als

---

689 BVerwGE 118, 10, 15 = *BVerwG*, NJW 2003, 3217, 3218f.

690 Teil 5 § 3 A II 1.

691 Däubler/Kittner/Klebe/Wedde/*Buschmann*, BetrVG, § 83 Rdnr. 3; *Fitting*, BetrVG, § 83 Rdnr. 5; Hess/Schlochauer/Worzalla/Glock/Nicolai/*Rose*, BetrVG, § 83 Rdnr. 9, 19; *Däubler*, Gläserne Belegschaften, Rdnr. 535; ebenso aus datenschutzrechtlicher Sicht *Däubler*/Klebe/Wedde/Weichert, BDSG, § 34 Rdnr. 52; Simitis/*Seifert*, BDSG, § 32 Rdnr. 109.

692 *Däubler*/Klebe/Wedde/Weichert, BDSG, § 34 Rdnr. 55; *Däubler*, Gläserne Belegschaften, Rdnr. 540; allgemein zum Rückgriff auf § 34 BDSG *Gola/Wronka*, Handbuch Arbeitnehmerdatenschutz, Rdnr. 360ff.

Ordnungswidrigkeiten mit einer Geldbuße von bis zu fünfzigtausend Euro geahndet werden.

V. Zwischenergebnis

Dem Gemeldeten steht nach § 34 Abs. 1 BDSG ein Anspruch auf Auskunft über die zu seiner Person gespeicherten Daten zu, den er gegenüber seinem Arbeitgeber als der datenverarbeitenden Stelle geltend machen kann. Der Auskunftsanspruch bezieht sich dabei grundsätzlich auch auf den Namen des Whistleblowers als der Quelle der Daten, die die datenverarbeitende Stelle in diesem Fall auch mitzuspeichern hat. Es können allerdings rechtliche Interessen des Whistleblowers wie auch des Unternehmens/Arbeitgebers einer Auskunft insbesondere über die Person des Informanten entgegenstehen, die mit dem Auskunftsbegehren des Gemeldeten in Einklang zu bringen sind. Um diese Grenzen des Auskunftsanspruchs soll es im folgenden Abschnitt gehen.

§ 2 Kollision mit den Interessen des Whistleblowers sowie des Unternehmens an einer anonymen Ausgestaltung des Systems

Zu prüfen gilt es insbesondere, ob dem Whistleblower ein Recht zur Wahrung seiner Anonymität zusteht und inwiefern dieses Recht dem Auskunftsanspruch des Gemeldeten entgegengehalten werden kann. Zu diesem Zweck soll in einem ersten Schritt untersucht werden, welche Bedeutung die Anonymität in unserer Gesellschaft und in unserem Rechtssystem einnimmt. In einem zweiten Schritt soll dann geklärt werden, wie stark das Anonymitätsinteresse des Whistleblowers im Verhältnis zu den Rechten des Gemeldeten zu gewichten ist. In einem letzten Schritt wird es dann um die Entwicklung einer Lösung des Konflikts zwischen dem Anonymitätsbedürfnis des Whistleblowers und Betroffenenrechten gehen. Dabei wird festzustellen sein, dass ein Whistleblowing-System, welches dem Whistleblower bis zu einem bestimmten Punkt Vertraulichkeit zusichert, einem anonym ausgestalteten System vorzuziehen ist.[693]

693 Dies entspricht auch der Auffassung der Artikel 29 Gruppe, WP 117, S. 10f., sowie der CNIL, Stellungnahme der CNIL, S. 5.

A. Die Bedeutung der Anonymität in der Gesellschaft

Die Frage nach dem Wert der Anonymität ist nicht so sehr eine rechtliche als vielmehr eine gesellschaftliche.[694] Dabei ist mit Blick auf die vergangenen zwei Jahrzehnte sowohl auf rein tatsächlicher Ebene wie auch im Empfinden der Bevölkerung ein Wandel zu verzeichnen. Während früher Anonymität die Regel war, so scheint sich diese Regel vor dem Hintergrund neuer technischer Möglichkeiten, insbesondere auch im Zusammenhang mit der Nutzung elektronischer Informations- und Kommunikationsdienste, zur Ausnahme verkehrt zu haben.[695]

Beispiele für diese Entwicklung sind zahlreich. Zu nennen sei hier auf technischer Ebene nur die Umstellung des IP-Adressraums auf IPv6 (Internet Protocol Version 6), die die Vergabe dynamischer IP-Adressen bald überflüssig erscheinen lässt.[696] Soziale Netzwerke beziehungsweise Nachrichtendienste wie Facebook, StudiVZ und Twitter tragen darüber hinaus dazu bei, dass auch die Internetnutzer selbst zunehmend unbekümmert ihre Anonymität im Netz aufgeben.

Im Gegensatz zu dieser Entwicklung wollen Whistleblower in aller Regel ihre Identität geheim halten, um sich hierdurch insbesondere vor negativen Konsequenzen ihrer Informationsweitergabe zu schützen. Diesem Bedürfnis scheint das BDSG – zumindest auf den ersten Blick – entgegenzukommen. Denn trotz fortschreitender technischer Optionen zur Deanonymisierung hält das deutsche Datenschutzrecht am Wert der Anonymität fest. Dies wird besonders deutlich im Hinblick auf die Grundsätze der Datenvermeidung und der Datensparsamkeit in § 3a BDSG. § 3a S. 2 BDSG legt die Anonymisierung erhobener Daten sogar ausdrücklich als Zielvorgabe für die weitere Datenverarbeitung fest. Sofern eine Anonymisierung möglich ist und keinen unverhältnismäßigen Aufwand erfordert, soll diese vorgenommen werden. Die Vorgaben des BDSG würden also dafür sprechen, auch dem Whistleblower weitestgehend Anonymität zu gewähren, um somit den anfallenden Datenbestand möglichst gering zu halten und dem Prinzip der Datenvermeidung zu entsprechen.

Zu untersuchen sein wird im Folgenden, wie das Bedürfnis nach Anonymität in anderen Rechtsgebieten behandelt wird. Dabei soll insbesondere ein Augenmerk auf dem Umgang mit anonymen Informationsträgern liegen. Hieraus können Rückschlüsse darauf gezogen werden, wie gewichtig das Bedürfnis des Whistleblowers nach Anonymität im Verhältnis zu den datenschutzrechtlichen Rechten des Betroffenen auf Benachrichtigung und insbesondere Auskunft einzuschätzen ist.

---

694 *Hoeren*, ZRP 2010, 251.

695 *Pfitzmann*, Datenschutz und Anonymität, S. 11.

696 *Freund/Schnabel*, MMR 2011, 495, 497; *Hoeren*, ZRP 2010, 251, 253.

B. Umgang mit dem Bedürfnis nach Anonymität in anderen Rechtsgebieten

I. Petitionsrecht, Art. 17 GG

Ein naheliegender Vergleich ist der des Whistleblowers mit einem Petenten. Sowohl der Whistleblower als auch der Einsender einer Petition verfolgen letztlich das gleiche Ziel. Sie wollen auf beobachtete Missstände aufmerksam machen und hierdurch Verbesserungen erzielen. Anonymen Petenten wird jedoch in der Regel kein Gehör verschafft. Es entspricht herrschender Ansicht, dass eine Petition im Sinne des Art. 17 GG nicht anonym eingereicht werden kann.[697] Begründet wird dies zum einen mit dem Sinn und Zweck einer Petition, die auf eine Verbescheidung gerichtet ist.[698] Zum anderen kommen bei anonymen Petitionen Zweifel an der Ernsthaftigkeit des Vorbingens auf.[699] In der Praxis bleiben daher alle anonymen Eingaben vom Petitionsausschuss unbearbeitet.[700] Ähnliche Erwägungen liegen § 8 WBeauftrG zugrunde, der anonyme Eingaben an den Wehrbeauftragten von vorneherein ausschließt.

Die ablehnende Behandlung anonymer Petitionen zeigt bereits die Skepsis, mit der anonymen Anzeigen allgemein begegnet wird. Zwar könnte auf beobachtete Missstände in Politik, Gesellschaft oder Bundeswehr durchaus auch anonym aufmerksam gemacht werden. Aus Angst vor denunziatorischen oder scherzhaften Eingaben werden derartige Anzeigen jedoch nicht behandelt. Das Misstrauen, das anonymen Petitionen entgegengebracht wird, ist auch anonymen Whistleblower-Anzeigen gegenüber angebracht. Zwar erwartet der Whistleblower im Gegensatz zu einem Petenten in der Regel keine an ihn adressierte Verbescheidung, so dass insofern seine Anonymität nicht zum Problem würde.[701] Noch größer als bei einer an eine Behörde oder öffentliche Einrichtung beziehungsweise die Volksvertretung gerichteten Petition ist bei einer Whistleblower-Anzeige allerdings die Gefahr der Bösgläubigkeit des Anzeigenden. Denn eine Anzeige beim Arbeitgeber kann unmittelbar spürbare Konsequenzen für den Whistleblower nach sich ziehen. Dieser könnte sich etwa berufliche Vorteile da-

697 Siehe hierzu oben Teil 2 § 1 A II 2.

698 MD/*Klein*, GG, Art. 17 Rdnr. 62; MKS/*Brenner*, GG, Art. 17 Rdnr. 26; siehe auch oben Teil 2 § 1 A II 2.

699 MKS/*Brenner*, GG, Art. 17 Rdnr. 27.

700 *Linn/Sobolewski*, So arbeitet der Deutsche Bundestag, S. 36, abrufbar unter: https://www.btg-bestellservice.de/pdf/10041000.pdf; Petitionen im Deutschen Bundestag, S. 3, abrufbar unter: https://www.btg-bestellservice.de/pdf/20079000.pdf.

701 Vgl. Teil 2 § 1 A II 2.

von versprechen, einen Kollegen bei seinem Arbeitgeber „anzuschwärzen“ und auf diese Weise einen unliebsamen Konkurrenten in Misskredit zu bringen.

Ein Vergleich mit dem grundrechtlich verbürgten Petitionsrecht würde also zunächst gegen eine Zulassung anonymer Whistleblower-Anzeigen sprechen.

II. IFG

Weiteren Aufschluss könnte ein Blick in das IFG des Bundes bringen. Dieses regelt den Zugang der Bürger zu amtlichen Informationen der Bundesbehörden. Das IFG bietet sich aufgrund seines Sachzusammenhangs zum Datenschutzrecht in besonderem Maße als Vergleichsmaterie an.

1. Hintergrund und Anwendungsbereich des IFG

In einer „Informationsgesellschaft“ ist der Zugang zu Informationen essentiell.[702] Informationen sind handelbares Wirtschaftsgut[703], Grundlage des demokratischen Staatswesens[704] sowie Voraussetzung einer effektiven Rechtewahrnehmung jedes Einzelnen[705] zugleich. Sie sind Grundlage der öffentlichen Meinungsbildung[706], Bedingung für eine wirksame Kontrolle der Verwaltung[707] sowie unerlässlich für die Wahrnehmung der Grundrechte[708]. Wenn also der Zugang des Bürgers zu den staatlichen Informationsressourcen zwar nicht verfassungsrechtlich – etwa aufgrund des Grundrechts der Informationsfreiheit aus Art. 5 Abs. 1 S. 1, 2. Hs. GG – geboten ist, so ist er jedenfalls doch in einem freiheitlich-demokratischen Rechtsstaat rechtspolitisch erforderlich.[709] Dies hat auch der Gesetzgeber erkannt und mit dem IFG des Bundes, welches am 1. Januar 2006 in Kraft getreten ist, der Bedeutung von „Informationen“ in unserer Gesellschaft Rechnung getragen.

Das IFG des Bundes bestimmt einen grundsätzlichen Anspruch des Bürgers gegenüber Bundesbehörden auf Zugang zu amtlichen Informationen, § 1 Abs. 1 S. 1 IFG. Die Informationsfreiheitsgesetze der Länder beziehen sich demgegenüber entsprechend auf Auskunftsansprüche gegenüber den öffentlichen

702 *Schoch*, IFG, Einl. Rdnr. 3; *Schoch/Kloepfer*, IFG-ProfE, S. 206; *Weichert*, DuD 2010, 7, 12.

703 *Schoch*, IFG, Einl. Rdnr. 3, 9 m. w. N.

704 BVerfGE 27, 71, 81 = *BVerfG*, NJW 1970, 235, 236; *Jastrow/Schlatmann*, IFG, Einl. Rdnr. 1; *Schoch*, IFG, Einl. Rdnr. 3.

705 *Rossi*, IFG, Einl. Rdnr. 26; *Schoch*, IFG, Einl. Rdnr. 5, 41; *Schoch/Kloepfer*, IFG-ProfE, S. 205.

706 BVerfGE 27, 71, 81 = *BVerfG*, NJW 1970, 235, 236; *Schoch*, IFG, Einl. Rdnr. 44; *Mensching*, VR 2006, 1, 2.

707 *Rossi*, IFG, Einl. Rdnr. 25; *Schoch*, IFG, Einl. Rdnr. 37; *Rossi*, Informationszugangsfreiheit, S. 94; *Mensching*, VR 2006, 1, 2.

708 *Rossi*, IFG, Einl. Rdnr. 26; *ders.*, Informationszugangsfreiheit, S. 114.

709 *Schoch*, IFG, Einl. Rdnr. 5, 47; *Mensching*, VR 2006, 1, 3; *Roßnagel*, MMR 2007, 16, 17.

Stellen der Länder und Gemeinden, vgl. etwa § 2 Abs. 1 IFG NRW. Da es im Rahmen dieser Arbeit um die Einrichtung von Whistleblowing-Systemen in Unternehmen – das heißt in privatwirtschaftlichen Stellen – geht, findet das IFG keine unmittelbare Anwendung. Dennoch können die Regelungen, insbesondere die Ausnahmetatbestände, des IFG Anhaltspunkte für den Umgang mit vertraulich zu behandelnden Informationen geben. Das IFG bietet sich aufgrund seiner unübersehbaren Beziehung zum Datenschutzrecht zudem als Vergleichsmaterie an. Sowohl das BDSG wie auch das IFG dienen letztlich der Verwirklichung der Grundrechtspositionen der Bürger in der technikgeprägten und sich stets weiter entwickelnden Informationsgesellschaft.[710] Zwar geht das BDSG von den Grundsätzen der Datensparsamkeit und Datenvermeidbarkeit aus, wohingegen das IFG gerade einen Informations-, das heißt Datenanspruch, normiert.[711] Dennoch greifen die Regelungsmaterien ineinander.[712]

2. Schutz vertraulicher Informationen nach dem IFG

a. Der Ausnahmetatbestand des § 3 Nr. 7 IFG

Der Anspruch auf Informationszugang nach dem IFG wird durch weitreichende Ausnahmetatbestände in § 3 IFG eingeschränkt. Zum Schutz vertraulicher Informationen bestimmt § 3 Nr. 7 IFG, das der Informationszugang nicht besteht „bei vertraulich erhobener oder übermittelter Information, soweit das Interesse des Dritten an einer vertraulichen Behandlung im Zeitpunkt des Antrags auf Informationszugang noch fortbesteht“.

Was genau eine vertrauliche Information ist, sagt das Gesetz nicht. Auch die Gesetzesbegründung ist zu diesem Punkt wenig aussagekräftig. Hier heißt es lediglich „vertraulich ist eine vertraulich von der Behörde erhobene oder an die Behörde übermittelte Information“.[713] Ob im Hinblick auf die Bewertung der Vertraulichkeit ein objektiver Maßstab anzulegen ist[714] oder ob es allein auf die subjektive Sichtweise des Informanten ankommt[715], ist demgemäß nicht eindeutig bestimmbar. Zwar spricht § 3 Nr. 7 IFG lediglich von dem „Interesse des

---

710 *Weichert*, DuD 2010, 7, 12.

711 *Weichert*, DuD 2010, 7, 12.

712 Dies belegt schon der Versuch, Datenschutzrecht und Informationszugangsrecht in einem zentralen Informationsgesetzbuch zusammenzufassen: *Weichert*, DuD 2010, 7, 12 mit Hinweis auf den 62. Deutschen Juristentag im Jahr 1998; hierzu *Seiler*, JZ 1999, 136, 141; DuD 1998, 667.

713 BTDrucks 15/4493 S. 11.

714 So Berger/*Roth*/Scheel, IFG, § 3 Rdnr. 145; *Schoch*, IFG, § 3 Rdnr. 192.

715 So *Sitsen*, S. 191.

Dritten“, nicht von einem „schutzwürdigen“ oder „berechtigten“ Interesse.[716] Dies könnte darauf hindeuten, dass es im Rahmen der Einstufung der Vertraulichkeit allein auf den Willen des Informanten ankommt.[717] Dieses Ergebnis begegnet jedoch erheblichen Bedenken. Der Anspruch auf Informationszugang nach dem IFG dient der Transparenz und insbesondere der öffentlichen Kontrolle staatlichen Handelns[718], stärkt die demokratische Teilhabe des Bürgers am staatlichen Geschehen[719] und ist nicht zuletzt Voraussetzung für eine effektive Wahrnehmung der Grundrechte, insbesondere aus Art. 2 Abs. 1, 1 Abs. 1 GG (Persönlichkeitsentfaltung) sowie Art. 12 Abs. 1, 14 Abs. 1 GG (Wirtschaftsgrundrechte)[720]. Aufgrund dieser weitreichenden Bedeutung des Informationszugangsrechts kann das Ausnahmekriterium der Vertraulichkeit nicht in das Belieben des Informanten gestellt werden.[721] Die Gefahr einer Aushebelung des Informationszugangsanspruchs wäre zu groß.[722] Ausgeschlossen ist die Anerkennung der Vertraulichkeit einer Information jedenfalls dann, wenn ein Informant leichtfertig oder gar wider besseres Wissen falsche Angaben gemacht hat.[723]

Auch gilt die Ausnahme der Vertraulichkeit nicht unbegrenzt. Voraussetzung ist nach § 3 Nr. 7 IFG, dass das Interesse an der Vertraulichkeit auch im Zeitpunkt des Antrags auf Informationszugang noch besteht. Bei Anhaltspunkten für ein Entfallen der Vertraulichkeit haben die Behörden diesen durch Nachfrage nachzugehen.[724]

b. Hintergrund des Ausnahmetatbestands des § 3 Nr. 7 IFG

Der Schutzzweck des Ausnahmetatbestandes des § 3 Nr. 7 IFG zugunsten vertraulicher Informationen ist zum einen auf die Person des Informanten gerichtet, die vor einer Preisgabe ihrer Identität bewahrt wird, zum anderen dient die Vorschrift jedoch auch unmittelbar öffentlichen Interessen.[725] Letzteres tritt aus der

716 *Sitsen*, S. 191.

717 *Sitsen*, S. 191.

718 *Schoch*, IFG, Einl. Rdnr. 37; *Rossi*, Informationszugangsfreiheit, S. 94ff.; *Sitsen*, S. 41f. m. w. N.

719 *Jastrow/Schlatmann*, IFG, Einl. Rdnr. 1; *Schoch*, IFG, Einl. Rdnr. 39; *Rossi*, Informationszugangsfreiheit, S. 99ff.; *Schmitz/Jastrow*, NVwZ 2005, 984, 985.

720 *Schoch*, IFG, Einl. Rdnr. 41; *Mensching*, VR 2006, 1, 3.

721 Berger/*Roth*/Scheel, IFG, § 3 Rdnr. 145; *Schoch*, IFG, § 3 Rdnr. 192; *Dix*, A-Drs. 15(4)196 S. 10.

722 *Schoch*, IFG, § 3 Rdnr. 192.

723 BVerwGE 89, 14, 19f. = *BVerwG*, NJW 1992, 451f; *RhPfVerfGH*, NJW 1999, 2264; *OVG NRW*, RDV 2002, 127, 128; *Schoch*, IFG, § 3 Rdnr. 193.

724 *Jastrow/Schlatmann*, IFG, § 3 Rdnr. 111; BTDrucks 15/4493, S. 12.

725 *Jastrow/Schlatmann*, IFG, § 3 Rdnr. 106ff.; *Schoch*, IFG, § 3 Rdnr. 188f.

Gesetzesbegründung zu § 3 Nr. 7 IFG deutlich hervor. Die Behörden seien in hohem Maße auf die Informationszusammenarbeit mit den Bürgern angewiesen, heißt es dort.[726] Gerade für die wirksame Bekämpfung von Korruption benötigen die Behörden Hinweise aus der Bevölkerung, insbesondere durch Insider.[727] Ein Vergleich mit dem IFG zeigt somit, dass anonymen Informanten keinesfalls durchgehend mit Misstrauen begegnet wird. Vielmehr kann die Wahrung der Anonymität sowohl zur Sicherung des Persönlichkeitsschutzes des Informanten als auch zur Förderung der Anzeigebereitschaft sinnvoll sein.

III. Strafprozessrecht

Aufschlussreich dürfte letztlich auch ein kurzer Blick ins Strafprozessrecht und insbesondere auf die Behandlung anonymer Strafanzeigen sein. Aus dem Legalitätsprinzip (§ 152 Abs. 2 StPO) folgt die Pflicht der Ermittlungsbehörden, auch anonymen Anzeigen nachzugehen, sofern diese den Anfangsverdacht einer strafbaren Handlung begründen.[728] Gerade im Bereich der Wirtschaftskriminalität wird anonymen Strafanzeigen großes Gewicht beigemessen.[729]

Dennoch wird der anonymen Anzeige in der Praxis mit Skepsis begegnet. Die Gefahr missbräuchlicher oder zumindest unrichtiger Anzeigen ist hier merkbar erhöht.[730] Dieser Befund beruht nicht zuletzt darauf, dass der Anzeigende bei anonymer Anzeigenerstattung nicht für den Wahrheitsgehalt seiner Angaben persönlich einzustehen hat.[731] Bevor weitere Ermittlungsmaßnahmen in Richtung auf den Beschuldigten getroffen werden, wird in den Fällen anonymer Anzeigen daher stets eine besonders sorgfältige Prüfung der vorgebrachten Verdachtsmomente verlangt.[732] Auch Anstrengungen der Ermittlungsbeamten zur Feststellung der Identität des Anzeigenden werden als ratsam erachtet, um Rückfragen zu ermöglichen und böswillige Anschuldigungen auszuschließen.[733] Ein strafprozess-

---

726 BTDrucks 15/4493.

727 *Jastrow/Schlatmann*, IFG, § 3 Rdnr. 107; *Rossi*, IFG, § 3 Rdnr. 60; *Schoch*, IFG, § 3 Rdnr. 187; *Schmitz/Jastrow*, NVwZ 2005, 984, 992.

728 BeckOK-StPO/*Patzak*, § 158 Rdnr. 5; Karlsruher Kommentar/*Griesbaum*, StPO, § 158 Rdnr. 16; *Meyer-Goßner*, StPO, § 158 Rdnr. 12, § 160 Rdnr. 9; *Warg*, MMR 2006, 77, 82.

729 *Bannenberg/Schaupensteiner*, Korruption in Deutschland, S. 39; *Peemöller/Hofmann*, Bilanzskandale, S. 18; *Gänßle*, Kritische Justiz 2007, 265, 273; *Koch*, ZIS 2008, 500, 503f.

730 *Hefendehl*, FS Amelung, 619, 630; *Pohl*, Informationsbeschaffung, S. 140f.; *Puschke*, MschrKrim 2005, 380, 388.

731 *Backes*, StV 2006, 712, 714; *Hefendehl*, FS Amelung, 619, 630; historisch: *Koch*, Denunciatio, S. 93ff., 129ff.

732 BeckOK-StPO/*Patzak*, § 158 Rdnr. 5; *Meyer-Goßner*, StPO, § 160 Rdnr. 9; *Backes*, StV 2006, 712, 714.

733 Karlsruher Kommentar/*Griesbaum*, StPO, § 158 Rdnr. 16.

rechtlich verbürgtes Recht des Anzeigenden auf Wahrung seiner Anonymität besteht jedenfalls grundsätzlich nicht.[734]

Dennoch kann es im Einzelfall angezeigt sein, eine Strafanzeige vertraulich zu behandeln. Die Schutzwürdigkeit des Wunsches auf Vertraulichkeit des Zeugen ist dabei im Rahmen einer Abwägung unter Berücksichtigung verfassungsrechtlicher Belange festzustellen. In diese Abwägung sind insbesondere die Schwere der angezeigten Straftat, die Belastung des Beschuldigten durch die ihm drohenden Nachteile sowie das Gewicht aller Umstände, die einer gerichtlichen Zeugenvernehmung entgegen stehen, einzustellen.[735] Ausgeschlossen ist eine vertrauliche Behandlung allerdings bei Vorliegen einer bewusst unwahren, verleumderischen Anzeige.[736] In einem solchen Fall muss dem zu Unrecht Beschuldigten schon nach dem Grundsatz eines fairen Verfahrens eine wirksame Verteidigung ermöglicht werden. Dies setzt aber voraus, dass er nicht nur den Inhalt, sondern auch den Urheber der gegen ihn gerichteten diffamierenden Aussage kennt.[737]

Diese Grundsätze zur vertraulichen Behandlung von Zeugenaussagen im Rahmen eines Strafverfahrens lassen sich auf den Fall des Whistleblowings leicht übertragen. Auch der Whistleblower ist im Falle eines diffamierenden, wissentlich falschen Hinweises in Bezug auf die Geheimhaltung seiner Identität nicht länger schutzwürdig. Der über ein Whistleblowing-System Gemeldete seinerseits muss sich gegen unwahre Anschuldigungen effektiv zur Wehr setzen können.

IV. Schlussfolgerung

Das Bedürfnis des Whistleblowers nach Anonymität sollte ernst genommen werden. Auch wenn anonymen Anzeigen in anderen Zusammenhängen – erinnert sei hier an die mangelnde Behandlung anonymer Petitionen nach Art. 17 GG und die Vorbehalte gegenüber anonymen Strafanzeigen – wenig Beachtung geschenkt wird, besteht sowohl auf Seiten des Whistleblowers als auch auf Seiten der Unternehmensleitung ein berechtigtes Interesse an der Zulassung anonymer oder zumindest vertraulicher Anzeigen über ein Whistleblowing-System. Ohne eine entsprechende Anzeigemöglichkeit steht zu befürchten, dass das Whistleblowing-System von den Beschäftigten nicht angenommen wird. Auch das IFG verfolgt diesen Ansatz. Vertrauliche Informationen sind für Behörden wie Un-

734 *Warg*, MMR 2006, 77, 82, 83.

735 BVerfGE 57, 250, 285 = *BVerfG*, NJW 1981, 1721, 1724; *Warg*, MMR 2006, 77, 83.

736 *Warg*, MMR 2006, 77, 83.

737 *BVerwG*, NJW 1965, 1450, 1451; *Warg*, MMR 2006, 77, 83.

ternehmen ein wertvolles Gut im Kampf gegen Korruption und weitere Missstände. Dennoch sollte auch der Auskunftsanspruch des Betroffenen und insbesondere sein Interesse, sich gegen unwahre Beschuldigungen wirksam verteidigen zu können, nicht außer Acht gelassen werden. Der hier erforderlichen Suche nach einem Kompromiss zwischen den widerstreitenden Interessen widmet sich der folgende Abschnitt dieser Arbeit.

C. Das Bedürfnis nach Anonymität als Grenze des datenschutzrechtlichen Auskunftsanspruchs

I. Grenzen des Auskunftsanspruchs

Der Auskunftsanspruch nach § 34 BDSG wird dem Betroffenen nicht grenzenlos gewährt. Nach § 34 Abs. 1 S. 4 BDSG kann die Auskunft über die Herkunft der Daten verweigert werden, wenn das Interesse an der Wahrung eines Geschäftsgeheimnisses das Informationsinteresse des Betroffenen überwiegt. Allerdings gilt dieser Ausnahmetatbestand nur für den – hier nicht einschlägigen – Auskunftsanspruch nach § 34 Abs. 1 S. 3 BDSG, sofern es also um die geschäftsmäßige Datenspeicherung zum Zwecke der Übermittlung geht. Eine Abwägungsklausel im Hinblick auf die Interessenlage des Hinweisgebers als der Quelle der Information findet sich aber auch hier nicht.

Eine solche ergibt sich allerdings aus § 34 Abs. 7 i. V. m. § 33 Abs. 2 S. 1 Nr. 3 BDSG, nach dem die Daten aufgrund eines überwiegenden rechtlichen Interesses eines Dritten geheim gehalten werden können. Interessen an der Geheimhaltung der Identität des Whistleblowers bestehen sowohl auf Seiten des Whistleblowers selbst als auch auf Seiten des ein Whistleblowing-System betreibenden Unternehmens. Bei den im Rahmen des § 34 Abs. 7 i. V. m. § 33 Abs. 2 S. 1 Nr. 3 BDSG in Betracht zu ziehenden Interessen muss es sich allerdings auch um solche rechtlicher Art, das heißt um rechtlich begründete Interessen, handeln. Rein wirtschaftliche oder ideelle Interessen können zwar ein „berechtigtes“ Interesse darstellen, aber kein „rechtliches“. Letzteres wird jedoch von § 33 Abs. 2 S. 1 Nr. 3 BDSG verlangt.[738]

In Bezug auf die Interessen des Unternehmens als der für die Datenverarbeitung verantwortlichen Stelle kommt allerdings auch weniger der Ausnahmetatbestand des § 33 Abs. 2 S. 1 Nr. 3 BDSG als vielmehr der des § 33 Abs. 2 S. 1 Nr. 7b) BDSG in Betracht.[739] Nach Letzterem hat die Benachrichtigung bezie-

738 Simitis/*Dix*, BDSG, § 33 Rdnr. 77; *Mallmann*, GewA 2000, 354, 358.
739 Simitis/*Dix*, BDSG, § 33 Rdnr. 84.

hungsweise Auskunft an den Betroffenen zu unterbleiben, wenn diese die Geschäftszwecke der verantwortlichen Stelle erheblich gefährden würde, es sei denn, das Interesse an der Benachrichtigung würde die Gefährdung überwiegen. Würde man auch hinsichtlich der Geheimhaltungsinteressen des Unternehmens als der verantwortlichen Stelle auf § 33 Abs. 2 S. 1 Nr. 3 BDSG zurückgreifen können, bestünde die Gefahr, dass die strengeren Voraussetzungen des § 33 Abs. 2 S. 1 Nr. 7b) BDSG (Gefährdung des Geschäftszwecks statt nur entgegen stehendes rechtliches Interesse) letztlich unterlaufen würden.[740]

Die Interessen, die dem Auskunftsanspruch des Gemeldeten konkret entgegenstehen, werden in den folgenden Abschnitten dargestellt.

II. Interesse des Whistleblowers an der Geheimhaltung seiner Identität, § 34 Abs. 7 i. V. m. § 33 Abs. 2 S. 1 Nr. 3 BDSG

1. Wahrung der Anonymität aus Angst vor Vergeltungsmaßnahmen

Whistleblower, die Missstände oder Verhaltensverstöße melden, werden oftmals Opfer von Vergeltungsmaßnahmen. Im schlimmsten Fall droht ihnen die fristlose Kündigung durch den Arbeitgeber.[741] Zwar ist das Risiko arbeitsrechtlicher Konsequenzen im Falle der Nutzung eines eigens zum Zwecke des Whistleblowings vom Arbeitgeber eingerichteten Systems geringer. Zudem hat der EGMR in seiner Entscheidung vom 21.7.2011 die Rechte der Whistleblower weiter gestärkt und die Kündigung der Beschwerdeführerin aufgrund einer Strafanzeige gegen ihren Arbeitgeber als unverhältnismäßig und Verstoß gegen Art. 10 der Europäischen Menschenrechtskonvention eingestuft.[742] Auch der EGMR hält Kündigungen aufgrund von Arbeitnehmeranzeigen jedoch nicht grundsätzlich für rechtswidrig. Vielmehr hat stets eine Interessenabwägung im Einzelfall stattzufinden.[743]

Abgesehen von einer möglichen Kündigung bleiben zudem die außerrechtlichen Konsequenzen. Zeigen Whistleblower Kollegen an, so haftet ihnen häufig der Vorwurf des Denunziantentums an, sie werden als Nestbeschmutzer und

---

740 Simitis/*Dix*, BDSG, § 33 Rdnr. 84; vgl. auch *Däubler*/Klebe/Wedde/Weichert, § 33 Rdnr. 36.

741 Vgl. z. B. BAGE 107, 36 = *BAG*, NJW 2004, 1547 (Sozialarbeiter-Fall); *BAG*, NJW 1961, 44 (Speditions-Fall); *LAG Baden-Württemberg*, Urteil v. 20.10.1976 – Az. 6 Sa 51/76 (Schweißer-Fall); aber *BVerfG*, NZA 2001, 888 für den Fall einer Strafanzeige durch einen Arbeitnehmer; zu diesen und weiteren Urteilen ausführlich *Berthold*, Whistleblowing in der Rechtsprechung des BAG, S. 11ff.; *Müller*, NZA 2002, 424, 432ff.

742 *EGMR*, NJW 2011, 3501 (Heinisch/Deutschland).

743 *EGMR*, NJW 2011, 3501, 3503ff. (Heinisch/Deutschland); *Abraham*, ZRP 2012, 11; *Simon/Schilling*, BB 2011, 2421, 2426.

Verräter enttarnt und zukünftig gemieden. Diese Aussichten beeinflussen die Entscheidung des Whistleblowers nachhaltig.[744] Ohnehin befindet sich der Whistleblower in einem Gewissenskonflikt: Soll er den Vorgesetzten/Kollegen anzeigen und damit gegebenenfalls weitreichende Folgen für das Unternehmen auslösen oder soll er sich dem Unternehmen gegenüber vermeintlich „loyal" verhalten und seine Entdeckung für sich behalten?[745] Zwar kann nie gänzlich ausgeschlossen werden, dass der Name des Meldenden auch bei einer anonymen Meldung von seinen Kollegen oder Vorgesetzten erraten wird.[746] Diese Gefahr verstärkt sich, je enger der Kreis potenzieller Hinweisgeber bei der Einrichtung des Systems gezogen wird.[747] Allerdings dürfte ein Rückschluss auf die Person des Whistleblowers letztlich nur in wenigen Fällen gelingen, so dass sich der Whistleblower durch Anonymität weitgehend wirksam gegen negative Konsequenzen seiner Meldung schützen kann.

2. Rechtliche Begründung des Interesses an Anonymität

Die Angst des Whistleblowers, aufgrund seines Whistleblowings zum Opfer von Vergeltungsmaßnahmen seitens des Vorgesetzten oder der Kollegen zu werden, ist in jedem Fall berechtigt. Die Voraussetzungen für das Vorliegen eines „berechtigten" Interesses sind denkbar gering. Jede vernünftige, mit der Rechtsordnung in Einklang stehende Begründung für das Interesse ist hier ausreichend.[748]

Um im Rahmen der nach § 34 Abs. 7 i. V. m. § 33 Abs. 2 S. 1 Nr. 3 BDSG erforderlichen Interessenabwägung Berücksichtigung finden zu können, müsste es sich bei diesem Interesse jedoch auch um ein solches rechtlicher Art handeln. Die Voraussetzungen des Ausnahmetatbestandes des § 33 Abs. 2 S. 1 Nr. 3 BDSG haben sich im Vergleich zu § 33 BDSG 1977 insofern verschärft, als ein bloß „berechtigtes" Interesse eines Dritten zur Verneinung des Auskunftsanspruchs nicht mehr ausreicht.[749] „Ein rechtliches Interesse muss rechtlich begründet sein."[750] Entscheidend ist hierbei, dass das von dem Whistleblower an der Geheimhaltung der Daten geltend gemachte Interesse von der Rechtsordnung

744 *Gola/Wronka*, Handbuch Arbeitnehmerdatenschutz, Rdnr. 674.
745 *Schemmel/Ruhmannseder/Witzigmann*, 4. Kapitel, Rdnr. 6.
746 Artikel 29 Gruppe, WP 117, S. 10.
747 *Sänger*, Whistleblowing, S. 98.
748 Erbs/Kohlhaas/*Ambs*, § 16 BDSG Rdnr. 8; Simitis/*Dammann*, BDSG, § 16 Rdnr. 17.
749 Anders insoweit trotz des veränderten Wortlauts der Norm *Schaffland/Wiltfang*, BDSG, § 33 Rdnr. 63.
750 *Mallmann*, GewArch 2000, 354, 358.

anerkannt ist.[751] Es muss ein „unmittelbarer Zusammenhang mit Rechtsverhältnissen“ des Dritten bestehen.[752]

Das Interesse des Whistleblowers an der Wahrung seiner Anonymität ist durchaus von der Rechtsordnung anerkannt. Es entspringt dem informationellen Selbstbestimmungsrecht und wird insoweit durch Art. 2 Abs. 1, 1 Abs. 1 GG sowie durch einzelne Vorschriften des BDSG – als Beispiel sei hier nochmals an die Grundsätze der Datenvermeidung und Datensparsamkeit aus § 3a BDSG erinnert – geschützt. Drohen dem Whistleblower bei Preisgabe seiner Anonymität negative Konsequenzen wie Mobbing oder gar der Verlust seines Arbeitsplatzes, so ist auch ein unmittelbarer Zusammenhang mit einem Rechtsverhältnis – nämlich dem Arbeitsverhältnis – des Informanten gegeben.

3. Besonderheiten bei Arbeitnehmerdaten

Auch die Herkunft der Daten gehört nach dem Wortlaut des § 34 Abs. 1 S. 1 Nr. 1 BDSG zu den personenbezogenen Daten des Betroffenen.[753] Der Betroffene, das heißt die über das Whistleblowing-System angezeigte Person, ist Arbeitnehmer. Insoweit handelt es sich also auch bei der Herkunft der Daten um ein „Arbeitnehmerdatum“.

Die Geltung des Ausnahmetatbestands des § 33 Abs. 2 S. 1 Nr. 3 BDSG wird in Bezug auf Arbeitnehmerdaten – zumeist unter Berufung auf die entsprechende Passage in der Regierungsbegründung des BDSG 1990 – stark angezweifelt.[754] Allerdings spricht auch die Regierungsbegründung lediglich davon, dass „soweit es sich um Daten der Beschäftigten handelt der Wegfall der Benachrichtigungspflicht *in der Regel* nicht auf Nr. 3 (...) gestützt werden kann“.[755] Ausnahmen von dieser Regel können jedoch etwa im Falle staatlicher Ermittlungsmaßnahmen eintreten.[756] Auch im Falle des Betriebs eines Whistleblowing-Systems geht es letztlich um unternehmensinterne oder – bei erster Bestätigung eines vorgebrachten Verdachts einer Straftat – auch um staatliche Ermittlungsmaßnahmen. Insofern erscheint es hier gerechtfertigt, den Ausnahmetatbestand des § 33 Abs. 2 S. 1 Nr. 3 BDSG auch in Bezug auf Beschäftigtendaten anzuwen-

751 *Däubler*/Klebbe/Wedde/Weichert, BDSG, § 33 Rdnr. 30.

752 Simitis/*Dammann*, BDSG, § 16 Rdnr. 17.

753 Simitis/*Dix*, BDSG, § 34 Rdnr. 22.

754 *Auernhammer*, BDSG, § 33 Rdnr. 15; *Däubler*/Klebe/Wedde/Weichert, BDSG, § 33 Rdnr. 37; Simitis/*Dix*, BDSG, § 33 Rdnr. 85; *Däubler*, Gläserne Belegschaften, Rdnr. 517.

755 BTDrucks 11/4306, 51.

756 *Däubler*, Gläserne Belegschaften, Rdnr. 517.

den.[757] Die erforderliche Interessenabwägung unterliegt hier jedoch besonders strengen Maßstäben, insbesondere wenn und weil es um die Offenlegung der Person des Informanten als Quelle der Daten geht.[758]

III. Interesse des Unternehmens an einer Geheimhaltung der Identität des Whistleblowers

1. Gefährdung der Geschäftszwecke durch die Auskunftserteilung, § 34 Abs. 7 i. V. m. § 33 Abs. 2 S. 1 Nr. 7b) BDSG

Nicht nur im Hinblick auf Informationen über die Herkunft der Daten, sondern darüber hinaus auch in den Bereichen, in denen der Auskunftsanspruch des Betroffenen nach § 34 BDSG an sich voll durchschlagen würden – also etwa im Hinblick auf Daten über die Tatsache der Meldung an sich, den vorgebrachten Vorwurf und den weiteren Umgang mit den zur Person des Gemeldeten gespeicherten Daten – können sich aus entgegenstehenden überwiegenden Interessen Einschränkungen ergeben.

Solche Einschränkungen folgen insbesondere aus dem Aspekt der drohenden Zweckvereitelung. Diese beschreibt die Gefahr, dass die Untersuchung der durch den Whistleblower angezeigten Missstände verhindert oder jedenfalls erschwert wird.[759] So stellte auch die Artikel 29 Datenschutzgruppe der EU fest, dass die Auskunft an den Betroffenen solange zurückgehalten werden kann, wie das begründete Risiko besteht, dass eine solche Auskunft den Erfolg der erforderlichen Ermittlungs- und Aufklärungsarbeit hinsichtlich des gemachten Vorwurfs gefährden würde. Dabei soll ein Zurückhalten der Informationen gegenüber dem Betroffenen allerdings die Ausnahme darstellen und nur im Einzelfall gerechtfertigt sein.[760] („*However, where there is substantial risk that such notification would jeopardise the ability of the company to effectively investigate the allegation or gather the necessary evidence, notification to the incriminated individual may be delayed as long as such risk exists. (...) It (this rule) must be applied restrictively, on a case-by-case basis, and it should take account of the wider interests at stake.*“) Ganz ähnlich argumentiert auch die CNIL, wenn sie empfiehlt, dass die gemeldete Person nicht eher über die Meldung informiert werden sollte,

757 Simitis/*Dix*, BDSG, § 33 Rdnr. 84 lehnt eine Anwendbarkeit des § 33 Abs. 2 S. 1 Nr. 3 BDSG dagegen generell für „Warn- und Hinweissysteme, die der Verminderung von Risiken und der Prävention von Wirtschaftsdelikten dienen“ ab.

758 *Auernhammer*, BDSG, § 33 Rdnr. 15.

759 *Breinlinger/Kader*, RDV 2006, 60, 67; *Király*, ZRP 2011, 146, 147; *Niedostadek*, S. 164; *Schmidt*, Governance, S. 67; *von Zimmermann*, RDV 2006, 242, 247.

760 Artikel 29 Gruppe, WP 117, S. 13.

bis die notwendigen Beweise zum weiteren Nachgang der Anzeige gesichert worden sind.[761] („*At any rate, the reported individual should not be informed before indispensable protective measures have been taken, in particular to avoid the destruction of evidence necessary to the handling of the report.*")

Eine Einschränkung des Auskunftsanspruchs des Betroffenen zur Sicherung der Effektivität der (strafrechtlichen) Ermittlungen und zum Schutz vor einer Vereitelung der Untersuchungsmaßnahmen im Zusammenhang mit der Anzeige des Whistleblowers ist also gerechtfertigt. Rechtlich kann diese auf § 34 Abs. 4 i. V. m. § 33 Abs. 2 S. 1 Nr. 7b) BDSG gestützt werden. Danach besteht das Benachrichtigungs- beziehungsweise Auskunftsrecht des Betroffenen dann nicht, wenn Benachrichtigung/Auskunftserteilung die Geschäftszwecke der verantwortlichen Stelle erheblich gefährden würde, es sei denn, dass das Interesse an der Benachrichtigung die Gefährdung überwiegt. Eine Gefährdung der Geschäftszwecke des Unternehmens als der verantwortlichen Stelle liegt dabei auch dann vor, wenn der Untersuchungserfolg einer Maßnahme und damit die Aufklärung eines gemeldeten Rechts- oder Verhaltensverstoßes gefährdet würden.[762] Ob dieses Interesse das Interesse an der Benachrichtigung oder Auskunft überwiegt, wird im Einzelfall festzustellen sein.[763] Gegeben sein wird dies jedenfalls dann, wenn sich der über das Whistleblowing-System vorgebrachte Vorwurf auf schwerwiegende Wirtschaftsstraftaten bezieht.[764] Mutmaßungen über Straftaten reichen nicht aus. Vielmehr muss ein hinreichend konkreter Tatverdacht bestehen.[765] Im Übrigen lässt sich eine Schutzlosstellung des Betroffenen im Hinblick auf seine Rechte nach §§ 34f. BDSG nicht rechtfertigen.[766]

Über die Gefahr der Erschwerung der Aufklärung des erhobenen Vorwurfs hinaus sprechen auch weitere Unternehmensinteressen für eine Zulassung anonymer Meldungen.

---

761 Stellungnahme der CNIL, S. 6.

762 *Gola/Wronka*, Handbuch Arbeitnehmerdatenschutz, Rdnr. 371; *Breinlinger/Kader*, RDV 2006, 60, 68; *Niedostadek*, S. 164; *von Zimmermann*, RDV 2006, 242, 247.

763 *Gola/Schomerus*, BDSG, § 33 Rdnr. 40.

764 *Bergmann/Möhrle/Herb*, BDSG, § 33 Rdnr. 111; *Schaffland/Wiltfang*, BDSG, § 33 Rdnr. 79; *von Zimmermann*, RDV 2006, 242, 247; für ein generelles Überwiegen des Interesses an der Verhinderung der Gefährdung des Untersuchungserfolgs *Breinlinger/Kader*, RDV 2006, 60, 68; zweifelnd am Überwiegen des unternehmerischen Aufklärungsinteresses *Gola/Schomerus*, BDSG, § 33 Rdnr. 40; Simitis/*Dix*, BDSG, § 33 Rdnr. 111; *Gola/Wronka*, Handbuch Arbeitnehmerdatenschutz, Rdnr. 371: Korruptionsverdacht.

765 *Bergmann/Möhrle/Herb*, BDSG, § 33 Rdnr. 111; Simitis/*Dix*, BDSG, § 33 Rdnr. 112; *von Zimmermann*, RDV 2006, 242, 247.

766 Simitis/*Dix*, BDSG, § 33 Rdnr. 111.

2. Einhaltung der Vorgaben des SOX

Beruht die Implementierung des Systems auf dem Wunsch beziehungsweise dem Erfordernis, den Vorgaben des SOX zu genügen, kann lediglich eine Ausgestaltung, die anonyme Meldungen zulässt, die Voraussetzungen des amerikanischen Gesetzes erfüllen. So fordert Sec. 301 Abs. 4 (B) „*procedures for the confidential,* anonymous *submission by employees of the issuer of concerns regarding questionable accounting or auditing matters*". Selbst wenn keine Aufforderung zur anonymen Nutzung des Systems seitens der Unternehmensleitung ergeht, muss anonymen Meldungen, so sie denn bei dem System eingehen, zumindest nachgegangen werden.

Das Unternehmen setzt Whistleblowing-Systeme insbesondere im Rahmen von Compliance-Maßnahmen zur Bekämpfung von (Wirtschafts-)Kriminalität und anderweitigen Verhaltensverstößen seiner Beschäftigten ein. Dementsprechend besteht ein berechtigtes Interesse an der Effektivität des Systems. Will das Unternehmen das Mittel des Whistleblowings einsetzen, um Korruption und Bestechlichkeit entgegenzuwirken und seine in entsprechenden Ethikkodizes selbstauferlegten Verhaltensvorgaben durchzusetzen, so ist es darauf angewiesen, dass die Beschäftigten das System annehmen und für entsprechende Anzeigen nutzen. Die Akzeptanz und damit die Effektivität eines Whistleblowing-Systems hängen jedoch maßgeblich davon ab, ob auch eine anonyme oder zumindest vertrauliche Nutzung möglich ist.[767] Mit der Akzeptanz des Systems steigt ferner zugleich die von diesem System ausgehende abschreckende Wirkung. Das Wissen um die Zulassung anonymer Meldungen erhöht die Angst, entdeckt zu werden, und kann somit bereits präventiv Korruption und anderen Wirtschaftsdelikten oder Verhaltensverstößen entgegen wirken.[768]

Ob jedoch allein in der unzureichenden Erfüllung der SOX-Anforderungen oder der geringeren Effektivität eines Whistleblowing-Systems bereits eine „erhebliche Gefährdung der Geschäftszwecke" i. S. des § 34 Abs. 4 i. V. m. § 33 Abs. 2 S. 1 Nr. 7b) BDSG liegt, erscheint mehr als zweifelhaft. Darüber hinaus sollte man sich in letzterem Zusammenhang vor Augen führen, dass anonymen Meldungen auch ein geringerer Beweiswert zukommt. Die Gefahr missbräuchlicher Verwendung des Systems ist hier besonders groß.[769] Zudem besteht bei einer anonymen Ausgestaltung keine oder wenn nur eine begrenzte Möglich-

767 *Briegel*, Whistleblowing-Systeme, S. 175; Hauschka/*Pauthner-Seidel/Stephan*, Corporate Compliance, § 27 Rdnr. 117; *Sänger*, Whistleblowing, S. 171; *Breinlinger/Kader*, RDV 2006, 60, 65; *Koch*, ZIS 2008, 500, 501.

768 *Bürkle*, DB 2004, 2158, 2161.

769 Diese Gefahr sieht auch die Artikel 29 Gruppe, WP 117, S. 11.

keit, Anschlussfragen zur weiteren Erforschung des von dem Whistleblower vorgebrachten Sachverhalts zu stellen.[770]

IV. Zwischenergebnis

Der Auskunftsanspruch des Betroffenen (auch im Hinblick auf die Herkunft der zu seiner Person gespeicherten Daten) wird diesem nicht grenzenlos gewährleistet. Vielmehr können sowohl auf Seiten des Whistleblowers als auch auf Seiten des ein Whistleblowing-System betreibenden Arbeitgebers Interessen bestehen, die für die Zulassung anonymer Anzeigen und damit letztlich für eine Einschränkung des Auskunftsanspruchs sprechen.

Die Anonymität des Whistleblowers birgt jedoch auch Risiken, insbesondere besteht eine erhöhte Missbrauchsgefahr. Gerade vor diesem Hintergrund wird in dieser Arbeit für die Zusicherung der vertraulichen Behandlung von Whistleblower-Anzeigen statt der Zulassung anonymer Anzeigen plädiert.

Von den datenschutzrechtlichen Aufsichtsgremien wird zwar ein Nebeneinander von vertraulicher und anonymer Meldemöglichkeit vorgeschlagen.[771] Eine anonyme Nutzbarkeit des Systems solle zwar nicht gefördert werden, anonymen Hinweisen aber dennoch nachgegangen werden.[772] Durch die Einschränkung, dass anonymen Meldungen nachgegangen werden muss, wird der Grundsatz, nur namentliche Meldungen zuzulassen, jedoch in der Praxis in sein Gegenteil verkehrt. Werden auch anonyme Anzeigen behandelt, so besteht für die Whistleblower kein Anlass, ihre Identität preiszugeben und sie werden in der Regel darauf verzichten.

Organisatorische Maßnahmen, wie insbesondere die spezielle Schulung und Sensibilisierung von Mitarbeitern sowie das Stellen erhöhter Anforderungen an die Substanz anonymer Whistleblower-Anzeigen, können vielleicht in Einzelfällen denunziatorischen Anzeigen vorbeugen.[773] Das bestehende Problem anonymer Meldungen im Rahmen der Wahrnehmung datenschutzrechlicher Betroffenenrechte würde auch bei Vornahme entsprechender Maßnahmen allerdings nicht zufriedenstellend gelöst. Im Ergebnis ist daher ein gänzlich auf Vertraulichkeit basierendes Whistleblowing-System zu präferieren. Wie die Vertraulichkeit in der Praxis gewährleistet werden kann, soll im Folgenden untersucht werden. Es bietet sich hierfür eine Treuhand-Lösung an.

770 Artikel 29 Gruppe, WP 117, S. 10.
771 Artikel 29 Gruppe, WP 117, S. 11.
772 Artikel 29 Gruppe, WP 117, S. 11.
773 So *Sänger*, Whistleblowing, S. 172.

§ 3 Ansätze zur Lösung des Konflikts zwischen Auskunftsanspruch und Anonymitätsbedürfnis; Vertraulichkeit statt Anonymität

A. Datenverwaltung durch einen Treuhänder (Trustee-Lösung)

Die Auskunft nach § 34 BDSG kann auch ein Bevollmächtigter für den Betroffenen verlangen.[774] Zur Lösung des Konflikts zwischen dem Auskunftsanspruch des Betroffenen und dem berechtigten Interesse des Whistleblowers an der Geheimhaltung seiner Identität könnte daher an eine „Trustee"-Lösung gedacht werden. In diesem Fall würde ein unabhängiger Dritter als Bevollmächtigter des Betroffenen Einsicht in die über die Person des Whistleblowers gespeicherten Daten nehmen und dem Betroffenen so eine effektive Rechtewahrnehmung ermöglichen. Eine Offenlegung der Identität des Whistleblowers gegenüber dem Gemeldeten durch die Stelle müsste jedenfalls solange unterbleiben, wie nicht die Bösgläubigkeit des Whistleblowers festgestellt worden ist.[775] In diesem Zusammenhang wäre auch darüber nachzudenken, gänzlich auf eine Telefon-Hotline zu verzichten und stattdessen auf einen persönlichen Ansprechpartner im Unternehmen zu setzen.[776]

Auch in den USA, wo dem Whistleblowing in gesellschaftlicher wie rechtlicher Hinsicht weit mehr Beachtung geschenkt wird als Hierzulande, ist das Einschalten von Zwischeninstanzen zur Entgegennahme vertraulicher Hinweise nicht unüblich. Als Treuhänder für die Hinweise der Whistleblower fungieren hier etwa für „federal employees", also Angestellte des öffentlichen Dienstes des US-Bundes, der Inspector General des eigenen Geschäftsbereichs oder das Office of Special Counsel (OSC).[777] Diese Stellen sind gesetzlich zur Entgegennahme und vertraulichen Behandlung der Anzeigen verpflichtet.[778]

---

774 *Bergmann/Möhrle/Herb*, BDSG, § 34 Rdnr. 27; Roßnagel/*Wedde*, Handbuch Datenschutzrecht, Kapitel 4.4 Rdnr. 39; *Schaffland/Wiltfang*, BDSG, § 34 Rdnr. 2a; Taeger/Gabel/*Meents*, § 34 BDSG Rdnr. 13.

775 Vgl. *Breinlinger/Kader*, RDV 2006, 60, 68.

776 Siehe Teil 5 § 3 A III 2.

777 *Király*, ZRP 2011, 146, 148.

778 *Király*, ZRP 2011, 146, 148.

I. Inspector General und Office of Special Counsel in den USA

Der Inspector General entspricht in etwa dem Leiter der Internen Revision in einer Organisation.[779] Nach Sec. 7 des Inspector General Act of 1978[780] soll der Inspector General die Identität eines Arbeitnehmers, dessen Anzeige er entgegengenommen hat, solange vertraulich behandeln, bis eine Offenlegung für den weiteren Verlauf der Untersuchungen unausweichlich wird. („*The Inspector General shall not, after receipt of a complaint or information from an employee, disclose the identity of the employee without the consent of the employee, unless the Inspector General determines such disclosure is unavoidable during the course of the investigation.*")

Das OSC ist hingegen eine unabhängige bundesstaatliche US-Behörde, die Anzeigen von Fehlverhalten entgegennimmt und zu ihrer Aufklärung beiträgt. Seine Kompetenzen leitet das OSC unter anderem aus dem Whistleblower Protection Act, sowie aus drei weiteren bundesstaatlichen Gesetzen (Civil Service Reform Act, Hatch Act, Uniformed Services Employment & Reemployment Rights Act), ab.[781] Der Special Counsel wird für eine Amtszeit von 5 Jahren vom US-Präsidenten mit Zustimmung des Senats ernannt.[782] Dieses Prozedere zeigt die hohe Bedeutung, die diesem Amt beigemessen wird. Neben weiteren Aufgaben ist der Special Counsel zuständig für die Entgegennahme von Whistleblower-Anzeigen und deren Prüfung auf ihre Glaubwürdigkeit.[783] Dabei ist auch der Special Counsel gesetzlich zur Wahrung der Geheimhaltung der Identität eines Informanten verpflichtet, solange nicht eine unmittelbare Gefahr für die öffentliche Gesundheit oder die öffentliche Sicherheit oder aber eine Straftat droht.[784] („*The identity of any individual who makes a disclosure described in subsection (a) may not be disclosed by the Special Counsel without such individual's consent unless the Special Counsel determines that the disclosure of the individual's identity is necessary because of an imminent danger to public health or safety or imminent violation of any criminal law.*")

Ein Blick auf die Institutionen des Inspector General sowie des Special Counsel zeigt folglich, dass der Whistleblower-Schutz auch in den USA Grenzen kennt. Diese bestehen zum einen in überwiegenden öffentlichen Interessen (Gesundheit, Sicherheit), zum anderen aber auch in der Notwendigkeit einer Aufga-

779 *Király*, ZRP 2011, 146, 148.
780 Inspector General Act 1978 (5 U.S.C. Appendix).
781 Http://www.osc.gov/Intro.htm.
782 *Fisher*, 43 Rutgers L. Rev. 355, 371 (1991).
783 *Fisher*, 43 Rutgers L. Rev. 355, 371 (1991).
784 5 U.S.C. Sec. 1213 (h).

be der Anonymität des Whistleblowers für den Fortgang (strafrechtlicher) Untersuchungen.

II. Vergleich mit bestehenden „Treuhand"-Lösungen nach deutschem Recht

Auch dem deutschen Recht sind Treuhand-Lösungen nicht unbekannt. Dies sollen die nachfolgenden Ausführungen zeigen.

1. „In camera"-Verfahren im Verwaltungsprozess

Die Prüfung tatsächlich oder auch nur vermeintlich geheimhaltungsbedürftiger Tatbestände durch eine unabhängige Stelle ist nicht neu. Sie findet sich vielmehr auch in anderen rechtlichen Zusammenhängen wieder. Gedacht sei hier beispielsweise an das sogenannte „in camera"-Verfahren (lateinisch für: in der Kammer, das heißt geheim) nach § 99 Abs. 2 VwGO. Dieses soll im verwaltungsgerichtlichen Verfahren einen Ausgleich zwischen dem Anspruch auf effektiven Rechtsschutz (Art. 19 Abs. 4 GG), dem Schutz von Privatgeheimnissen und den berechtigten Geheimhaltungsinteressen des Staates schaffen.[785]

Nach § 99 Abs. 1 S. 1, 2 VwGO sind Behörden im Verwaltungsgerichtsverfahren zur Vorlage von Urkunden oder Akten, zur Übermittlung elektronischer Dokumente und zu Auskünften verpflichtet, es sei denn, das Bekanntwerden des Inhalts dieser Unterlagen würde dem Wohl des Bundes oder eines Landes Nachteile bereiten oder müsste nach dem Gesetz oder seinem Wesen nach geheim gehalten werden. Nach früherer Rechtslage mussten sich Gericht und Prozessbeteiligte mit der Glaubhaftmachung der Geheimhaltungsbedürftigkeit der Unterlagen durch die oberste Aufsichtsbehörde zufrieden geben.[786] Dieser Zustand wurde jedoch vom BVerfG als mit dem Anspruch auf einen effektiven Rechtsschutz nach Art. 19 Abs. 4 GG für unvereinbar erklärt.[787] Als rechtskonforme Alternative schlugen die Richter ein Verfahren „in camera" vor, bei dem die Kenntnisnahme der geheimzuhaltenden Tatsachen dem Gericht vorbehalten bleibt.

Zwar stellt das „in camera"-Verfahren eine Einschränkung des über Art. 103 Abs. 1 GG gewährleisteten rechtlichen Gehörs dar, da es letztlich das nach § 100 Abs. 1 VwGO bestehende Akteneinsichtsrecht der Verfahrensbeteiligten

---

785 Bader/Funke-Kaiser/*Stuhlfauth*/von Albedyll, VwGO, § 99 Rdnr. 1; Sodan/Ziekow/*Lang*, VwGO, § 99 Rdnr. 57.

786 *Margedant*, NVwZ 2001, 759.

787 BVerfGE 101, 106, 124ff. = *BVerfG*, NJW 2000, 1175, 1177; Schoch/Schmidt-Aßmann/Pietzner/*Rudisile*, VwGO, § 99 Rdnr. 2a.

ersetzt. Diese Einschränkung ist jedoch vor dem Hintergrund der Gewährleistung effektiven Rechtsschutzes, der erst durch die Beschränkung selbst gewährleistet werden kann, gerechtfertigt.[788]

Nach dem als Reaktion auf die Rechtsprechung des BVerfG zum 1.1.2002 geänderten § 99 Abs. 2 VwGO kann nunmehr auf Antrag eines Prozessbeteiligten die Weigerung der Offenlegung seitens der obersten Aufsichtsbehörde in einem Zwischenverfahren von eigens zu diesem Zweck eingerichteten Fachsenaten (siehe § 189 VwGO) überprüft werden. Jedenfalls selbständigen Akteneinsichtsansprüchen, in denen das Auskunftsbegehren den Streitgegenstand bildet[789], verhilft das „in camera"-Verfahren auf diese Weise zu einer wirksamen Durchsetzung.[790] Zu den selbständigen Akteneinsichtsansprüchen ist dabei auch der Auskunftsanspruch nach § 19 BDSG zu zählen.[791]

Zwar ist ein „in camera"-Verfahren bisher lediglich im Verwaltungsgerichtsverfahren anerkannt. Das Hauptargument der Befürwortung eines solchen Verfahrens lässt sich jedoch auch auf den Zivilprozess übertragen. Auch hier kann die Gewährleistung effektiven Rechtsschutzes unter Einschränkung des rechtlichen Gehörs unter Umständen gegenüber dem völligen Verzicht auf die als geheimhaltungsbedürftig eingestuften Informationen die für alle Verfahrensbeteiligten gerechtere und am wenigsten belastende Lösung sein.[792] Letztlich wird das rechtliche Gehör derjenigen Partei eingeschränkt, deren Rechte durch das „in camera"-Verfahren gerade wahrgenommen werden sollen. Allerdings wird in der Literatur für den Zivilprozess zum Teil darüber hinaus gefordert, dass der Prozessbevollmächtigte der ausgeschlossenen Partei oder jedenfalls ein vom Gericht bestellter neutraler Rechtsanwalt dem „in camera"-Verfahren beiwohnen, dieses also nicht gänzlich den Richtern überlassen werden sollte.[793] Auf das hier virulent werdende Problem der Verschwiegenheit eines Rechtsanwalts gegenüber seinem eigenen Mandanten wird später noch zurückzukommen sein.[794] Sinnvoll wäre im Falle eines „in camera"-Verfahrens im Beisein des Rechtsanwalts des Anspruchstellers jedenfalls eine Geheimhaltungsanordnung nach § 174 Abs. 3 Gerichtsverfassungsgesetz (GVG), die das Gericht dem Anwalt auferlegen

788 BVerfGE 101, 106, 128ff. = *BVerfG*, NJW 2000, 1175, 1178; Schoch/Schmidt-Aßmann/Pietzner/*Rudisile*, VwGO, § 99 Rdnr. 2a.

789 *Margedant*, NVwZ 2001, 759, 760.

790 *Margedant*, NVwZ 2001, 759, 763.

791 *Margedant*, NVwZ 2001, 759, 763, Fn. 51.

792 *Ibbeken*, S. 433ff. (zum Verfahren über den Anspruch aus § 809 BGB); *von Hartz*, ZUM 2005, 376, 381f.; *König*, Mitt. Patentanwälte 2002, 153, 164; *Spindler/Weber*, MMR 2006, 711, 714; *Stadler*, ZZP 123 (2010), 261, 275f.; *dies.*, NJW 1989, 1202, 1204.

793 *Ibbeken*, S. 436 m. w. N.; *Stadler*, NJW 1989, 1202, 1204; diesen Vorschlag nennen auch *Spindler/Weber*, MMR 2006, 711, 714.

794 Teil 5 § 3 A III 4.

müsste und die im Falle eines Verstoßes eine Strafbarkeit nach § 353d Nr. 2 StGB nach sich zöge.[795]

2. Beweismittler in Urheber- und Patentrechtsstreitigkeiten, Wirtschaftsprüfervorbehalt

„Treuhänder" finden sich darüber hinaus auch in Urheber- und Patentrechtsverletzungsverfahren. Sie werden hier Beweismittler genannt. Beweismittler sind neutrale und zur Verschwiegenheit verpflichtete Personen, denen eine geheimhaltungsbedürftige Tatsache anstatt des eigentlich Anspruchsberechtigen anvertraut werden kann, falls die Mitteilung der Information an den Anspruchsberechtigten für den zur Auskunft verpflichteten unzumutbar sein sollte. Zum Einsatz kommen Beweismittler – im Gegensatz zu dem soeben erläuterten „in camera"-Verfahren – vornehmlich im Zivilprozess, insbesondere in Urheber- und Patentrechtsverletzungsverfahren[796] sowie bei kartellrechtlichen Streitigkeiten[797]. Es wird hier auch von einem sogenannten Wirtschaftsprüfervorbehalt gesprochen.[798] Ein solcher Wirtschaftsprüfervorbehalt kann im Rahmen eines Gerichtsprozesses dann zum Tragen kommen, wenn bestimmte Angaben zur Überprüfung der Richtigkeit und Vollständigkeit einer Auskunft des Beklagten erforderlich sind.[799] Auf diese Weise wird insbesondere ermöglicht, dass ein Wettbewerber seinem klagenden Konkurrenten im Rahmen eines Rechnungslegungsprozesses nicht Name und Anschrift seiner Abnehmer mitteilen muss, was bei einem bestehenden Wettbewerbsverhältnis unverhältnismäßig erscheint.[800]

Auch das BAG hat bereits auf die Aussage eines Beweismittlers zurückgegriffen und diesen sogar im Rahmen des Prozesses in der Hauptsache zugelassen.[801] In dem zu entscheidenden Fall ging es um den von einer Gewerkschaft zu führenden Nachweis ihres Vertretenseins in einem Betrieb. Um nicht den Namen des Gewerkschaftsmitglieds preisgeben zu müssen, erschienen ein Sekretär der Gewerkschaft sowie der betreffende Arbeitnehmer zusammen bei einem Notar. Der Beschäftigte gab hier unter Preisgabe seiner vollen Identität eine eidesstattliche Versicherung über sein Arbeitsverhältnis zu dem in Rede stehenden Betrieb

795 *Ibbeken*, S. 436.

796 *Mayen*, NVwZ 2003, 537, 538.

797 *KG*, WuW 1987, 531.

798 *Mayen*, NVwZ 2003, 537, 538.

799 *BGH*, GRUR 1981, 535 (Wirtschaftsprüfervorbehalt); *BGH*, GRUR 1980, 227, 232 (Monumenta Germaniae Historica); *BGH*, GRUR 1978, 52, 53 (Fernschreibverzeichnisse); *BGH*, GRUR 1957, 336 (Rechnungslegung) (st. Rspr.); *Köhler*/Bornkamm, UWG, § 9 Rdnr. 4.19.

800 *Köhler*/Bornkamm, UWG, § 9 Rdnr. 4.19; *Mes*, PatG, § 140b Rdnr. 143.

801 BAGE 70, 85, 97ff. = *BAG*, NJW 1993, 612, 614f.

sowie seiner Gewerkschaftszugehörigkeit ab. Die notarielle Erklärung wurde später von dem Gericht im Rahmen seiner freien Beweiswürdigung als ausreichendes Beweismittel erachtet.

III. Bestimmung eines unabhängigen „Dritten"

Wird eine Trustee-Lösung nach dem Vorbild des „in camera"- beziehungsweise Beweismittlerverfahrens im Grundsatz auch im Rahmen des Einsatzes von Whistleblowing-Systemen befürwortet, so ist in einem zweiten Schritt zu klären, wie diese in der Praxis ausgestaltet werden kann. Insbesondere ist zu prüfen, an welcher Stelle innerhalb oder außerhalb eines Unternehmens der Treuhänder als „unabhängiger Dritter" seinen Sitz haben sollte. Hier bieten sich verschiedene Möglichkeiten an, die im Folgenden auf ihre Rechtskonformität sowie praktische Tauglichkeit hin untersucht werden sollen.

1. Angliederung an eine bestehende betriebsinterne Stelle (etwa Personalabteilung)

Zunächst ist es möglich, den Treuhänder der über ein Whistleblowing-System erhobenen Daten innerhalb einer bereits bestehenden betriebsinternen Stelle anzusiedeln. In Frage kommen hier etwa die Personalabteilung oder auch die Rechtsabteilung eines Unternehmens. Hierfür sprechen auf den ersten Blick Zweckmäßigkeitserwägungen. So müssten personell wie auch räumlich keine neuen Ressourcen geschaffen werden, sondern es könnte auf bereits vorhandene zurückgegriffen werden.

Allerdings bringt die Übertragung der Treuhandfunktion auf eine vorhandene betriebsinterne Stelle auch wesentliche Nachteile mit sich. Insbesondere die Unabhängigkeit der für die Entgegennahme der Whistleblower-Anzeigen zuständigen Ansprechpartner wäre hier zumindest zweifelhaft.[802]

So verweist auch die Stellungnahme der Artikel 29 Datenschutzgruppe bereits darauf, dass Whistleblowing-Systeme strikt von anderen Abteilungen des Unternehmens, beispielsweise der Personalabteilung, getrennt werden sollten (*„whistleblowing system(s) should be strictly separated from other departments of the company, such as the human resources department"*).[803] Dem folgend rät auch der Düsseldorfer Kreis dazu, Whistleblowing-Systeme von der Personalverwaltung unabhängig zu organisieren.[804]

802 *Schemmel/Ruhmannseder/Witzigmann*, 5. Kapitel, Rdnr. 30; *Hofmann*, ZCG 2006, 121, 125.

803 Artikel 29 Gruppe, WP 117, S. 15.

804 Arbeitsbericht Düsseldorfer Kreis, S. 7.

Ein Vergleich kann ferner bereits in diesem Zusammenhang zu der Person des betrieblichen Datenschutzbeauftragten gezogen werden. Auch dessen Position ist mit einer gleichzeitigen Tätigkeit als Mitarbeiter oder gar Leiter der Rechts- oder Personalabteilung eines Unternehmens nicht vereinbar. Aufgrund des „funktionsbedingten Informationsbedarfs" dieser betriebsinternen Stellen sind Interessenkonflikte vorprogrammiert.[805] So könnte etwa der Leiter der Personalabteilung ein erhebliches Interesse an der Kenntnis der Daten über die Identität des Whistleblowers haben. Er ist für die Personalplanung und damit für Neueinstellungen und Kündigungen zuständig. Erfährt er von der Identität eines Whistleblowers, der unangenehme Wahrheiten über das eigene Unternehmen ans Licht gebracht hat oder bringen will, so könnte ihn dies zu einer arbeitsrechtlichen Maßnahme gegen den Hinweisgeber verleiten.

Eine Kombination der Treuhandfunktion mit einer anderen leitenden Position innerhalb eines Unternehmens ist daher abzulehnen.

2. Einrichtung einer unabhängigen betriebsinternen Stelle/Ombudsmann

In der Praxis beliebt ist die Einrichtung von Ombuds-Stellen im Unternehmen. Beispielsweise setzt die Deutsche Bahn AG einen externen Rechtsanwalt als Ombudsmann zur Entgegennahme von Hinweisen auf Korruption ein.[806] Für Daimler fungiert seit Februar 2012 der frühere Verfassungsrichter Winfried Hassemer deutschlandweit als Ombudsmann.[807] Weitere bekannte Beispiele sind die Volkswagen AG[808] sowie die REWE Group[809], die ebenfalls Ombudsmann-Systeme eingerichtet haben.[810] Auch die öffentliche Verwaltung setzt zum Zweck der Korruptionsbekämpfung auf unabhänige Ansprechpartner. In Baden-Württemberg, Rheinland-Pfalz und Schleswig-Holstein können sich Betroffene an sogenannte Vertrauensanwälte wenden.[811]

Teilweise wird behauptet, das Problem anonymer Hinweise würde sich durch die Einschaltung eines Ombudsmannes „erledigen".[812] Teilweise werden Om-

805 *Tinnefeld/Ehmann/Gerling*, Einführung Datenschutzrecht, S. 448.

806 *Breinlinger/Kader*, RDV 2006, 60, 61; http://www.deutschebahn.com/de/konzern/compliance/hinweise_abgeben/ombudsmann.html;jsessionid=08F74242C3901480801F2095A4BABC08.ecm-ext-cae-slave1-buchholz.

807 Http://www.handelsblatt.com/unternehmen/management/koepfe/winfried-hassemer-daimler-holt-sich-ehemaligen-verfassungsrichter/6143166.html.

808 Http://www.volkswagenag.com/content/vwcorp/de/the_group/compliance/ombudsmann_system.html.

809 Http://www.rewe-group.com/unternehmen/antikorruptionssystem/.

810 Beispiele genannt bei *Buchert*, CCZ 2008, 148, 151.

811 *Abraham*, ZRP 2012, 11, 12.

812 *Maschmann*, AuA 2009, 72, 75; ähnlich *Buchert*, CCZ 2008, 148, 149.

budsmann und anonyme Whistleblower-Hotline auch als selbständig nebeneinander stehende Bestandteile eines funktionierenden Compliance-Systems angesehen.[813] Auf die Frage, in welchem Verhältnis Ombudsmann und technisches Whistleblowing-System stehen sollten, wird am Ende dieses Abschnitts noch näher eingegangen werden.[814]

a. Ursprünge der Ombudsmann-Verfahren, Funktion und Stellung des Ombudsmannes im Unternehmen

Bekannt sind institutionalisierte Ombudsmann-Verfahren bereits aus dem privaten Banken- sowie dem Versicherungswesen, wo sie nach englischem beziehungsweise skandinavischem Vorbild zum Zweck der Streitschlichtung eingerichtet worden sind.[815] Auch viele Rechtsanwaltskammern haben nach Vorgabe des § 191f BRAO Ombudsmänner als „Schlichtungsstellen der Rechtsanwaltschaft" eingerichtet. Ziel solcher Ombudsmann-Verfahren ist es, Streitigkeiten innerhalb einer Geschäftsbeziehung intern zu klären, um somit das Ansehen des Unternehmens (Bank, Versicherung) zu wahren und die Kunden- oder Mandantenbeziehung nicht nachhaltig zu stören.[816]

Im Zusammenhang mit der Implementierung von unternehmensinternen Whistleblowing-Systemen käme dem Ombudsmann weniger die Funktion eines Streitschlichters als vielmehr die einer Vertrauensperson zu. Da wesentliche Eigenschaften der Person des Ombudsmannes seine Unabhängigkeit und Neutralität sind[817], erscheint jedoch auch die Übernahme dieser Aufgabe durch einen Ombudsmann möglich.

Um Einschüchterungs- oder Nötigungsversuchen vorzubeugen, wird zudem verlangt, dass Personen in der Funktion eines Ombudsmanns eine ausreichend hohe hierarchische Position und somit eine hohe firmeninterne Unabhängigkeit haben. Sie müssen aufgrund ihrer Position in der Lage sein, auch die oberste Geschäftsleitung oder den Verwaltungsrat eines Unternehmens einschalten zu kön-

---

813 *Thüsing*, Arbeitnehmerdatenschutz und Compliance, Rdnr. 44.

814 Siehe Teil 5 § 3 A III 2 c.

815 MüKo zur ZPO/*Münch*, Vorb. zu den §§ 1025ff. Rdnr. 31; für das Bankwesen siehe Schimansky/Bunte/Lwowski/*Höche*, Bankrechts-Handbuch, 1. Abschnitt 1. Kapitel § 3 Rdnr. 32ff.; zum Versicherungsombudsmann e. V. der privaten Versicherungen *Römer*, NJW 2005, 1251ff.; umfassend und rechtsvergleichend *von Hippel*, Der Ombudsmann im Banken- und Versicherungswesen.

816 MüKo zur ZPO/*Münch*, Vorb. zu den §§ 1025ff. Rdnr. 31.

817 Vgl. für den Ombudsmann im Bankwesen Schimansky/Bunte/Lwowski/*Höche*, Bankrechts-Handbuch, 1. Abschnitt 1. Kapitel § 3 Rdnr. 35; im Versicherungswesen *Römer*, NJW 2005, 1251, 1253.

nen.[818] Insoweit erscheint wiederum ein Vergleich zur Person des Datenschutzbeauftragten angebracht: auch dieser sollte möglichst weit oben in der Unternehmenshierarchie angesiedelt sein und ist gemäß § 4f Abs. 3 S. 1 BDSG dem Leiter der verantwortlichen Stelle unmittelbar zu unterstellen.[819]

b. Sinnhaftigkeit der Bestellung eines Rechtsanwalts zum Ombudsmann

Sinnvoll könnte es sein, einen Rechtsanwalt zum Ombudsmann zu bestellen. Dieser kann zum einen die ihm mitgeteilten Sachverhalte sogleich einer ersten rechtlichen Einschätzung unterziehen und auf diese Weise missbräuchliche oder scherzhafte Anzeigen leichter erkennen.[820] Zum anderen sind Rechtsanwälte nach § 43a Abs. 2 BRAO, § 2 Abs. 1 BORA schon aufgrund ihres Berufsstandes zur Verschwiegenheit verpflichtet und genießen somit in der Regel ein erhöhtes Vertrauen auf Seiten der Whistleblower.[821]

Der Vorteil der Einschaltung eines Rechtsanwalts gegenüber einer Übertragung der Ombudsmann-Funktion auf eine andere im Unternehmen tätige Person liegt – jedenfalls aus Sicht des Whistleblowers – ferner in dessen Zeugnisverweigerungsrecht nach § 53 Abs. 1 Nr. 3 StPO, § 383 Abs. 1 Nr. 6 ZPO.[822] Ein solches Zeugnisverweigerungsrecht kann entgegen anders lautender Stimmen in der Literatur[823] nicht nur einem externen Rechtsanwalt, sondern auch einem unternehmensinternen Syndikus zustehen, sofern dieser im Rahmen seines Anstellungsverhältnisses anwaltlich tätig wird.[824] Gerade die Aufgabe als Ombudsmann für Whistleblower zu fungieren, kann dabei als eine typisch anwaltliche bezeichnet werden. In seiner Funktion als Ombudsmann muss auch der Unternehmensjurist gegenüber seinem Arbeitgeber weisungsfrei und unabhängig agieren. Gerade in diesem Fall besteht ein dem Mandantenverhältnis gleichendes Vertrauensverhältnis zwischen dem Whistleblower und dem zum Ombudsmann bestellten Rechtsanwalt.[825] Im Rahmen dieser Beziehung ist dann auch das Vertrauen des Whistleblowers auf die Vertraulichkeit der Kommunikation schutzwürdig.[826]

---

818 *Leisinger*, Whistleblowing, S. 194; *Wolz*, S. 74.

819 Hierzu unten Teil 5 § 3 A III 3 a.

820 *Schemmel/Ruhmannseder/Witzigmann*, 5. Kapitel, Rdnr. 38, 58; *Buchert*, CCZ 2008, 148, 149; *Schneider/Nowak*, FS Kreutz, 855, 862.

821 *Bürkle*, DB 2004, 2158, 2161; *Maschmann*, AuA 2009, 72, 75.

822 *Buchert*, CCZ 2008, 148, 149.

823 SK-StPO/*Rogall*, § 53 Rdnr. 85; *Buchert*, CCZ 2008, 148, 149.

824 *LG Berlin*, NStZ, 2006, 470f. mit vielen Nachweisen; umfassend *Roxin*, NJW 1992, 1129.

825 *Wybitul*, ZD 2011, 118, 120.

826 Die Schutzwürdigkeit des Vertrauens der ratsuchenden Person auf die Vertraulichkeit der Kommunikationsbeziehung ist auch für das LG Berlin das entscheidende Abgrenzungskriterium

Sollte es daher im Nachgang einer Whistleblower-Anzeige zu staatsanwaltschaftlichen Ermittlungen kommen, könnte sich der Ombudsmann – gleich ob es sich bei diesem um einen internen oder einen externen Rechtsanwalt handelte – auf sein Zeugnisverweigerungsrecht berufen und etwa die Identität des Whistleblowers auf diese Weise weiterhin geheim halten. Diese Konsequenz erscheint im Hinblick auf die Rechte des Gemeldeten jedoch wiederum problematisch. Denn Schweigepflicht und Zeugnisverweigerungsrecht könnten so dem berechtigten datenschutzrechtlichen Auskunftsbegehren des Gemeldeten eine nur schwer zu überwindende Grenze setzen. Dies insbesondere, da die in § 2 Abs. 3 BORA normierten Ausnahmen von der Schweigepflicht nicht zugunsten des Gemeldeten in Betracht kommen dürften.

In diesem Zusammenhang müsste vielmehr über die Möglichkeiten einer teilweisen Entbindung des Ombudsmannes von seiner anwaltlichen Schweigepflicht nachgedacht werden, die nach § 53 Abs. 2 S. 1 StPO auch einen entsprechenden Wegfall des Zeugnisverweigerungsrechts nach sich zöge. Der Whistleblower, dem im Hinblick auf Informationen zu seiner Identität die ausschließliche Entbindungsbefugnis zusteht,[827] müsste den Ombudsmann im Vorhinein seiner Anzeige für den Fall von seiner Schweigepflicht entbinden, dass sich die Bösgläubigkeit des Whistleblowers herausstellt, dieser also nachweislich leichtfertig oder gar willentlich falsche Angaben gegenüber dem Ombudsmann gemacht hat. Auf diese Weise könnte auch dem Problem missbräuchlicher Anzeigen unredlicher Whistleblower begegnet werden. Diese könnten nicht mehr auf den Schutz der anwaltlichen Schweigepflicht vertrauen und wären sich dieser Einschränkung auch bewusst.

Letztlich bleibt festzuhalten, dass es sich bei der Bezeichnung „Ombudsmann“ lediglich um einen Begriff handelt. Entscheidend ist vielmehr, dass es hier um die Schaffung einer neuen und unabhängigen betriebsinternen Stelle geht, die die Funktion des Datentreuhänders übernimmt.

c. Alternativer oder komplementärer Einsatz von Ombudsmann und Whistleblower-Hotline

Wie gezeigt, kann es sinnvoll sein, eine neue unabhängige Stelle im Unternehmen („Ombudsmann“) einzurichten, die die über ein Whistleblowing-System erhobenen Daten und insbesondere die Angaben zur Identität des Hinweisgebers „treuhänderisch“ verwaltet. In vielen Unternehmen fungieren Ombudsmänner

---

bei der Beantwortung der Frage nach einem Zeugnisverweigerungsrecht des Syndikusanwalts, *LG Berlin*, NStZ, 2006, 470, 471.

827 *Schemmel/Ruhmannseder/Witzigmann*, 7. Kapitel, Rdnr. 25.

jedoch nicht lediglich als Datentreuhänder, sondern ersetzen die Funktion einer Whistleblower-Hotline gänzlich. Sie dienen als persönlicher Ansprechpartner des Whistleblowers. Die im vorangegangenen Abschnitt behandelten Fragen im Zusammenhang mit der Einschaltung externer oder interner Rechtsanwälte werden letztlich auch gerade dann besonders relevant, wenn der Ombudsmann nicht lediglich die Daten über die Person des Whistleblowers für den Betroffenen treuhänderisch verwaltet, sondern die Hinweise selbst auch persönlich von dem Whistleblower entgegennehmen soll.

Dabei ist zunächst zu beachten, dass auch die Datenerhebung und Datenverwendung durch einen Ombudsmann denselben datenschutzrechtlichen Voraussetzungen unterliegt wie bei Einsatz einer Whistleblower-Hotline.[828] Ein Vorteil eines persönlichen Ansprechpartners gegenüber einer Whistleblower-Hotline wird darin gesehen, dass der Ombudsmann eingehende Hinweise unmittelbar einer Prüfung auf ihre Glaubhaftigkeit hin unterziehen und so denunziatorische Anzeigen von vornherein aussondern kann.[829]

Allerdings ist zum einen fraglich, inwieweit ein Ombudsmann tatsächlich in das „Innere" eines Whistleblowers hineinschauen und dessen Motivation für eine Anzeige erkennen kann. Zum anderen könnte die Aussicht eines persönlichen Gesprächs auf den Whistleblower eine abschreckende Wirkung entfalten und diesen möglichweise von einem Hinweis abhalten. Auch steht eine Whistleblower-Hotline den Whistleblowern 24 Stunden am Tag und 7 Tage die Woche zur Verfügung.[830] Sie müssen sich, wenn sie sich einmal zu einer Anzeige entschieden haben, also nicht nach den Sprechzeiten eines Ombudsmannes richten, was weitere Hemmnisse abbauen kann.

Den Interessen der Gemeldeten wird im Übrigen ausreichend dadurch Rechnung getragen, dass die (unpersönlich) über eine Telefonhotline entgegengenommenen Hinweise von einer unabhängigen Stelle im Unternehmen (z. B. einem „Ombudsmann") geprüft und die personenbezogenen Daten der Gemeldeten sowie insbesondere auch die Angaben zur Person des Whistleblowers von dieser Stelle treuhänderisch verwaltet werden. Es ist daher ein komplementärer Einsatz von (rein technischem) Whistleblowing-System und Ombudsmann zu befürworten.

828 *Wybitul*, ZD 2011, 118, 121.
829 *Buchert*, CCZ 2008, 148, 149.
830 Hauschka/*Lothert*, Corporate Compliance, § 18 Rdnr. 12.

3. Erweiterung der Funktionen des betrieblichen Datenschutzbeauftragten

Nachdem bereits mehrmals der Vergleich zu der Person des betrieblichen Datenschutzbeauftragten herangezogen wurde, soll nun auf die Möglichkeiten eingegangen werden, dessen Funktionen im Unternehmen entsprechend zu erweitern und ihn selbst zum Datentreuhänder zu ernennen. Der betriebliche Beauftragte für den Datenschutz hat im Umgang mit personenbezogenen Daten bereits Erfahrung, kennt die einschlägigen datenschutzrechtlichen Vorschriften und ist nach § 4f Abs. 4 BDSG zur Verschwiegenheit verpflichtet – auf den ersten Blick verfügt er also über optimale Voraussetzungen für die Funktion eines „Daten-Treuhänders". Ein weiterer Vorteil läge darin, dass auf diese Weise auf eine im Unternehmen in der Regel bereits vorhandene Institution zurückgegriffen werden könnte und keine neue Stelle geschaffen werden müsste. Dies kann dem Unternehmen weitere Kosten sowie administrativen Aufwand ersparen.

a. Position des betrieblichen Datenschutzbeauftragten im Unternehmen

Die betriebliche Position des Beauftragten für den Datenschutz sowie die Voraussetzungen seiner Bestellung sind § 4f BDSG zu entnehmen.

Nach § 4f Abs. 3 S. 1 BDSG ist der Datenschutzbeauftragte dem Leitungsorgan (Inhaber, Vorstand, Geschäftsführer) der datenverarbeitenden Stelle unmittelbar zu unterstellen. Diese herausgehobene Position sichert den Zugang des Datenschutzbeauftragten zu den wichtigsten unternehmensinternen Entscheidungsträgern, erhöht seine Autorität und erleichtert den Informationsfluss.[831] Der Datenschutzbeauftragte kann sich ohne Zwischenschritte an die oberste Führungsebene im Unternehmen wenden.[832]

Die besondere Stellung des Beauftragten für den Datenschutz dient ferner der Absicherung seiner Weisungsfreiheit.[833] Je höher seine Position im Unternehmen, desto besser ist er vor Einflussnahme und dem gegebenenfalls durch die Beschäftigten oder Vorgesetzten ausgeübten Druck geschützt. Die verantwortliche Stelle selbst hat dabei jede inhaltliche Beeinflussung des Datenschutzbeauftragten von vornherein zu unterlassen.[834]

---

831 *Däubler*/Klebe/Wedde/Weichert, BDSG, § 4f Rdnr. 43; *Gola/Schomerus*, BDSG, § 4f Rdnr. 47; Taeger/Gabel/*Scheja*, § 4f BDSG Rdnr. 80.

832 *Bergmann/Möhrle/Herb*, BDSG, § 4f Rdnr. 116; *Gola/Schomerus*, BDSG, § 4f Rdnr. 47; Roßnagel/*Königshofen*, Handbuch Datenschutzrecht, Kapitel 5.5. Rdnr. 95; *Simitis*, BDSG, § 4f Rdnr. 118; Taeger/Gabel/*Scheja*, § 4f BDSG Rdnr. 81.

833 Taeger/Gabel/Scheja, § 4f BDSG Rdnr. 81.

834 *Däubler*/Klebe/Wedde/Weichert, BDSG, § 4f Rdnr. 44; *Simitis*, BDSG, § 4f Rdnr. 121.

Besonderes Gewicht kommt gerade in dem hier interessierenden Zusammenhang der Verpflichtung des Datenschutzbeauftragten zur Verschwiegenheit nach § 4f Abs. 4 BDSG zu. Diese bezieht sich nicht nur auf die Identität des Betroffenen, sondern auch auf alle Angaben, die dieser gegenüber dem Beauftragten für den Datenschutz macht.[835] Die Verschwiegenheitspflicht des Datenschutzbeauftragten stellt ein Berufsgeheimnis dar und ist daher ebenso strikt einzuhalten wie das Berufsgeheimnis eines Rechtsanwalts oder Arztes.[836] Eine Durchbrechung soll jedoch im Interesse höherrangiger Rechtsgüter – insbesondere bei schweren vorsätzlichen oder grob fahrlässigen Verfehlungen des Betroffenen[837] – in entsprechender Anwendung des § 34 BDSG möglich sein.[838]

Die dem Datenschutzbeauftragten gesetzlich auferlegte Verschwiegenheitspflicht entspricht derjenigen, die auch jeder anderen Person als Trustee für die über ein Whistleblowing-System erhobenen Daten des Informanten auferlegt werden müsste. Auch hier wäre eine Durchbrechung der Verschwiegenheitspflicht nur für die Fälle zulässig, in denen der Whistleblower leichtfertig oder wissentlich falsche Angaben über das Whistleblowing-System gemacht hat und damit nicht weiter schutzbedürftig im Hinblick auf die Geheimhaltung seiner Identität ist. Sollte es sich bei dem Datenschutzbeauftragten zugleich um einen Rechtsanwalt handeln, gilt hinsichtlich der Entbindung von seiner Schweigepflicht oben Gesagtes[839] entsprechend.

b. Aufgabenbereich des betrieblichen Datenschutzbeauftragten

Den Aufgabenbereich des betrieblichen Datenschutzbeauftragten steckt § 4g BDSG ab. Da sich die genauen Aufgaben eines betrieblichen Datenschutzbeauftragten erst im Zusammenhang mit seiner konkreten Tätigkeit bei der verantwortlichen Stelle ergeben[840], enthält § 4g Abs. 1 S. 1 BDSG zunächst eine sehr weit gefasste Formulierung: der Datenschutzbeauftragte hat auf die Einhaltung der datenschutzrechtlichen Vorschriften hinzuwirken. Daneben obliegt ihm die Kontrolle der Datenschutzkonformität der im Betrieb eingesetzten Datenverar-

---

835 *Däubler*/Klebe/Wedde/Weichert, BDSG, § 4f Rdnr. 62; *Simitis*, BDSG, § 4f BDSG Rdnr. 164.

836 *Däubler*/Klebe/Wedde/Weichert, BDSG, § 4f Rdnr. 51; Taeger/Gabel/*Scheja*, § 4f BDSG Rdnr. 84.

837 *Bergmann/Möhrle/Herb*, BDSG, § 4f Rdnr. 155; *Schaffland/Wiltfang*, BDSG, § 4f Rdnr. 67; Taeger/Gabel/*Scheja*, § 4f BDSG Rdnr. 85 für den Fall eines schweren Datenschutzverstoßes des Betroffenen.

838 *Däubler*/Klebe/Wedde/Weichert, BDSG, § 4f Rdnr. 54; Taeger/Gabel/*Scheja*, § 4f BDSG Rdnr. 86.

839 Teil 5 § 3 A III 2 b.

840 *Gola/Schomerus*, BDSG, § 4g Rdnr. 8; *Simitis*, BDSG, § 4g Rdnr. 2.

beitungsprogramme (hierzu zählen auch Whistleblowing-Systeme, weswegen der Datenschutzbeauftragte im Vorfeld ihres Einsatzes ohnehin unterrichtet werden sowie Gelegenheit zur Stellungnahme bekommen muss), die Schulung von Mitarbeitern in Datenschutzfragen sowie die Vorabkontrolle der mit besonderen Risiken für die Rechte und Freiheiten der Betroffenen behafteten automatisierten Datenverarbeitungen nach § 4d Abs. 5, 6 BDSG (auch Whistleblowing-Systeme unterliegen regelmäßig dieser Vorabkontrolle[841]). Ferner hat der betriebliche Datenschutzbeauftragte den Beschäftigten in Datenschutzfragen beratend zur Seite zu stehen, § 4f Abs. 5 S. 2 BDSG, und ab einer gewissen Größenordnung des Betriebs ein Datenschutzkonzept zu erstellen[842].

Die in § 4g BDSG vorgenommene Aufzählung der Tätigkeitsfelder des Datenschutzbeauftragten ist allerdings nicht als abschließend zu verstehen.[843] Eine Übertragung weiterer Aufgaben auf die Person des Datenschutzbeauftragten durch die verantwortliche Stelle ist möglich, solange es sich hierbei weder um Aufgaben handelt, die von der verantwortlichen Stelle selbst wahrgenommen werden müssen noch die Erfüllung der gesetzlich vorgeschriebenen Aufgaben des Datenschutzbeauftragten beeinträchtigt wird.[844] Gerade die Mitwirkung bei der Wahrnehmung der Betroffenenrechte der §§ 33ff. BDSG gehört dabei zu den Aufgaben, die dem Beauftragten für den Datenschutz über die in § 4g BDSG explizit genannten hinaus übertragen werden können.[845] Es spricht also nichts dagegen, die Aufgaben des betrieblichen Datenschutzbeauftragten auch auf die treuhänderische Verwaltung der über ein Whistleblowing-System gespeicherten Daten zu erstrecken.

c. Verpflichtende oder freiwillige Bestellung

Zum Teil ist die Bestellung eines Datenschutzbeauftragten für ein Unternehmen verpflichtend. Gerade in diesen Fällen bietet sich die Übertragung der Trustee-Funktion auf den Beauftragten an, da – über das gesetzlich ohnehin erforderliche Maß – keine weitere Stelle innerhalb oder außerhalb des Unternehmens geschaffen beziehungsweise beauftragt werden muss.

Für die hier interessierenden nicht-öffentlichen Stellen besteht nach der Vorgabe des § 4f Abs. 1 BDSG eine Verpflichtung zur Bestellung eines betrieblichen Datenschutzbeauftragten, wenn

---

841 *Behrendt/Kaufmann*, CR 2006, 642, 647.

842 Roßnagel/*Königshofen*, Handbuch Datenschutzrecht, Kapitel 5.5. Rdnr. 69.

843 *Bergmann/Möhrle/Herb*, BDSG, § 4g Rdnr. 10f.; *Däubler*/Klebe/Wedde/Weichert, BDSG, § 4g Rdnr. 1; *Simitis*, BDSG, § 4g Rdnr. 1; Taeger/Gabel/*Scheja*, § 4g BDSG Rdnr. 1.

844 *Bergmann/Möhrle/Herb*, § 4g Rdnr. 52; *Simitis*, BDSG, § 4g Rdnr. 90.

845 *Bergmann/Möhrle/Herb*, BDSG, § 4g Rdnr. 69; *Gola/Schomerus*, BDSG, § 4g Rdnr. 5.

- in der Regel mindestens 10 Personen ständig mit der automatisierten Verarbeitung von personenbezogenen Daten beschäftigt sind oder
- in der Regel mindestens 20 Personen mit der nicht automatisierten Datenverarbeitung beschäftigt sind oder
- unabhängig von der Anzahl der mit der Datenverarbeitung befassten Personen Datenverarbeitungen vorgenommen werden, die einer Vorabkontrolle unterliegen oder die geschäftsmäßig zum Zweck der Übermittlung, der anonymisierten Übermittlung oder für Zwecke der Markt- oder Meinungsforschung automatisiert verarbeitet werden.

Darüber hinaus steht es jedem Unternehmen frei, einen betrieblichen Datenschutzbeauftragten zu bestellen und mit den entsprechenden Aufgaben zu betrauen.

d. Interne und externe Beauftragte

Ob die Position des betrieblichen Datenschutzbeauftragten mit einem Mitarbeiter des Unternehmens besetzt wird oder auf eine externe Person zurückgegriffen wird, steht im Belieben des Unternehmens.[846] Die Argumente, die für und gegen die eine wie die andere Lösungsmöglichkeit sprechen, sind dieselben, die sich generell bei der Frage stellen, ob die über ein Whistleblowing-System erhobenen Daten von einer betriebsinternen oder einer externen Stelle verwaltet werden sollten.[847] Zwar verfügt ein externer betrieblicher Datenschutzbeauftragter nur über einen eingeschränkten Einblick in die betrieblichen Strukturen[848], dafür entsteht bei diesem allerdings auch seltener die Gefahr einer Interessenkollision.

Externer Beauftragter für den Datenschutz kann für nicht-öffentliche Stellen[849] insbesondere eine auf Fragen des Datenschutzes spezialisierte Rechtsanwaltskanzlei sein.[850] Entscheidet sich mithin ein Unternehmen dazu, das Whistleblowing-System von einem externen Rechtsanwalt betreiben zu lassen, so könnten die verschiedenen Funktionen (Betreiben des Systems, treuhänderische Verwaltung der über das System erhobenen Daten, Aufgabe des betrieblichen Datenschutzbeauftragten) in einer Hand liegen. Interessenkollisionen dürften aus

846 *Däubler*/Klebe/Wedde/Weichert, BDSG, § 4f Rdnr. 21.

847 Siehe zu besonderen Problemen bei der Einsetzung externer Stellen Teil 5 § 3 A III 5.

848 *Bergmann/Möhrle/Herb*, BDSG, § 4f Rdnr. 70.

849 Für öffentliche Stellen wird die Bestellung eines Rechtsanwalts zum behördlichen Datenschutzbeauftragten teilweise ablehnend beurteilt, da eine in der Privatwirtschaft tätige Person nicht mit den Strukturen und Problemen des öffentlichen Bereichs vertraut sei, *Tinnefeld/Ehmann/Gerling*, Einführung Datenschutzrecht, S. 447; ähnlich *Gola/Schomerus*, BDSG, § 4f Rdnr. 17.

850 *Schaffland/Wiltfang*, BDSG, § 4f Rdnr. 57a; *Simitis*, BDSG, § 4f Rdnr. 46 m. w. N.; *Kühling/Seidel/Sividris*, Datenschutzrecht, S. 207.

einer derartigen Aufgabenkumulation nicht zu befürchten sein, wenn der Datenschutzbeauftragte im Übrigen nicht in das Unternehmen organisatorisch eingegliedert ist und sich seine Funktion in der Wahrnehmung datenschutzrechtlicher Belange für das Unternehmen erschöpft.

e. Zwischenergebnis

Die Übertragung der Funktion des Daten-Treuhänders für die über ein Whistleblowing-System erhobenen personenbezogenen Daten des Whistleblowers auf den Datenschutzbeauftragten erscheint sowohl rechtlich möglich als auch zweckmäßig. Ob hierbei auf einen internen oder einen externen Datenschutzbeauftragten zurückgegriffen wird, liegt letztlich im Ermessen der Unternehmensleitung. Allerdings erscheint es vor dem Hintergrund der Vermeidung von Interessenkollisionen überlegenswert, eine externe Person mit der Datenverwaltung zu betrauen.

Eine Ausweitung der Befugnisse des betrieblichen Datenschutzbeauftragten ist mit der Übertragung der neuen Aufgabe im Übrigen nicht verbunden. Wenn dieser zuvor nur zur Verbesserung erkannter Datenschutzdefizite im Unternehmen auffordern, diese aber nicht selbstständig beheben konnte[851], so wird sich hierdurch auch durch die Übertragung der Aufgabe als Treuhänder für die Daten des Whistleblowers nichts ändern. Auch diese Funktion bezieht sich lediglich auf die Verwaltung der Daten sowie auf die Erteilung einer Auskunft über diese, sobald die Zulässigkeit der Auskunftserteilung von anderer Seite festgestellt wurde. Dagegen bekommt der betriebliche Datenschutzbeauftrage auch als Daten-Trustee nicht die Möglichkeit, etwa für die Sanktionierung eines böswilligen Whistleblowers oder des angezeigten Beschäftigten zu sorgen. Diese Aufgabe der „Umsetzungskontrolle" könnte und müsste vielmehr auch weiterhin ein – unter Umständen neben dem betrieblichen Datenschutzbeauftragten im Unternehmen eingesetzter – Compliance-Beauftragter[852] oder die Geschäftsleitung selbst übernehmen.

4. Beauftragung eines (externen) Rechtsanwalts

Alternativ könnte auch dem Rechtsbeistand des Betroffenen als dessen Bevollmächtigtem Einsicht in die über die Person des Whistleblowers gespeicherten Daten gewährt werden. Hier ergibt sich jedoch das Problem, dass der Rechtsan-

---

851 *Simitis*, BDSG, § 4g Rdnr. 30.

852 Zu den unterschiedlichen Aufgabenbereichen von Datenschutzbeauftragtem und Compliance-Beauftragtem siehe *Fox*, DuD 2008, 409, 410; siehe auch bereits oben, Teil 4 § 2 B II.

walt gegenüber seinem eigenen Mandanten zur Verschwiegenheit verpflichtet werden müsste. Er dürfte den Namen des Whistleblowers erst offenbaren, wenn sich dessen Bösgläubigkeit herausgestellt hat. Zwar sind Rechtsanwälte nach § 1 BRAO unabhängige Organe der Rechtspflege. Daneben sind sie jedoch auch zur Wahrnehmung der Interessen ihrer Mandanten verpflichtet. Schon aufgrund der häufig anzutreffenden Verflechtungen zwischen Rechtsanwalt und Mandant erscheint es im Hinblick auf die Rechte des Whistleblowers problematisch, dem „gegnerischen“ Rechtsanwalt die Identität des Informanten zu enthüllen.[853]

Darüber hinaus ist fraglich, ob es nach deutschem Recht überhaupt eine Verpflichtung des Rechtsanwalts geben kann, seiner eigenen Partei gegenüber zu schweigen. Dies wird insbesondere im Zusammenhang mit § 174 Abs. 3 GVG für Zivilprozesse, in denen geheimhaltungsbedürftige Betriebs- und Geschäftsgeheimnisse in Rede stehen, diskutiert.[854] Letztlich dürfte eine Einweihung des Rechtsanwalts des Gemeldeten jedoch zu keinem sachgerechten Ergebnis führen. Die Zwickmühle für den Rechtsanwalt wäre zu groß: nimmt er seine Verschwiegenheitspflicht ernst und behält den Namen des Whistleblowers für sich, so kann dies zu Spannungen in dem auf gegenseitigem Vertrauen basierenden Verhältnis zwischen ihm und seinem Mandanten führen. Bricht der Anwalt dagegen sein Schweigen, so verstößt er gegen die ihm auferlegte Verschwiegenheitspflicht und macht sich dadurch haftbar gegenüber dem zu schützenden Whistleblower.

Überlegt werden könnte allerdings, einem unabhängigen, nicht mit der Wahrnehmung der Rechte des Betroffenen betrauten Rechtsanwalt die Treuhand-Funktion zu übertragen. Bei diesem Rechtsanwalt könnte es sich – wie oben bereits ausgeführt – auch um dieselbe Person handeln, die bereits die Funktion des betrieblichen Datenschutzbeauftragten für das Unternehmen übernimmt.

5. Besondere Probleme bei Einschaltung externer Stellen

Werden externe Stellen im Rahmen des Betriebs eines Whistleblowing-Systems eingeschaltet, so wirft dies weitere (datenschutz-)rechtliche Fragestellungen auf.[855] Bereits die Tatsache, dass eine externe Person (etwa ein externer Rechtsanwalt) in seiner Funktion als Daten-Trustee Kenntnis der über die Person des Whistleblowers gespeicherten Daten nimmt, erfüllt den Tatbestand der Datenübermittlung i. S. von § 3 Abs. 4 Nr. 3a) BDSG. Diese Übermittlung von Daten bedürfte einer erneuten datenschutzrechtlichen Rechtfertigung über die

---

853 *Schweikhardt*, GRUR 1962, 116, 124; *Stürner*, JZ 1985, 452, 458.

854 *Spindler/Weber*, MMR 2006, 711, 714.

855 Hierzu auch *Breinlinger/Kader*, RDV 2006, 60, 65f.

Einwilligung des betroffenen Whistleblowers oder einer Rechtsvorschrift, § 4 Abs. 1 BDSG.

Anders wäre dies nur im Fall der Vereinbarung eines Auftragsdatenverarbeitungsverhältnisses zwischen dem Unternehmen und der beauftragten Person oder Stelle nach den Vorgaben des § 11 BDSG zu beurteilen. In diesem Falle wäre die externe Stelle nicht als „Dritter" im Sinne des Datenschutzrechts anzusehen (§ 3 Abs. 8 S. 3 BDSG) und eine Datenübermittlung damit unproblematisch möglich. Zu beachten ist allerdings, dass Auftragsdatenvereinbarungsverhältnisse nur zwischen Stellen innerhalb der EU beziehungsweise des Europäischen Wirtschaftsraumes geschlossen werden können. Datenübermittlungen ins nicht EU-/EWR-Ausland – hierzu kann es insbesondere bei multinational verflochtenen Konzernen kommen, die eine einheitliche Person oder Stelle mit der Datenverwaltung betrauen – können sich darüber hinaus aufgrund eines mangelnden angemessenen Datenschutzniveaus in dem Empfängerland der Daten als problematisch darstellen.[856]

Auf rechtliche Schwierigkeiten, die sich bei der Einschaltung externer Stellen in den Betrieb eines Whistleblowing-Systems stellen, soll jedoch im Rahmen dieser Arbeit nicht näher eingegangen werden. Die Fragen, die sich im Zusammenhang mit Auftragsdatenverarbeitungsverhältnissen nach Maßgabe des § 11 BDSG stellen, sind letztlich nicht spezifisch auf das Whistleblowing bezogen, sondern vielmehr von allgemeiner Natur.[857]

B. Das Business Keeper Monitoring System (BKMS)

Als Alternative zu der Bestellung eines Daten-Treuhänders könnte über den Einsatz des BKMS nachgedacht werden. Auch dieses soll Problemen begegnen, die bei der Zulassung anonymer Whistleblower-Anzeigen entstehen.

I. Funktionsweise und Nutzer des BKMS

Das BKMS ist ein von der Business Keeper AG entwickeltes und vertriebenes internetbasiertes, weltweit eingesetztes Kommunikationssystem für Whistleblower zur Meldung von Missständen.[858] Das System wird auf Servern in Hoch-

856 Zum Problem des Datentransfers ins außereuropäische Ausland *Räther/Seitz*, MMR 2002, 425ff.

857 Siehe hierzu speziell für Hinweisgebersysteme die Ausführungen bei *Schemmel/Ruhmannseder/Witzigmann*, 6. Kapitel, Rdnr. 142ff.

858 *Altenburg*, Bucerius Law Journal, 1/2008, 3, 5; zur genauen Funktionsweise siehe http://www.business-keeper.com/whistleblowing-compliance.html.

sicherheitsrechenzentren betrieben, in denen auch Server der Europäischen Zentralbank stehen. Daten werden über das BKMS ausschließlich mittels einer sicheren https-Verbindung übertragen.[859] Eine Protokollierung von IP-Adressen, Zeitstempeln oder Metadaten findet nach Aussage der Betreiber des BKMS nicht statt.[860] Cookies werden nur aus programmtechnischen Gründen während einer Benutzersitzung gesetzt (sogenannte Session-Cookies) und sollen keinerlei personenbezogene Daten über die Person des Whistleblowers enthalten.[861]

Die Besonderheit des BKMS gegenüber anderweitigen Whistleblowing-Systemen besteht darin, dass trotz garantierter Anonymität für die Person des Whistleblowers eine Kommunikation mit dieser ermöglicht wird. Dies geschieht durch den Einsatz von Postkästen. Über diese kann der Whistleblower sowohl für weitere Rückfragen kontaktiert werden als sich auch selbst über den aktuellen Stand der auf seinen Hinweis hin vorgenommenen Ermittlungen informieren.[862] Die Nutzung des Postkastensystems ist jedoch nur fakultativ.[863]

Zu den Nutzern des BKMS zählen beispielsweise Unternehmen wie die Deutsche Telekom AG, die Bertelsmann Verlagsgruppe, die Ferrostahl AG, die Fraport AG, die MAN Gruppe oder auch die Commerzbank AG.[864] Ferner wird das System bereits seit Oktober 2003 vom Landeskriminalamt Niedersachsen zu Zwecken der Strafverfolgung eingesetzt.[865] Es soll hier das Anzeigeaufkommen insbesondere im Bereich der Wirtschaftsstraftaten erhöhen.[866]

II. Zweckmäßigkeit eines Einsatzes des BKMS im Hinblick auf die Auflösung des Anonymitätsproblems

Das BKMS lässt anonyme Meldungen durch Whistleblower zu, ermöglicht aber zugleich eine Kommunikation mit den Hinweisgebern. Dadurch wird einem wesentlichen Nachteil anonymer Meldesysteme begegnet.[867] Der Vorwurf, bei anonymen Whistleblowing-Systemen würde die Aufklärung des vorgebrachten Verdachts dadurch erschwert, dass eine Rücksprache mit dem Whistleblower

---

859 Zum Sicherheitskonzept im Einzelnen siehe http://www.business-keeper.com/sicherheit.html.

860 *Altenburg*, Bucerius Law Journal, 1/2008, 3, 5; http://www.business-keeper.com/datenschutz-und-datensicherheit.html.

861 Http://www.business-keeper.com/datenschutz-und-datensicherheit.html.

862 *Altenburg*, Bucerius Law Journal, 1/2008, 3, 5; *Backes*, StV 2006, 712, 713; *Lindemann*, ZRP 2006, 127.

863 *Lindemann*, ZRP 2006, 127.

864 Http://www.business-keeper.com/hinweisgeber.html.

865 Siehe hierzu *Altenburg*, Bucerius Law Journal, 1/2008, S. 3ff.; kritisch *Lindemann*, ZRP 2006, 127.

866 *Altenburg*, Bucerius Law Journal, 1/2008, 3, 6; *Lindemann*, ZRP 2006, 127.

867 *Wiehen*, Handbuch Wertemanagement, 237; *Altenburg*, Bucerius Law Journal, 1/2008, 3, 6.

nicht möglich ist, erweist sich im Hinblick auf das BKMS als weitgehend haltlos. Hier ist gerade ein Rückkanal vorgesehen, über den der Whistleblower nach weiteren Details gefragt werden kann. Zu beachten ist allerdings, dass die Nutzung des Postkastensystems im Rahmen des BKMS nicht zwingend vorgeschrieben ist.[868] Der Whistleblower muss hiervon keinen Gebrauch machen und hat es somit selbst in der Hand, Rückfragen zu ermöglichen. Diese Wahlmöglichkeit des Whistleblowers erscheint im Hinblick auf die Notwendigkeit der Sachverhaltserforschung gerade bei anonymen Anzeigen unzureichend.

Nicht behoben wird durch den Einsatz des BKMS darüber hinaus das Problem, dass dem Auskunftsanspruch des Gemeldeten bei Zulassung anonymer Meldungen nicht entsprochen werden kann. Die technische Ausgestaltung des BKMS lässt nach Angaben der Hersteller keine Möglichkeit der Identifizierung des Hinweisgebers – etwa über die Speicherung seiner IP-Adresse inklusive des Zeitstempels oder das Setzen entsprechender Cookies – zu. Die absolute Zusicherung der Anonymität für die Person des Whistleblowers wird von der Business Keeper AG zwar als großer Vorteil des Systems beworben. Zur Lösung der datenschutzrechtlichen Konflikte, die sich bei der Zulassung anonymen Whistleblowings im Hinblick auf die Rechte des Gemeldeten ergeben, erweist sich der Einsatz des BKMS jedoch letztlich nicht als zielführend.

Der Einsatz des BKMS kann somit einer Treuhänder-Lösung nicht vorgezogen werden.

C. Vereinbarkeit vertraulicher Whistleblowing-Systeme mit dem SOX

In dieser Arbeit wird aufgrund der besseren Vereinbarkeit mit den Regelungen des deutschen Datenschutzrechts vertraulichen Whistleblowing-Systemen der Vorrang vor solchen Systemen eingeräumt, an die sich der Whistleblower anonym wenden kann.[869] Fraglich ist, ob und inwieweit die Einrichtung derartiger Systeme, die dem Whistleblower allein die vertrauliche Behandlung seiner Identität zusichern, mit den Vorgaben des SOX zu vereinbaren ist.[870] Dieser schreibt in Sec. 301 Abs. 4 ausdrücklich vor, dass auch anonyme Meldungen zugelassen

868 *Lindemann*, ZRP 2006, 127.

869 Vorschlag in Bezug auf die Rechtslage in Frankreich auch bei *Runte/Schreiber/Held/Bond/Dana/Flower*, CRi 2005, 135, 138; ablehnend gegenüber anonymen Meldeverfahren vor dem Hintergrund des deutschen Datenschutzrechts auch *Tinnefeld/Petri/Brink*, MMR 2011, 427, 431.

870 *Reufels/Deviard*, CCZ 2009, 201, 204; vgl. auch *Müller-Bonanni/Schell*, ArbRB 2006, 299, 300.

werden müssen (*confidential, anonymous submission*).[871] Es ist daher zu befürchten, dass die US-Börsenaufsichtsbehörde SEC ein „nur" vertraulich ausgestaltetes Whistleblowing-Systeme nicht als den SOX-Regelungen entsprechend anerkennen könnte.[872] Selbst im Hinblick auf den Vorschlag der Artikel 29 Gruppe, anonyme Meldungen zwar zuzulassen, diese Option jedoch jedenfalls nicht ausdrücklich zu propagieren, besteht Skepsis, ob die SEC ein solches Vorgehen akzeptieren würde.[873] Wäre dies nicht der Fall, so würden den betroffenen Unternehmen hohe Strafen drohen.[874]

I. Briefwechsel zwischen SEC und Artikel 29 Gruppe

Als aufschlussreich hinsichtlich der Position der SEC in dieser Frage könnte sich ein zwischen der US-Börsenaufsichtsbehörde und der Artikel 29 Gruppe erfolgter Briefwechsel in Folge des Erlasses des Working Papers 117 der EU-Datenschützer erweisen.[875] In einem ersten Brief bittet Peter Schaar – zum damaligen Zeitpunkt Chairman der Artikel 29 Gruppe – aus Gründen der Rechtssicherheit für die betroffenen Unternehmen die SEC klarzustellen, dass ein Whistleblowing-System, welches nach den Vorgaben des Working Paper 117 ausgestaltet ist, auch mit den Regelungen des SOX konform geht.[876] Die Antwort der SEC enthält zunächst die Aussage, dass die Möglichkeit „vertraulicher, anonymer Meldungen" nach dem SOX notwendig erscheint, damit Arbeitnehmer ermutigt werden, ihre Bedenken über ein Whistleblowing-System überhaupt vorzubringen.[877] Weiterhin sollten Unternehmen ihre Mitarbeiter auch über die Möglichkeit anonymer Meldungen in Kenntnis setzen.[878] Andernfalls könne – und dies würde auch im Hinblick auf die Stellungnahme der EU-Datenschützer befürchtet – der Eindruck entstehen, anonymen Meldungen würde ein geringerer Wert beigemessen.[879] Im Folgenden findet sich in dem Schreiben dann die folgende Passage:

871 Siehe hierzu Teil 4 § 1 A I 2 a.

872 *Behrendt/Kaufmann*, CR 2009, 642, 643; *Mengel*, CCZ 2008, 85, 89; *von Zimmermann*, WM 2007, 1060, 1064.

873 *Von Zimmermann*, WM 2007, 1060, 1063.

874 *Behrendt/Kaufmann*, CR 2009, 642, 643.

875 Korrespondenz abrufbar unter: http://ec.europa.eu/justice/data-protection/article-29/documentation/other-document/index_en.htm#h2-7.

876 Artikel 29 Gruppe, Korrespondenz vom 16.02.2006 – JLS-C5 D(2006) 1925, S. 2.

877 SEC, Korrespondenz vom 8.6.2006, S. 4.

878 SEC, Korrespondenz vom 8.6.2006, S. 4.

879 SEC, Korrespondenz vom 8.6.2006, S. 4.

„We understand from the Working Party's representative that Section W.2 (iii) of the Opinion is not intended to direct companies to discourage or negatively characterize confidential, anonymous reporting, but rather to discourage companies from promoting or favoring anonymous reporting over identified reporting."[880]

Diese Formulierungen zeigen deutlich, dass die SEC zwar ein Nebeneinander zwischen vertraulichen und anonymen Meldungen zulässt, dass jedoch anonyme Meldungen von den Unternehmen keinesfalls als minderwertig dargestellt werden dürfen.[881] Ein gänzlicher Ausschluss der anonymen Meldemöglichkeit scheint vor diesem Hintergrund erst recht nicht den Anforderungen der SEC an ein SOX-konformes Whistleblowing-System entsprechen zu können.[882]

II. Interpretationsspielraum des SOX

Um den Konflikt zwischen den Vorgaben der Sec. 301 Abs. 4 SOX und dem deutschen beziehungsweise europäischen Datenschutzrecht aufzulösen, wird teilweise vertreten, von den (augenscheinlich) durch den SOX eröffneten Interpretationsspielräumen Gebrauch zu machen.[883] Argumentiert wird mit der Widersprüchlichkeit des Wortlauts der entsprechenden Passage des SOX: eine „vertrauliche, anonyme Meldung" könne es nicht geben.[884] Vielmehr schlössen sich die Begrifflichkeiten „vertraulich" und „anonym" gegenseitig aus.[885] Es liege daher im Ermessen der SEC, die Formulierung des SOX so auszulegen, dass der bestehende Widerspruch ausgeräumt werde.[886] Insofern sei auch eine Interpretation möglich, nach der ausschließlich vertraulich ausgestaltete Whistleblowing-Systeme SOX-konform wären.[887] Bei einer solchen Interpretation würden zugleich bestehende Konflikte mit datenschutzrechtlichen Vorgaben anderer Länder ausgeräumt.[888]

Problematisch an diesem Vorschlag ist jedoch, dass seine Durchsetzbarkeit auf der Kooperationswilligkeit der SEC beruht. Diese hat im Rahmen der oben zitierten Korrespondenz jedoch bereits hinreichend zum Ausdruck gebracht, dass sie im Hinblick auf die Zulassung anonymer Meldungen nicht von ihrer Position

---

880 SEC, Korrespondenz vom 8.6.2006, S. 4; ebenfalls zitiert bei *von Zimmermann*, WM 2007, 1060, 1063.

881 *Von Zimmermann*, WM 2007, 1060, 1064.

882 Ebenso *von Zimmermann*, WM 2007, 1060, 1064.

883 Hierzu auch *von Zimmermann*, WM 2007, 1060, 1064.

884 *Schaffer*, 75 Fordham L. Rev. 1829, 1881 (2006).

885 *Schaffer*, 75 Fordham L. Rev. 1829, 1881 (2006).

886 *Schaffer*, 75 Fordham L. Rev. 1829, 1881 (2006).

887 *Schaffer*, 75 Fordham L. Rev. 1829, 1881 (2006).

888 *Schaffer*, 75 Fordham L. Rev. 1829, 1881 (2006).

abweichen wird.[889] Eine Lösung über eine „datenschutzrechtskonforme" Auslegung des SOX erscheint daher kaum möglich.

Anderes kann sich jedoch dann ergeben, wenn das Verständnis des Begriffs der „Anonymität" im amerikanischen Rechtsraum ein anderes ist als hierzulande und auch „Vertraulichkeit" mit einschließt. Hierauf deuten einige Aussagen in der einschlägigen US-Literatur hin. So wird hier formuliert:

> *„A second way of remaining anonymous is for whistleblowers to identify themselves to complaint recipients while requesting that their identity not be revealed to others."*[890]

An anderer Stelle findet sich das Beispiel eines Sohnes, der seine Mutter darüber informiert, dass die ältere Schwester einen Selbstmordversuch begehen will und der gleichzeitig darum bittet, seiner Schwester nicht zu erzählen, dass er ihr Vorhaben bei der Mutter angezeigt hat. Das Wissen der Mutter um die Identität des Whistleblowers soll hier der Annahme anonymen Whistleblowings nicht entgegenstehen.[891] Vielmehr bleibt der Sohn gegenüber seiner Schwester als der Betroffenen des Whistleblowings anonym.[892]

Diese Aussagen legen nahe, dass die Zusicherung der Geheimhaltung der Identität des Whistleblowers durch den Empfänger der Whistleblower-Anzeige eine gleichwertige Alternative zu einer gänzlich anonymen Ausgestaltung des Systems darstellt. Eine solche Vorgehensweise könnte sodann auch zugleich das Effektivitätsproblem (im wörtlichen Sinne tatsächlich) anonymer Whistleblowing-Systeme lösen.[893]

Aufgrund der vielfältigen Nachteile rein anonymen Whistleblowings – insbesondere der geringeren Effektivität und der Schwierigkeiten im Rahmen der Sachverhaltsaufklärung – fordern darüber hinaus auch Experten aus den USA, anonyme Whistleblower-Hotlines nur in Verbindung mit einem Ombudsmann-System zuzulassen.[894] Dies scheint ein erster Schritt in die richtige Richtung.

§ 4 Ergebnis

Das Interesse des Whistleblowers an der Wahrung seiner Anonymität und der Auskunftsanspruch des Gemeldeten nach § 34 Abs. 1 BDSG – der sich in diesem

---

889 *Von Zimmermann*, WM 2007, 1060, 1063.

890 *Near/Miceli*, 20 The Academy of Management Review, 679, 692 (1995).

891 *Elliston*, 1 Journal of Business Ethics, 167, 171 (1982).

892 *Elliston*, 1 Journal of Business Ethics, 167, 171 (1982).

893 *Near/Miceli*, 20 The Academy of Management Review, 679, 692 (1995).

894 *Dworkin*,105 Michigan L. Rev. 1757, 1773 (2007); bereits vor Erlass des SOX sprach schon *Westman*, Whistleblowing, S. 173f. von den Möglichkeiten eines Ombudsmann-Systems.

Fall auch auf die Herkunft der Daten und damit auf die Identität des Informanten bezieht – kollidieren. Auch das ein Whistleblowing-System betreibende Unternehmen kann insbesondere bei andernfalls drohender Vereitelung der Aufklärung eines gemeldeten Verhaltensverstoßes ein Interesse an der Aufschiebung der sofortigen Auskunftserteilung an den Betroffenen haben.

Das BKMS begegnet zwar einigen Bedenken gegen die anonyme Nutzbarkeit eines Whistleblowing-Systems. Konkret löst es das Problem der mangelnden Kommunikationsmöglichkeit mit dem Whistleblower im Falle der Zulassung anonymer Meldungen. Der Konflikt der widerstreitenden Interessen „Anonymität versus Auskunftsrecht" kann jedoch nur durch Einschaltung einer unabhängigen Instanz, die – bis zur Aufklärung des erhobenen Vorwurfs – als Daten-Treuhänder fungiert, in befriedigender Art und Weise gelöst werden. Der Daten-Treuhänder kennt als Einziger die Identität des Whistleblowers. Diese darf er nur dann dem Gemeldeten preisgeben, wenn sich die Bösgläubigkeit des Whistleblowers erweist. Dann muss der Betroffene durch die Kenntnis des Namens des Informanten in die Lage versetzt werden, gegen diesen rechtliche Schritte einzuleiten.

Als Daten-Treuhänder bietet sich die Person des betrieblichen Datenschutzbeauftragten an. Alternativ kann zusätzlich zum betrieblichen Datenschutzbeauftragten auch eine neue unabhängige Stelle im Unternehmen eingerichtet werden („Ombudsmann"). Auch die Einschaltung eines externen Rechtsanwalts, der nicht zugleich Rechtsbeistand des Gemeldeten ist, erscheint möglich, bedarf jedoch gegebenenfalls weitergehender Maßnahmen zur Gewährleistung des erforderlichen Datenschutzes.

Die Vereinbarkeit vertraulicher statt anonymer Whistleblowing-Systeme mit den Vorgaben des SOX ist unklar. Es erscheinen aber Interpretationen von Sec. 301 Abs. 4 SOX denkbar, die auch die Einrichtung eines vertraulichen Whistleblowing-System nach den US-Vorgaben zulassen.

Im Übrigen ist zu beachten, dass der Aspekt des Datenschutzes in der US-amerikanischen Gesetzgebung zum Whistleblowing bisher keine Rolle gespielt hat.[895] Länder mit einem hohen Datenschutzniveau, zu denen auch Deutschland zu zählen ist, sollten sich im Rahmen von Gesetzesinitiativen zum Whistleblowing daher nicht der amerikanischen Rechtslage nach SOX unterordnen.

895 Vgl. oben Teil 4 § 1 A II.

Teil 6: Weitere Rechte der Betroffenen, Aspekt der Datensicherheit

Neben den Rechten auf Benachrichtigung und Auskunft stehen den Betroffenen nach dem BDSG noch weitere Ansprüche zu. Der Vollständigkeit halber ist diesen Rechten das nachfolgende Kapitel gewidmet. Auch der technische und daher hier nicht vertiefend zu behandelnde Aspekt der Datensicherheit darf beim Betrieb eines Whistleblowing-Systems darüber hinaus nicht außer Acht gelassen werden.

§ 1 Berichtigen, Löschen und Sperren

Betroffenen stehen die Rechte auf Berichtigung, Löschung und Sperrung ihrer Daten aus § 35 BDSG zu. Zwar wird oftmals nur im Zusammenhang mit der Person des Gemeldeten auf diese Rechte hingewiesen.[896] Sie gebühren jedoch auch dem Whistleblower, sofern personenbezogene Daten über ihn gespeichert und verarbeitet werden. Damit neben dem Whistleblower auch der Gemeldete seine Rechte aus § 35 BDSG wahrnehmen kann, muss er jedoch zunächst von der Speicherung und Verarbeitung seiner Daten Kenntnis erlangen. Zu diesem Zweck dienen Benachrichtigungspflicht und Auskunftsrecht aus § 34 BDSG, die bereits im vorangehenden Kapitel untersucht wurden.

Zu berichtigen sind Daten von der datenverarbeitenden Stelle immer dann, wenn sie unrichtig sind (§ 35 Abs. 1 S. 1 BDSG), das heißt, wenn sie den realen Gegebenheiten nicht entsprechen, unvollständig sind oder im falschen Kontext verwendet werden.[897] Soweit die Person des Whistleblowers betroffen ist, kann eine Unrichtigkeit insbesondere im Falle einer falschen Schreibweise etwa seines Namens oder sonstiger Angaben in Betracht kommen. Auch bei derartigen „Ba-

896 Artikel 29 Gruppe, WP 117, S. 14; *Breinlinger/Kader*, RDV 2006, 60, 68; *von Zimmermann*, RDV 2006, 242, 247.

897 *Bergmann/Möhrle/Herb*, BDSG, § 35 Rdnr. 26; *Däubler*/Klebe/Wedde/Weichert, BDSG, § 35 Rdnr. 5; *Gola/Schomerus*, BDSG, § 35 Rdnr. 5; Roßnagel/*Wedde*, Handbuch Datenschutzrecht, Kapitel 4.4 Rdnr. 56; Simitis/*Dix*, BDSG, § 35 Rdnr. 9; Taeger/Gabel/*Meents*, § 35 BDSG Rdnr. 9; *Kühling/Seidel/Sividris*, Datenschutzrecht, S. 192f.

gatellen“ greift der Berichtigungsanspruch.[898] Für den Gemeldeten dürfte dem Berichtigungsrecht ebenfalls nur geringe Bedeutung zukommen. Werden über ihn unrichtige Daten – etwa falsche Informationen über einen angeblich von ihm begangenen Verhaltensverstoß – gespeichert, so dürfte ihm eher an der Löschung dieser Daten als an einer Richtigstellung gelegen sein.

Daten des Gemeldeten müssen gelöscht werden, wenn sie unzulässig sind (§ 35 Abs. 2 S. 2 Nr. 1 BDSG).

War die Datenspeicherung dagegen zulässig, so müssen die Daten dennoch gelöscht werden, sobald ihre Kenntnis für die Erfüllung des Zwecks der Speicherung nicht mehr erforderlich ist (§ 35 Abs. 2 S. 2 Nr. 3 BDSG). Dies ist zum einen dann der Fall, wenn sich der über das Whistleblowing-System gemeldete Vorwurf als unbegründet herausstellt. In diesem Fall sind die Daten des Gemeldeten unverzüglich zu löschen.[899] Im Übrigen ist der Arbeitgeber zu einer Löschung verpflichtet, sobald die Daten zur Aufklärung des Sachverhalts nicht mehr von Interesse sind. Die CNIL sowie die Artikel 29 Datenschutzgruppe haben im Hinblick hierauf einen Richtwert von 2 Monaten aufgestellt, nach dessen Ablauf die Daten zu löschen sind.[900] Diesem Vorschlag ist auch der Düsseldorfer Kreis in seinem Arbeitsbericht gefolgt.[901] Eine längere Speicherfrist kann sich im Einzelfall ergeben, etwa wenn die Daten weiterhin zu Beweiszwecken oder sonst im Rahmen eines anhängigen Disziplinar- oder Gerichtsverfahrens benötigt werden.[902]

Das Recht auf Datensperrung betrifft nur Fälle, in denen Daten des Betroffenen zu löschen wären, gegen die Löschung jedoch tatsächliche oder rechtliche Gründe sprechen. Eine gesetzliche, satzungsmäßige oder vertragliche Aufbewahrungsfrist (§ 35 Abs. 3 Nr. 1 BDSG) besteht im Falle der über ein Whistleblowing-System gespeicherten Daten nicht. Eine entsprechende Frist vertraglich festzulegen, wäre im Hinblick auf die Rechte des Gemeldeten auch problematisch, sofern die Frist länger bemessen sein sollte, als es die Erforderlichkeit im Einzelfall gebietet. Hier stellen sich zudem erneut die Probleme der Wirksamkeit einer Einwilligung des Gemeldeten (Bestimmtheit, Freiwilligkeit), die bereits oben diskutiert wurden.[903]

---

898 *Däubler*/Klebe/Wedde/Weichert, BDSG, § 35 Rdnr. 10; ErfK/*Wank*, § 35 BDSG Rdnr. 1; *Gola/Schomerus*, BDSG, § 35 Rdnr. 5; *Schaffland/Wiltfang*, BDSG, § 35 Rdnr. 7; Taeger/Gabel/*Meents*, § 35 BDSG Rdnr. 10.

899 *Von Zimmermann*, RDV 2006, 242, 247.

900 Artikel 29 Gruppe, WP 117, S. 12; Stellungnahme CNIL, S. 6.

901 Arbeitsbericht Düsseldorfer Kreis, S. 6.

902 Artikel 29 Gruppe, WP 117, S. 12; Stellungnahme CNIL, S. 6; Arbeitsbericht Düsseldorfer Kreis, S. 6; von *Zimmermann*, RDV 2006, 242, 247.

903 Siehe Teil 4 § 3 A.

Eine Beeinträchtigung schutzwürdiger Interessen des Betroffenen durch den Akt der Löschung (§ 35 Abs. 3 Nr. 2 BDSG) liegt ebenfalls fern. Die von dem Whistleblowing-System gespeicherten Daten beinhalten in aller Regel den Vorwurf einer Straftat oder eines sonstigen Verhaltensverstoßes des Gemeldeten und sind damit nicht als für diesen positiv zu bewerten. Die Löschung von über ein Whistleblowing-System erhobenen Daten dürfte auch nicht unmöglich oder unverhältnismäßig sein (§ 35 Abs. 3 Nr. 3 BDSG). Daher wird ein Ersatz des Rechts auf Datenlöschung durch das Recht auf Datensperrung im Ergebnis im Zusammenhang mit dem Whistleblowing nicht in Betracht kommen.

Zusammenfassend lässt sich festhalten, dass lediglich das Recht auf Löschung unzulässigerweise gespeicherter oder für den bei der Speicherung verfolgten Zweck nicht weiter erforderlicher Daten im Rahmen der Datenverarbeitung über Whistleblowing-Systeme Bedeutung erlangen kann.

§ 2 Aspekt der Datensicherheit

An dieser Stelle soll kurz auf den Aspekt der Datensicherheit eingegangen werden. Die in § 9 BDSG normierte Notwendigkeit technischer und organisatorischer Maßnahmen zur Gewährleistung der Datensicherheit darf auch bei Betrieb eines Whistleblowing-Systems nicht außer Acht gelassen werden.[904]

In organisatorischer Hinsicht muss überlegt werden, bei welcher Stelle im Unternehmen das Whistleblowing-System angelagert werden soll. Es empfiehlt sich hier die Betrauung einer unabhängigen Stelle, etwa eines Ombudsmannes oder die Übertragung auf den betrieblichen Datenschutzbeauftragten.[905] Jedenfalls sollte das System nicht von der Personalabteilung betreut werden.[906] Das Risiko negativer Konsequenzen für den Whistleblower wie auch für den Gemeldeten, insbesondere die Gefahr von Kündigungen – sei es aufgrund der Meldung unangenehmer Wahrheiten, sei es aufgrund der Anschuldigung – wäre in diesem Fall zu groß, da zwischen der Person, die die Daten zur Kenntnis nimmt und derjenigen, die die Kündigung letztlich ausspricht, keine Instanz dazwischengeschaltet wäre.

---

904 Artikel 29 Gruppe, WP 117, S. 14; Arbeitsbericht Düsseldorfer Kreis, S. 7; *Breinlinger/Kader*, RDV 2006, 60, 68; *Niedostadek*, S. 166; *Wybitul*, ZD 2011, 118, 119; *von Zimmermann*, RDV 2006, 242, 247.

905 Siehe hierzu Teil 5 § 3 A III 2, 3.

906 Artikel 29 Gruppe, WP 117, S. 15; Arbeitsbericht Düsseldorfer Kreis, S. 7; *Niedostadek*, S. 166; *von Zimmermann*, RDV 2006, 242, 245; für eine gänzlich externe Ansiedelung des Whistleblowing-Systems *Seffer/Meyer-Wegelin*, ITRB 2009, 41, 42.

Zudem sollte gegenüber der Belegschaft klar kommuniziert werden, dass ein Whistleblowing-System besteht und welche Verstöße hierüber an welcher Stelle zur Anzeige gebracht werden können.[907]

Die mit der Verarbeitung der über das Whistleblowing-System erhobenen Daten betrauten Mitarbeiter sollten überdies auf das Datengeheimnis i. S. von § 5 BDSG verpflichtet und regelmäßig in Bezug auf das Datenschutzrecht geschult werden.[908]

Da die Datenverarbeitung im Rahmen eines Whistleblowing-Systems jedenfalls zu einem großen Teil automatisiert erfolgt, müssen in technischer Hinsicht die Anforderungen der Anlage zu § 9 S. 1 BDSG erfüllt werden.[909] Letztlich geht es hierbei um die Sicherstellung der Verfügbarkeit, Integrität, Authentizität und Vertraulichkeit der Daten.[910] Wichtig ist insbesondere ein Schutz der Daten vor dem Zugriff und der Veränderung/Manipulation durch Unbefugte (Aspekte der Integrität und der Vertraulichkeit). Zu diesem Zweck bietet sich die Einrichtung eines Berechtigungskonzepts samt Passwortrichtlinie an: nur diejenigen Mitarbeiter eines Betriebs, die mit der Bearbeitung der Whistleblower-Anzeigen betraut sind, sollten – passwortgeschützt – auf die Daten Zugriff haben.[911] Die Authentizität der Daten ist gerade bei Zulassung anonymer Anzeigen problematisch[912]; der Ursprung der Daten kann in diesen Fällen nicht zurückverfolgt werden. Bei der hier vorgeschlagenen Lösung über die Zwischenschaltung eines neutralen Daten-Treuhänders wird die Authentizität der Daten jedoch in zufriedenstellendem Maße sichergestellt. Jedenfalls der „Trustee" kennt die Herkunft der Daten.

907 *Wybitul*, ZD 2011, 118, 119.

908 Vgl. *Bergmann/Möhrle/Herb*, BDSG, § 9 Rdnr. 37; Däubler/Klebe/*Wedde*/Weichert, BDSG, § 9 Rdnr. 16; Taeger/Gabel/*Schulze-Melling*, § 9 BDSG Rdnr. 43; *Müller-Bonanni/Schell*, ArbRB 2006, 299, 302.

909 Arbeitsbericht Düsseldorfer Kreis, S. 7.

910 *Gola/Schomerus*, BDSG, § 9 Rdnr. 2; Hoeren/Sieber/*Kramer/Meints*, Handbuch Multimedia-Recht, Teil 16.5 Rdnr. 3f.; *Breinlinger/Kader*, RDV 2006, 242, 247; zu Verfügbarkeit, Integrität, Vertraulichkeit, Authentizität als Schutzzielen der IT-Sicherheit siehe *Holznagel*, Recht der IT-Sicherheit, S. 12ff.; auch in einigen Landesdatenschutzgesetzen finden sich, insofern abweichend von der bundesrechtlichen Regelung, diese Begrifflichkeiten wieder (§ 10 BbgDSG, § 5 BlnDSG, § 8 HmbDSG, § 21 DSG MV, § 10 DSG NRW, § 9 SächsDSG, § 6 DSG-LSA, § 9 ThürDSG).

911 Arbeitsbericht Düsseldorfer Kreis, S. 7; *Niedostadek*, S. 166.

912 *Breinlinger/Kader*, RDV 2006, 60, 68.

Teil 7: Entwurf einer Regelung des Whistleblowings im BDSG

Wie bereits mit Blick auf die unzureichende Rechts- und Gesetzeslage in Bezug auf das Whistleblowing angekündigt, soll sich der letzte Teil dieser Arbeit dem Entwurf einer datenschutzrechtlichen Whistleblowing-Norm widmen.

§ 1 Vorüberlegungen

Bestrebungen, eine Regelung des Whistleblowings zur Lösung arbeitsrechtlicher Problemfelder in § 612a BGB n. F. aufzunehmen, sind gescheitert.[913] Inwieweit eine solche Regelung erforderlich ist und wie sie konkret ausgestaltet werden könnte, soll nicht Gegenstand dieser Arbeit sein.[914] Im folgenden Abschnitt soll vielmehr ausschließlich der Versuch unternommen werden, die datenschutzrechtliche Konfliktsituation, die durch die Implementierung von Whistleblowing-Systemen entsteht, einer vertretbaren gesetzlichen Lösung zuzuführen.

Bisherige Vorschläge zur Aufnahme einer Whistleblower-Klausel in ein Beschäftigtendatenschutzgesetz können nur als unzureichend bezeichnet werden. Zum Vergleich sei hier der DGB-Entwurf für ein Arbeitnehmerdatenschutzgesetz genannt. Nach dessen § 9 „dürfen Beschäftigte, die innerbetriebliche Verstöße gegen gesetzliche Vorschriften bei staatlichen Behörden anzeigen, aus diesem Grunde nicht benachteiligt werden. Auch Handeln in gutem Glauben ist geschützt, nicht jedoch jede leichtfertige Anschuldigung, deren Unrichtigkeit offensichtlich ist oder ohne Schwierigkeiten hätte festgestellt werden können.“[915] Diese Regelung erfasst die datenschutzrechtliche Konfliktlage beim Whistleblowing allenfalls rudimentär.[916] Geregelt wird ausschließlich das externe

913 Zu der geplanten Neuregelung in § 612a BGB und ihrer Problematik *Groneberg*, Whistleblowing, S. 232ff. (umfassend und rechtsvergleichend im Hinblick auf die Situation in den USA und England); *Neumann*, Whistleblowing, S. 104ff. (umfassend); *Deiseroth/Derleder*, ZRP 2008, 248ff.; *Döse*, AuR 2009, 189ff.; *Kort*, FS Kreutz, 247, 251f., 257ff.; *Sasse*, NZA 2008, 990ff.; *Schneider/Nowak*, FS Kreutz, 855, 859f.; *Steinkühler/Raif*, AuA 2008, 406ff.; siehe auch http://www.heise.de/newsticker/meldung/Umstrittene-Normaenderung-zum-Whistleblowing-211481.html.

914 Hierzu *Neumann*, Whistleblowing.

915 DGB-Entwurf für ein Arbeitnehmerdatenschutzgesetz, AuR 2010, 315, 317.

916 Ähnlich auch *Kort*, MMR 2011, 294, 297.

Whistleblowing gegenüber staatlichen Behörden. Gutgläubig handelnde externe Whistleblower sollen keine Benachteiligung erfahren dürfen. Dieser Aspekt entspricht den schon im Rahmen des Entwurfs eines § 612a BGB n. F. diskutierten Vorschlägen zum Schutz des Whistleblowers vor diskriminierenden – bis zur eigenen Kündigung – führenden Maßnahmen. Er hat daher eher arbeitsrechtlichen, denn datenschutzrechtlichen Bezug. Die datenschutzrechtlichen Belange des Gemeldeten finden darüber hinaus in dem DGB-Entwurf keinerlei Berücksichtigung.

Die im Folgenden entwickelte Regelung soll demgegenüber sowohl den datenschutzrechtlichen Belangen des Whistleblowers als auch denen des Gemeldeten angemessen Rechnung tragen.[917] Zwar wird das deutsche Datenschutzrecht durch die geplante EU-Datenschutz-Grundverordnung[918] eine gewisse Änderung erfahren. Dem deutschen Gesetzgeber wird es hierdurch für weite Teile des Datenschutzrechts in Zukunft unmöglich sein, eigene nationale Regelungen zu erlassen. Gerade für den Bereich des Beschäftigtendatenschutzes sieht die Verordnung in Artikel 82 jedoch eine spezielle Ermächtigung der Mitgliedsstaaten vor, eigene Regelungen zur Sicherung der grundlegenden Rechte und Freiheiten der Arbeitnehmer, gerade auch in Bezug auf den Schutz ihrer persönlichen Daten im Zusammenhang mit dem Beschäftigungsverhältnis zu erlassen:

> *„Die Mitgliedstaaten können in den Grenzen dieser Verordnung per Gesetz die Verarbeitung personenbezogener Arbeitnehmerdaten im Beschäftigungskontext unter anderem für Zwecke der Einstellung, der Erfüllung des Arbeitsvertrags einschließlich der Erfüllung von gesetzlich oder tarifvertraglich festgelegten Pflichten, des Managements, der Planung und der Organisation der Arbeit, der Gesundheit und Sicherheit am Arbeitsplatz sowie für Zwecke der Inanspruchnahme der mit der Beschäftigung zusammenhängenden individuellen oder kollektiven Rechte und Leistungen und für Zwecke der Beendigung des Beschäftigungsverhältnisses regeln“.*[919]

Im Bereich des Beschäftigtendatenschutzes bleibt damit der nationale Gesetzgeber weiterhin am Zuge.[920] Der Regelungsspielraum wird dabei begrenzt durch die

917 Vgl. die Forderung von *Kort*, MMR 2011, 294, 297; vgl. auch die Entschließung der 81. Konferenz der Datenschutzbeauftragten des Bundes und der Länder v. 16./17.3.2011 in Würzburg, Beschäftigtendatenschutz stärken statt abbauen, S. 2, nach der eine Regelung zum Thema Whistleblowing Eingang in das Beschäftigtendatenschutzgesetz finden sollte.

918 Vorschlag für eine Verordnung des Europäischen Parlaments und des Rates zum Schutz natürlicher Personen bei der Verarbeitung personenbezogener Daten und zum freien Datenverkehr (Datenschutz-Grundverordnung) vom 25.1.2012 (KOM (2012) 11 endg.).

919 Artikel 82 Nr. 1 des Vorschlags für eine Verordnung des Europäischen Parlaments und des Rates zum Schutz natürlicher Personen bei der Verarbeitung personenbezogener Daten und zum freien Datenverkehr (Datenschutz-Grundverordnung) vom 25.1.2012 (KOM (2012) 11 endg.).

920 *Gola*, EuZW 2012, 332, 336; *Hornung*, ZD 2012, 99, 100.

Vorgaben der Verordnung selbst.[921] Damit erscheint auch der Erlass einer datenschutzrechtlichen Regelung für den Bereich des Whistleblowings weiterhin jedenfalls nicht ausgeschlossen, so dass die folgenden Ausführungen selbst mit Inkrafttreten der EU-Datenschutz-Grundverordnung nicht an Bedeutung verlieren.

§ 2 In der Regelung zu berücksichtigende Rechtspositionen

In einem ersten Schritt sollen noch einmal die miteinander in Einklang zu bringenden Rechtspositionen der vom Whistleblowing betroffenen Personengruppen (Whistleblower, Gemeldeter, Arbeitgeber) identifiziert werden.[922]

Auf Seiten des Whistleblowers ist die Meinungsfreiheit aus Art. 5 Abs. 1 S. 1, 1. Hs. GG in ihrer positiven (Äußerungen über Whistleblowing-Systeme genießen in der Regel den Schutz der Meinungsfreiheit) wie negativen Ausprägung (im Falle einer „Pflicht" zur Nutzung von Whistleblowing-Systemen) zu beachten. Eine Whistleblower-Pflicht berührt auch das Grundrecht der Berufsfreiheit, Art. 12 Abs. 1 GG.

Besonders wichtig ist gerade im Zusammenhang mit dieser Arbeit das Recht auf informationelle Selbstbestimmung des Whistleblowers aus Art. 2 Abs. 1, 1 Abs. 1 GG. Dies ist immer dann betroffen, wenn das System nicht anonym genutzt wird oder werden kann.

In noch stärkerem Maße ist das informationelle Selbstbestimmungsrecht des Gemeldeten betroffen. Während sich der Whistleblower durch seine Meldung noch mehr oder weniger „freiwillig" der Speicherung seiner Daten aussetzt, werden die Daten des Gemeldeten ohne dessen Kenntnis gespeichert und verarbeitet. Dies stellt einen besonders intensiven Eingriff in das informationelle Selbstbestimmungsrecht dar. Zudem können über ein Whistleblowing-System gemachte Meldungen auch in weiterem Umfang das Persönlichkeitsrecht des Gemeldeten berühren, denn dieser wird oftmals einer Straftat oder doch zumindest eines schwerwiegenden Verhaltensverstoßes verdächtigt. Eine derartige Anzeige kann die persönliche Ehre des Gemeldeten und sein Bild in der Öffentlichkeit in starkem Umfang beeinträchtigen. Letzteres spielt insbesondere dann eine gewichtige Rolle, wenn sich die über das Whistleblowing-System erfolgte Anschuldigung im Nachhinein als unbegründet darstellt.

---

921 *Wybitul*, BB 2012, 509, 514.
922 Vgl. hierzu Teil 2.

§ 3 Gesetzentwurf

§ x Datenerhebung, -verarbeitung und -nutzung im Rahmen des Betriebs von Whistleblowing-Systemen

(1) Die verantwortliche Stelle darf Systeme zur Meldung von Straftaten und anderen schwerwiegenden Pflichtverletzungen einrichten. Andere schwerwiegende Pflichtverletzungen können Ordnungswidrigkeiten oder Vertragsverletzungen sein. Nicht hierunter fallen Verstöße gegen unternehmensinterne Ethikrichtlinien, die lediglich das außervertragliche Verhalten der Beschäftigten im Betrieb regeln sollen.

(2) Daten, die den Kernbereich privater Lebensgestaltung betreffen, dürfen über das Whistleblowing-System nicht erhoben werden. Wurden solche Daten entgegen S. 1 erhoben und gespeichert, sind sie unverzüglich zu löschen.

(3) Anonyme Meldungen werden nicht behandelt.

(4) Dem Whistleblower wird die vertrauliche Behandlung seiner Identität zugesagt. Zur Sicherstellung der vertraulichen Behandlung der personenbezogenen Daten des Whistleblowers hat die verantwortliche Stelle einen Daten-Treuhänder einzusetzen. Dieser darf den Namen des Whistleblowers nur im Falle seiner erwiesenen Bösgläubigkeit preisgeben. Bösgläubig handelt, wer leichtfertig oder wider besseres Wissen eine Anzeige über das System erstattet.

(5) Dem Gemeldeten stehen die Rechte auf Benachrichtigung und Auskunft aus §§ 33 und 34 dieses Gesetzes zu. Das Recht auf Auskunft bezieht sich auch auf die Herkunft der Daten. Dem Auskunftsanspruch kann im Hinblick auf die Herkunft der Daten erst entsprochen werden, wenn sich die Bösgläubigkeit des Whistleblowers herausgestellt hat. Benachrichtigung und Auskunft können unterbleiben, solange hierdurch die Aufklärung des Sachverhalts verhindert oder wesentlich erschwert würde.

(6) Die über die Person des Whistleblowers und des Gemeldeten gespeicherten personenbezogenen Daten sind unverzüglich zu löschen, sobald sie für die Aufklärung des über das System vorgebrachten Sachverhalts nicht mehr erforderlich sind. Die Löschung der Daten hat spätestens zwei Monate nach Abschluss der Untersuchungen zu erfolgen.

(7) Die verantwortliche Stelle hat die Speicherung der Daten, ihren Grund sowie ihre Löschung zu dokumentieren. Die Dokumentation darf ausschließlich zum Zwecke der Datenschutzkontrolle verwendet werden. Sie ist zu löschen, wenn sie für diesen Zweck nicht mehr erforderlich ist, spätestens jedoch am Ende des Kalenderjahres, das dem Jahr der Dokumentation folgt.

§ 4 Begründung des Gesetzentwurfs

§ x regelt die Datenerhebung, -verarbeitung und -nutzung im Rahmen des Betriebs von Whistleblowing-Systemen.

Auf die Verwendung des Begriffs „Betroffener“ wird in dem Gesetzesvorschlag verzichtet, um Verwirrungen zu vermeiden. Schließlich können sowohl der Whistleblower als auch der Gemeldete als von der Datenverarbeitung „Betroffene“ angesehen werden. Denn über ein Whistleblowing-System werden sowohl personenbezogene Daten des Whistleblowers als auch des Gemeldeten verarbeitet, so dass beide Personengruppen Betroffene i. S. des § 3 Abs. 1 BDSG sind.

Abs. 1 der Regelung legt fest, dass Datenverarbeitungen im Rahmen des Betriebs von Whistleblowing-System grundsätzlich zulässig sind. Dies entspricht der Grundausrichtung dieser Arbeit, die Whistleblowing – bei Beachtung bestimmter Vorkehrungen zum Datenschutz – positiv bewertet. Bedingung ist, dass die Meldung eine Straftat oder einen anderen schwerwiegenden Pflichtverstoß zum Gegenstand hat. In diesen Fällen ist eine Einschränkung des Rechts auf informationelle Selbstbestimmung (Art. 2 Abs. 1, 1 Abs. 1 GG) des Whistleblowers wie des Gemeldeten vor dem Hintergrund des durch Art. 12, 14 GG geschützten Aufklärungsinteresses des Arbeitgebers gerechtfertigt. Dieses überwiegt jedoch nicht, wenn die Meldung lediglich den Verstoß gegen Vorgaben eines unternehmensinternen Verhaltenskodex betrifft, der zwar das Verhalten der Beschäftigten im Betrieb, gegenüber Kunden und Geschäftspartnern regelt, dessen Nichtbeachtung jedoch nicht als schwerwiegende Vertragsverletzung charakterisiert werden kann. Schwerwiegend ist eine Vertragsverletzung insbesondere dann, wenn sie eine außerordentliche Kündigung aus wichtigem Grund seitens des Arbeitgebers rechtfertigen würde.[923]

Eine Ausnahme vom Grundsatz der zulässigen Datenverarbeitung ist immer dann gegeben, wenn es um Daten geht, die den Kernbereich privater Lebensgestaltung des Gemeldeten betreffen. Diese unterstehen besonderem Schutz und dürfen daher nach Abs. 2 des Gesetzesvorschlags nicht verarbeitet werden. Als Beispiel sei hier an den Fall „Wal-Mart“[924] erinnert. Daten über die private Lebensführung, insbesondere Liebesbeziehungen der Beschäftigten, betreffen den Kernbereich privater Lebensgestaltung und dürfen daher nicht Gegenstand der Erhebung über ein Whistleblowing-System sein.

923 Vgl. § 32a Abs. 2 Nr. 1 BDSG-E, der das Kriterium der Kündbarkeit aus wichtigem Grund jedoch zu pauschal auch auf Straftaten des Arbeitnehmers bezieht.

924 *LAG Düsseldorf*, NZA-RR 2006, 81 (Wal-Mart).

Die Möglichkeit anonymer Meldungen wird in Abs. 3 ausgeschlossen. Abs. 4 garantiert dem Whistleblower jedoch die vertrauliche Behandlung seiner Anzeige. Zum Hintergrund dieser Regelungen sowie zum Einsatz eines Datentreuhänders siehe oben unter Teil 5, insbesondere § 3 A.

Die Rechte des Gemeldeten aus §§ 33, 34 BDSG stehen diesem unbeschadet des § x zu. Ausnahmen von der Unterrichtungspflicht des Gemeldeten und der Gewährleistung seines Auskunftsanspruchs bestehen, wenn eine Mitteilung an den Gemeldeten die effektive Aufklärung des über das Whistleblowing-System vorgebrachten Vorwurfs verhindern oder zumindest wesentlich erschweren könnte. Die Identität des Whistleblowers ist vertraulich zu behandeln. Sie darf nur preisgegeben werden, wenn sich herausstellt, dass die Anzeige leichtfertig oder wider besseres Wissen erfolgt ist. In diesem Fall kommt dem Whistleblower kein schutzwürdiges und durch sein allgemeines Persönlichkeitsrecht gedecktes Interesse an der Geheimhaltung seiner Identität mehr zu.[925]

Abs. 5 normiert eine Löschungspflicht der datenverarbeitenden Stelle. Die Regelung entspricht insoweit den Forderungen der Artikel 29 Datenschutzgruppe[926], der CNIL[927] und des Düsseldorfer Kreises[928].

Die Dokumentationspflicht in Abs. 6 dient der Datenschutzkontrolle. Sie erlangt weitergehende Bedeutung zu Beweiszwecken im Falle späterer arbeitsgerichtlicher Auseinandersetzungen.

---

925 Vgl. *Gola/Wronka*, Handbuch Arbeitnehmerdatenschutz, Rdnr. 371.

926 Artikel 29 Gruppe, WP 117, S. 12.

927 Stellungnahme der CNIL, S. 6.

928 Arbeitsbericht Düsseldorfer Kreis, S. 6.

Teil 8: Fazit

§ 1 Rechtspolitische Würdigung, Ausblick

Auch wenn das Inkrafttreten des Sarbanes-Oxley Act und die damit beginnende erste Welle der Auseinandersetzung mit dem Phänomen des Whistleblowings mittlerweile 10 Jahre zurück liegt, so bleibt die Problematik doch weiterhin in Rechtspolitik und Rechtspraxis aktuell.[929] Dies zeigen zum einen Gerichtsentscheidungen, die sich – nunmehr auch auf europäischer Ebene – mit Fragestellungen im Zusammenhang mit (anonymen) Hinweisgebern befassen.[930] Hier stehen vornehmlich arbeitsrechtliche Fragestellungen im Mittelpunkt der Auseinandersetzungen.

Zum anderen beschäftigt das Thema Whistleblowing zunehmend auch die nationale Politik. Ein Gesetzentwurf der SPD zum Schutz von Whistleblowern[931] wird derzeit im Bundestag diskutiert. Auch innerhalb der Partei Bündnis 90/Die Grünen wird ein entsprechender Gesetzentwurf erörtert.[932] Die Linkspartei hatte bereits Mitte des Jahres 2011 einen Antrag zur Anerkennung der Bedeutung von Whistleblowing für die Gesellschaft und zum Schutz von Hinweisgeberinnen und Hinweisgebern[933] in den Bundestag eingebracht und das Thema damit auf die politische Agenda gesetzt.

Im Gegensatz zu den Vorschlägen der Grünen und der Linkspartei geht der Gesetzentwurf der SPD erstmals auch ausdrücklich auf die datenschutzrechtliche Problematik der Einrichtung unternehmensinterner Whistleblowing-Systeme ein. § 11 des Gesetzentwurfs stellt eine gesetzliche Erlaubnisnorm zur Einrichtung unternehmensinterner Whistleblowing-Systeme dar. In der Gesetzesbegründung heißt es hierzu, man wolle eine ausdrückliche Regelung i. S. des § 4 Abs. 1 BDSG für Whistleblowing-Programme in Unternehmen einführen.[934] Die ausdrückliche Normierung soll insbesondere die Rechtsunsicherheiten beseitigen,

929 *Király*, ZRP 2011, 146.

930 Vgl. *EGMR*, NJW 2011, 3501 (Heinisch/Deutschland).

931 BTDrucks 17/8567 vom 7.2.2012.

932 Http://gruen-digital.de/2011/11/gruene-bundestagsfraktion-legt-gesetzentwurf-zum-whistleblowerschutz-vor-und-ermoeglicht-online-diskussion/.

933 BTDrucks 17/6492 vom 5.7.2011.

934 BTDrucks 17/8567, S. 8.

die sich für international aufgestellte und damit an die Vorgaben des SOX gebundene Unternehmen aus der nach § 28 Abs. 1 BDSG vorzunehmenden Interessenabwägung ergeben.[935]

Die Gesetzesinitiative der SPD ist zu begrüßen, auch wenn sie nicht alle Fragen, die sich in datenschutzrechtlicher Hinsicht in Bezug auf das Whistleblowing stellen, beantwortet. Insbesondere dem Problem anonymer Hinweise nimmt sich der Gesetzesvorschlag nur in unzureichendem Maße an. Die Möglichkeit, auch anonyme Hinweise entgegenzunehmen und weiterzuverfolgen, wird nach dem Entwurf in das Belieben des Unternehmens gestellt. Dieses soll zugleich durch geeignete Maßnahmen sicherstellen, „dass das Persönlichkeitsrecht der von den Hinweisen betroffenen Personen bis zur Aufklärung des Hinweises geschützt bleibt".[936] Wie dieser Schutz konkret gewährleistet werden soll, sagt der Gesetzesvorschlag jedoch nicht. Auch die Gesetzesbegründung schweigt hierzu.

Wie gezeigt wurde, kann den Rechten der Gemeldeten bei Zulassung anonymer Meldungen nicht ausreichend Rechnung getragen werden. Ein Whistleblowing-System, das dem Whistleblower Vertraulichkeit zusichert und seine Identität bis zum Nachweis seiner Bösgläubigkeit geheim hält, ist daher einem anonyme Meldungen zulassenden System vorzuziehen.

Letztlich ist aufgrund der europäischen Entwicklungen hin zur Schaffung einer EU-Datenschutz-Grundverordnung eine nationale datenschutzrechtliche Regelung zum Whistleblowing nicht wahrscheinlicher geworden. Spielräume, die die Verordnung gerade im Bereich des Beschäftigtendatenschutzes dem nationalen Gesetzgeber einräumt, sollten von diesem jedoch genutzt werden.

§ 2 Zusammenfassung der Ergebnisse

1. Unter „Whistleblowing" werden kritische Äußerungen, Beschwerden oder Anzeigen von abhängig Beschäftigten über Missstände oder Fehlverhalten in ihrem Unternehmen beziehungsweise ihrer Behörde gegenüber staatlichen Stellen, der Presse oder sonstigen Dritten verstanden. Diese Arbeit befasst sich mit arbeitgeberseitig eingerichteten unternehmensinternen Systemen zur Aufnahme und Bearbeitung derartiger Whistleblower-Anzeigen. Das externe Whistleblowing gegenüber Behörden, insbesondere der Staatsanwaltschaft, oder den Medien, ist dagegen nicht Gegenstand der Betrachtung.

935 BTDrucks 17/8567, S. 9.

936 § 11 Abs. 2 S. 3 des Gesetzesvorschlags der SPD, BTDrucks 17/8567, S. 4.

2. Der Begriff „Whistleblowing“ stammt aus der angelsächsischen (Rechts-) Sprache („to blow a whistle“). Ein entsprechender deutscher Terminus existiert nicht. Eine Übersetzung des Begriffs mit dem deutschen Ausdruck „Verpfeifen“ wird der gesellschaftlichen Bedeutung des Whistleblowings nicht gerecht. Sie trägt vielmehr dazu bei, die im deutschen Kulturkreis anzutreffenden Vorbehalte gegenüber Whistleblowern und deren Einordnung als Denunzianten und Verräter weiterhin aufrecht zu erhalten.

3. Bei der rechtlichen Beurteilung des unternehmensinternen Whistleblowings sind die Grundrechtspositionen dreier Rechtsträger miteinander in Einklang zu bringen. Es handelt sich hierbei um die Person des Whistleblowers selbst, die über das System angezeigte Person sowie den Arbeitgeber. Auf Seiten des Whistleblowers sind das Grundrecht der Meinungsfreiheit, das Petitionsrecht, die Berufsfreiheit sowie das allgemeine Persönlichkeitsrecht zu beachten. Auch der Gemeldete kann sich auf seine Berufsfreiheit sowie das allgemeine Persönlichkeitsrecht – insbesondere in seiner Ausprägung als Recht auf informationelle Selbstbestimmung –, nicht jedoch auf die Informationsfreiheit berufen. Auf Seiten des Arbeitgebers sind die unternehmerische Freiheit sowie der ebenfalls aus dem allgemeinen Persönlichkeitsrecht hergeleitete soziale Geltungsanspruch als Arbeitgeber beziehungsweise als Wirtschaftsunternehmen in Ansatz zu bringen.

4. Hintergrund der vermehrten Bemühungen auch deutscher Unternehmen, Whistleblowing-Systeme zu implementieren, ist der US-amerikanische Sarbanes-Oxley Act. Dieser verpflichtet unmittelbar alle Unternehmen, deren Aktien an der US-Börse gehandelt werden, zur Einführung von Verfahren zur Meldung von Verhaltensverstößen und Missständen in den Bereichen Buchhaltung, Rechnungsprüfung, Buchprüfung sowie im Kampf gegen Bestechung, Bank- und Finanzkriminalität. Mittelbar werden auch deutsche Tochterunternehmen US-amerikanischer Aktiengesellschaften von den Regelungen des SOX betroffen. Entgehen können deutsche Unternehmen den Vorgaben nur durch einen Rückzug vom US-Kapitalmarkt.

5. Eine Verpflichtung zur Einrichtung von Whistleblowing-Systemen nach dem SOX ist auf die genannten Bereiche (Buchhaltung, Rechnungsprüfung, Buchprüfung sowie den Kampf gegen Bestechung, Bank- und Finanzkriminalität) beschränkt. Unternehmen, die den Vorgaben unterfallen, können sich zwar zum Zweck der Rechtfertigung der Datenverarbeitungen nicht auf die ausländische Rechtsnorm berufen. Das Interesse, die SOX-Regelungen einzuhalten, um nicht den Ausschluss von der US-Börse zu riskieren, ist jedoch

im Rahmen der datenschutzrechtlichen Interessenabwägung zu berücksichtigen.

6. Die Effektivität des SOX ist umstritten. Studien zeigen, dass das Gesetz weder einen wirksamen Schutz der Whistleblower vor Vergeltungsmaßnahmen ihrer Arbeitgeber bewirkt hat noch dass durch die Verpflichtung zur Einrichtung anonymer Hinweisgeberkanäle die Aufklärungsquote im Bereich der Betrugsstraftaten gesteigert worden ist.

7. Unabhängig von einer Verpflichtung nach dem Sarbanes-Oxley Act ist Whistleblowing heute ein unverzichtbarer Bestandteil einer wirkungsvollen Compliance-Struktur. Der (rechtlich unverbindliche) Deutsche Corporate Governance Kodex sowie zahlreiche Vorschriften in Spezialgesetzen schreiben vor, dass die Unternehmensleitung die Einhaltung geltender gesetzlicher und sonstiger rechtlicher Vorschriften sicherzustellen hat. Die Einrichtung eines Whistleblowing-Systems erscheint trotz mangelnder konkreter rechtlicher Verpflichtungen ein probates Mittel zur Erfüllung dieser Vorgabe.

8. Das Whistleblowing ist ein datenschutzrechtlich relevanter Vorgang. Personenbezogene Daten (§ 3 Abs. 1 BDSG) des über ein Whistleblowing-System Gemeldeten sowie – abhängig von der Zulassung anonymer Meldungen – des Whistleblowers selbst, werden an verschiedenen Stellen erhoben, gespeichert und übermittelt.

9. Die Einholung einer wirksamen datenschutzrechtlichen Einwilligung muss auch im Arbeitsverhältnis möglich sein. Dies gebietet das Grundrecht auf informationelle Selbstbestimmung. Aus praktischen Gründen scheidet die Einwilligung jedoch regelmäßig als Rechtfertigungsgrundlage für die Datenverarbeitungsvorgänge im Rahmen des Whistleblowings aus. Insbesondere die Möglichkeit der Betroffenen, ihre Einwilligungen zu verweigern oder zu widerrufen, bringt für den Arbeitgeber nur schwer hinnehmbare Rechtsunsicherheiten mit sich.

10. Eine Regelung der Einführung von Whistleblowing-Systemen in Betriebsvereinbarungen ist möglich und in der Praxis vielfach vorzufinden. Die Grenze zulässiger Datenverarbeitungen setzt § 75 Abs. 2 BetrVG. Darüber hinaus ist zu beachten, dass betriebsvereinbarungsrechtliche Regelungen regelmäßig nicht für alle in einem Betrieb beschäftigte Personenkreise bestehen, der Datenschutz durch Betriebsvereinbarungen somit im persönlichen Anwendungsbereich hinter § 32 BDSG und § 28 BDSG zurück bleibt.

11. Als gesetzliche Erlaubnistatbestände kommen §§ 32 Abs. 1 S. 1, 32 Abs. 1 S. 2 und 28 Abs. 1 S. 1 Nr. 2 BDSG in Betracht. Letztlich läuft es in allen Fällen auf eine Abwägung der widerstreitenden Interessen unter Berücksichtigung des Verhältnismäßigkeitsgrundsatzes hinaus. In die erforderliche Interessenabwägung müssen insbesondere die Grundrechtspositionen der beteiligten Personenkreise (Whistleblower, Gemeldeter, Arbeitgeber) einbezogen werden. Im Ergebnis regeln §§ 32, 28 BDSG die datenschutzrechtliche Problemlage beim Whistleblowing allerdings nur unzureichend.

12. Die Anonymität des Whistleblowers kollidiert mit dem Auskunftsrecht des Betroffenen aus § 34 Abs. 1 BDSG, das sich auch auf die Herkunft der zu seiner Person gespeicherten Daten bezieht. Der Konflikt kann nur durch Einschaltung einer unabhängigen Instanz – eines Daten-Treuhänders – gelöst werden. Der Daten-Treuhänder kennt als einziger die Identität des Whistleblowers und muss diese bis zum Beweis der Bösgläubigkeit des Hinweisgebers geheim halten. Insofern plädiert diese Arbeit für die Einführung von Whistleblowing-Systemen, die dem Whistleblower zwar zu einem gewissen Grad die vertrauliche Behandlung seiner Anzeige zusichern, anonymes Whistleblowing jedoch nicht ermöglichen.

13. Als Daten-Treuhänder bietet sich der Einsatz eines unabhängigen Ombudsmannes an. Dieser kann zugleich auch die Funktionen des betrieblichen Datenschutzbeauftragten in einem Unternehmen innehaben.

14. Aufgrund der Hemmschwelle, die die Aussicht auf ein persönliches Gespräch für den Whistleblower mit sich bringt und der ständigen Erreichbarkeit einer Telefonhotline, erscheint auch ein komplementärer Einsatz von Ombudsmann und rein technischer Whistleblower-Hotline sinnvoll. Dabei nimmt die Hotline die personenbezogenen Daten von Whistleblower und Gemeldetem entgegen, die der Ombudsmann später treuhänderisch verwaltet.

15. Inwieweit sich vertrauliches anstelle anonymen Whistleblowings mit den Vorgaben des SOX vereinbaren lässt, ist unklar. Es sind allerdings durchaus Interpretationen von Sec. 301 Abs. 4 SOX denkbar, die auch die Einrichtung anonymer Whistleblowing-Systeme SOX-konform erscheinen lassen.

16. Die generalklauselartigen Formulierungen in § 32 und § 28 BDSG, die zudem eine Interessenabwägung in jedem Einzelfall erfordern, begegnen der datenschutzrechtlichen Konfliktlage im Bereich des Whistleblowings nur

unzureichend. Es sollte daher eine spezifische Regelung zum Whistleblowing in das BDSG aufgenommen werden, die die Grenzen der zulässigen Datenverarbeitung klar erkennen lässt. Der in dieser Arbeit entwickelte Gesetzesvorschlag kann und soll dem Gesetzgeber insoweit als Anregung dienen.

17. Die Auswirkungen der geplanten EU-Datenschutz-Grundverordnung auf die in dieser Arbeit angesprochenen Fragen des Datenschutzes im Rahmen von Whistleblowing-Systemen sind zum jetzigen Zeitpunkt noch nicht absehbar. Denkbar ist, dass die Möglichkeit einer Einwilligung der Arbeitnehmer in einen Datenverarbeitungsvorgang im Rahmen ihres Beschäftigungsverhältnisses in Zukunft ausgeschlossen sein wird. Im Übrigen enthält der Verordnungsentwurf eine Öffnungsklausel gerade für den Bereich des Beschäftigtendatenschutzes. Auf diesem Gebiet bleibt also der nationale Gesetzgeber weiterhin am Zuge.

Literaturverzeichnis

A. Kommentare

Auernhammer, Herbert
Bundesdatenschutzgesetz (BDSG), 4. Auflage, Köln 2012.
(zitiert als: Auernhammer, BDSG)

Bader, Johann/Funke-Kaiser, Michael/Stuhlfauth, Thomas/von Albedyll, Jörg
Verwaltungsgerichtsordnung, 5. Auflage, Heidelberg 2011.
(zitiert als: Bader/Funke-Kaiser/Stuhlfauth/von Albedyll/*Bearbeiter*, VwGO)

Bauer, Jobst-Hubertus/Göpfert, Burkard/Krieger, Steffen
Allgemeines Gleichbehandlungsgesetz, Kommentar, 3. Auflage, München 2011.
(zitiert als: Bauer/Göpfert/Krieger, AGG)

Berger, Sven/Roth, Jürgen/Scheel, Christopher
Informationsfreiheitsgesetz, München 2006.
(zitiert als: Berger/Roth/Scheel/*Bearbeiter*, IFG)

Bergmann, Lutz /Möhrle, Roland /Herb, Armin
Datenschutzrecht Kommentar, Loseblattsammlung, Stuttgart, Stand: September 2011.
(zitiert als: Bergmann/Möhrle/Herb, BDSG)

BGB-RGRK
Das Bürgerliche Gesetzbuch mit besonderer Berücksichtigung der Rechtsprechung des Reichsgerichts und des Bundesgerichtshofes, Kommentar hrsg. von Mitgliedern des Bundesgerichtshofs, 12. Auflage, Berlin 1997.
(zitiert als: BGB-RGRK/*Bearbeiter*)

Busch, Eckart
Erläuterungen zum Gesetz über den Wehrbeauftragten des Deutschen Bundestages, in: Nomos – Das deutsche Bundesrecht, Loseblattsammlung, Baden-Baden, Stand: 1063. Lieferung, Mai 2009.
(zitiert als: Das deutsche Bundesrecht/*Busch*)

Callies, Christian/Ruffert, Matthias
EUV/AEUV, Das Verfassungsrecht der Europäischen Union mit Europäischer Grundrechtecharta (Kommentar), 4. Auflage, München 2011.
(zitiert als: Callies/Ruffert/*Bearbeiter*, EUV/AEUV)

Dammann, Ulrich/Simitis, Spiros
EG-Datenschutzrichtlinie Kommentar, Baden-Baden 1997.
(zitiert als: Dammann/Simitis/*Bearbeiter*, EG-Datenschutzrichtlinie)
Däubler, Wolfgang/Bertzbach, Martin
Allgemeines Gleichbehandlungsgesetz, Handkommentar, Baden-Baden 2007.
(zitiert als Däubler/Bertzbach/*Bearbeiter*, AGG)
Däubler, Wolfgang/Kittner, Michael/Klebe, Thomas/Wedde, Peter
Betriebsverfassungsgesetz mit Wahlordnung und EBR-Gesetz, 13. Auflage, Frankfurt/Main 2012.
(zitiert als: Däubler/Kittner/Klebe/Wedde/*Bearbeiter*, BetrVG)
Däubler, Wolfgang/Klebe, Thomas/Wedde, Peter/Weichert, Thilo
Bundesdatenschutzgesetz, Kompaktkommentar zum BDSG, 3. Auflage, Frankfurt/Main 2010.
(zitiert als: Däubler/Klebe/Wedde/Weichert/*Bearbeiter*, BDSG)
Dolzer, Rudolf/Graßhof, Karin/Kahl, Wolfgang/Waldhoff, Christian
Bonner Kommentar zum Grundgesetz, Loseblattsammlung, Heidelberg, Stand: Dezember 2011.
(zitiert als: BK/*Bearbeiter*, GG)
Dreier, Horst
Grundgesetz Kommentar, Bd. 1, 2. Auflage, Tübingen 2004.
(zitiert als: Dreier/*Bearbeiter*, GG)
Ehmann, Eugen/Helfrich, Marcus
EG-Datenschutzrichtlinie Kurzkommentar, Köln 1999.
(zitiert als: Ehmann/Helfrich, EG-Datenschutzrichtlinie)
Erbs, Georg/Kohlhaas, Max
Strafrechtliche Nebengesetze, Loseblattsammlung, München, Stand: Oktober 2011.
(zitiert als: Erbs/Kohlhaas/*Bearbeiter*)
Fitting, Karl
Betriebsverfassungsgesetz Handkommentar, 26. Auflage, München 2012.
(zitiert als: Fitting, BetrVG)
Friauf Karl Heinrich/Höfling, Wolfram
Berliner Kommentar zum Grundgesetz, Bd. 2, Loseblattsammlung, Berlin, Stand: 2011.
(zitiert als: FH/*Bearbeiter*, GG)
Fuchs, Andreas
Wertpapierhandelsgesetz (WpHG), Kommentar, München 2009.
(zitiert als: Fuchs, WpHG)

Goette, Wulf/Habersack, Mathias/Kalss, Susanne
Münchener Kommentar zum Aktiengesetz, Band 2, 3. Auflage, München 2008.
(zitiert als: MüKo zum Aktiengesetz/*Bearbeiter*)
Gola, Peter/ Schomerus, Rudolf
Bundesdatenschutzgesetz, 10. Auflage, München 2010.
(zitiert als: Gola/Schomerus, BDSG)
Graf, Peter
Beck`scher Online-Kommentar zur Strafprozessordnung, München, Stand: 1.2.2012.
(zitiert als: BeckOK-StPO/*Bearbeiter*)
Hannich, Rolf
Karlsruher Kommentar zur Strafprozessordnung mit GVG, EGGVG und EMRK, 6. Auflage, München 2008.
(zitiert als: Karlsruher Kommentar/*Bearbeiter*, StPO)
Heidel, Thomas
Aktienrecht und Kapitalmarktrecht, 3. Auflage, Baden-Baden 2011.
(zitiert als: Heidel/*Bearbeiter*, Aktienrecht)
Hess, Harald/Schlochauer, Ursula/Worzalla, Michael/Glock, Dirk/Nicolai, Andrea/Rose, Franz-Josef
BetrVG Kommentar, 8. Auflage, Köln 2011.
(zitiert als: Hess/Schlochauer/Worzalla/Glock/Nicolai/Rose/*Bearbeiter*, BetrVG)
Hopt, Klaus J./Wiedemann, Herbert
Aktiengesetz Großkommentar, Band 3, 4. Auflage, Berlin 2008.
(zitiert als: GroßkommAktG/*Bearbeiter*)
Hüffer, Uwe
Aktiengesetz, 10. Auflage, München 2012.
(zitiert als: Hüffer, AktG)
Hümmerich, Klaus/Reufels, Martin
Gestaltung von Arbeitsverträgen, Kommentierte Klauseln und Musterverträge, 2. Auflage, Baden-Baden 2011.
(zitiert als: Hümmerich/Reufels, Gestaltung von Arbeitsverträgen)
Jarass, Hans D./Pieroth, Bodo
Grundgesetz Kommentar, 11. Auflage, München 2011.
(zitiert als: Jarass/Pieroth/*Bearbeiter*, GG)
Jastrow, Serge-Daniel/Schlatmann, Arne
Informationsfreiheitsgesetz Kommentar, Heidelberg 2006.
(zitiert als: Jastrow/Schlatmann, IFG)

Jauernig, Othmar
Bürgerliches Gesetzbuch mit Allgemeinem Gleichbehandlungsgesetz (Auszug), 13. Auflage, München 2009.
(zitiert als: Jauernig, BGB)
Kittner, Michael/Pieper, Ralf
Arbeitsschutzgesetz, Basiskommentar mit Lärm- und Vibrations-Arbeitsschutzverordnung, 4. Auflage, Frankfurt/Main 2007.
(zitiert als: Kittner/Pieper, ArbSchG)
Köhler, Helmut/Bornkamm, Joachim
Gesetz gegen den unlauteren Wettbewerb, 30. Auflage, München 2012.
(zitiert als: Köhler/Bornkamm/*Bearbeiter*, UWG)
Kollmer, Norbert/Klindt, Thomas
Arbeitsschutzgesetz mit BetrSichV, BaustellV, BildscharbV, LasthandhabV, PSA-BV, BiostoffV, MusSchArbV, LärmVibrationsArbSchV, OStrV, ArbMedVV, ArbStättV, Kommentar, 2. Auflage, München 2011.
(zitiert als: Kollmer/Klindt/*Bearbeiter*, ArbSchG)
Von Mangoldt, Hermann/Klein, Friedrich/Starck, Christian
Grundgesetz Kommentar, Bd. 1, 6. Auflage, München 2010.
(zitiert als: MKS/*Bearbeiter*, GG)
Manssen, Gerrit
Telekommunikations- und Multimediarecht, Kommentar, Band 1, Loseblattsammlung, Berlin, Stand: April 2012.
(zitiert als: Manssen, TKG)
Maunz, Theodor/Dürig, Günter
Grundgesetz Kommentar, Loseblattsammlung, München, Stand: 62. Ergänzungslieferung 2011.
(zitiert als: MD/*Bearbeiter*, GG)
Mes, Peter
Patentgesetz Geschmacksmustergesetz Kommentar, 3. Auflage, München 2011.
(zitiert als: Mes, PatG)
Meyer-Goßner, Lutz
Strafprozessordnung mit GVG und Nebengesetzen, 54. Auflage, München 2011.
(zitiert als: Meyer-Goßner, StPO)
Müller-Glöge, Rudi/Preis, Ulrich/Schmidt, Ingrid
Erfurter Kommentar zum Arbeitsrecht, 12. Auflage, München 2012.
(zitiert als: ErfK/*Bearbeiter*)

Oetker, Hartmut/Preis, Ulrich
Europäisches Arbeits- und Sozialrecht, EAS – Rechtsvorschriften, Systematische Darstellungen, Entscheidungssammlung, Teil B Systematische Darstellungen, B5000-B9400, Loseblattsammlung, Heidelberg, Stand: Mai 2012.
(zitiert als: Oetker/Preis/*Bearbeiter*, EAS)
Palandt
Bürgerliches Gesetzbuch, 71. Auflage, München 2012.
(zitiert als: Palandt/*Bearbeiter*, BGB)
Pieper, Ralf
ArbSchR – Arbeitsschutzrecht, Kommentar für die Praxis, 4. Auflage, Frankfurt/Main 2009.
(zitiert als: Pieper, ArbSchR)
Rauscher, Thomas/Wax, Peter/Wenzel, Joachim
Münchener Kommentar zur Zivilprozessordnung mit Gerichtsverfassungsgesetz und Nebengesetzen, Bd. 3, 3. Auflage, München 2008.
(zitiert als: MüKo zur ZPO/*Bearbeiter)*
Richardi, Reinhard
Betriebsverfassungsgesetz mit Wahlordnung, 13. Auflage, München 2012.
(zitiert als: Richardi, BetrVG)
Ringleb, Henrik-Michael/Kremer, Thomas/Lutter, Marcus/v. Werder/Axel
Kommentar zum Deutschen Corporate Governance Kodex, 4. Auflage, München 2010.
(zitiert als: Ringleb et. al./*Bearbeiter*, Deutscher Corporate Governance Kodex)
Rolfs, Christian/Giesen, Richard/Kreikebohm, Ralf/Udsching, Peter
Beck`scher Online-Kommentar zum Arbeitsrecht, München, Stand: 1.6.2012.
(zitiert als: BeckOK-ArbR/*Bearbeiter*)
Rossi, Matthias
Informationsfreiheitsgesetz Handkommentar, Baden-Baden 2006.
(zitiert als: Rossi, IFG)
Rudolphi, Hans-Joachim et al.
Systematischer Kommentar zur Strafprozessordnung und zum Gerichtsverfassungsgesetz, Band 1, München/Unterschleißheim, Stand: 64. Ergänzungslieferung Oktober 2009.
(zitiert als: SK-StPO/Bearbeiter)
Säcker, Franz Jürgen
Berliner Kommentar zum Telekommunikationsgesetz, 2. Auflage, Frankfurt/Main 2009.
(zitiert als: Säcker, TKG)

Säcker, Franz Jürgen/Rixecker, Roland/Oetker, Hartmut
Münchener Kommentar zum Bürgerlichen Gesetzbuch, Band 2, 6. Auflage, München 2012.
(zitiert als: MüKo zum BGB/*Bearbeiter*)
Säcker, Franz Jürgen/Rixecker, Roland
Münchener Kommentar zum Bürgerlichen Gesetzbuch, Band 4, 5. Auflage, München 2009.
(zitiert als: MüKo zum BGB/*Bearbeiter*)
Schaffland, Hans-Jürgen/ Wiltfang, Noeme
Bundesdatenschutzgesetz – Ergänzbarer Kommentar nebst einschlägigen Rechtsvorschriften, Berlin, Stand: Ergänzungslieferung 1/2012 Mai 2012.
(zitiert als: Schaffland/Wiltfang, BDSG)
Scheurle, Klaus-Dieter/Mayen, Thomas
Telekommunikationsgesetz Kommentar, 2. Auflage, München 2008.
(zitiert als: Scheurle/Mayen/*Bearbeiter*, TKG)
Schmidt, Karsten/Lutter, Marcus
Aktiengesetz, Kommentar, 2. Auflage, Köln 2010.
(zitiert als: K. Schmidt/Lutter/*Bearbeiter*, AktG)
Schmidt-Bleibtreu, Bruno/Hofmann, Hans/Hopfauf, Axel
Grundgesetz, 12. Auflage, Köln 2011.
(zitiert als: Schmidt-Bleibtreu/Hofmann/Hopfauf/*Bearbeiter*, GG)
Schoch, Friedrich
Informationsfreiheitsgesetz Kommentar, München 2009.
(zitiert als: Schoch, IFG)
Schoch, Friedrich/Schmidt-Aßmann, Eberhard/Pietzner, Rainer
Verwaltungsgerichtsordnung Kommentar, Band I, München, Stand: 22. Ergänzungslieferung September 2011.
(zitiert als: Schoch/Schmidt-Aßmann/Pietzner/*Bearbeiter*, VwGO)
Simitis, Spiros
Bundesdatenschutzgesetz, 7. Auflage, Baden-Baden 2011.
(zitiert als: Simitis/*Bearbeiter*, BDSG)
Sodan, Helge/Ziekow, Jan
Verwaltungsgerichtsordnung Großkommentar, 3. Auflage, Baden-Baden 2010.
(zitiert als: Sodan/Ziekow/*Bearbeiter*, VwGO)
Spindler, Gerald/Schuster, Fabian
Recht der elektronischen Medien, 2. Auflage, München 2011.
(zitiert als: Spindler/Schuster/*Bearbeiter*, Recht der elektronischen Medien)

Spindler, Gerald/Stilz, Eberhard
Kommentar zum Aktiengesetz, Band 1, 2. Auflage, München 2010.
(zitiert als: Spindler/Stilz/*Bearbeiter*, AktG)
Staudinger
Kommentar zum Bürgerlichen Gesetzbuch mit Einführung und Nebengesetzen, Buch 2, Recht der Schuldverhältnisse, §§ 616-630, Berlin 2002.
(zitiert als: Staudinger/*Bearbeiter*, BGB)
Stern, Klaus
Das Staatsrecht der Bundesrepublik Deutschland, Die einzelnen Grundrechte, Band IV/1, München 2006.
(zitiert als: Stern, StR IV/1)
–. Das Staatsrecht der Bundesrepublik Deutschland, Die einzelnen Grundrechte, Band IV/2, München 2011.
(zitiert als: Stern, StR IV/2)
Taeger, Jürgen/Gabel, Detlev
Kommentar zum BDSG und zu den Datenschutzvorschriften des TKG und TMG, Frankfurt/Main 2010.
(zitiert als: Taeger/Gabel/*Bearbeiter*)
Wlotzke, Otfried/Preis, Ulrich/Kreft, Burghard
Betriebsverfassungsgesetz, 4. Auflage, München 2009.
(zitiert als: Wlotzke/Preis/Kreft/*Bearbeiter*, BetrVG)
Zöllner, Wolfgang/Noack, Ulrich
Kölner Kommentar zum Aktiengesetz, Band 2/1, 3. Auflage, Köln 2010.
(zitiert als: Kölner Kommentar zum AktG/*Bearbeiter*)

B. Handbücher, Lehrbücher und Monografien

Bannenberg, Britta
Korruption in Deutschland und ihre strafrechtliche Kontrolle – Eine kriminologisch-strafrechtliche Analyse, Neuwied 2002.
Bannenberg, Britta/Schaupensteiner, Wolfgang
Korruption in Deutschland – Portrait einer Wachstumsbranche, München 2004.
Beckhusen, G. Michael
Der Datenumgang innerhalb des Kreditinformationssystems der SCHUFA, Unter besonderer Berücksichtigung des Scoring-Verfahrens ASS und der Betroffenenrechte, Baden-Baden 2004.
Belling, Detlev W.
Das Günstigkeitsprinzip im Arbeitsrecht, Berlin 1984.

Berthold, Annemarie
Whistleblowing in der Rechtsprechung des Bundesarbeitsgerichts, Frankfurt/Main 2010.
Besgen, Nicolai/Prinz, Thomas
Neue Medien und Arbeitsrecht – Internet, E-Mail und andere moderne Kommunikationsmittel, Bonn 2006.
Bostelman, John T.
PLI`s Guide to the Sarbanes-Oxley Act for Business Professionals, New York 2005.
Bowers, John/Fodder, Martin/Lewis, Jeremy/Mitchell, Jack
Whistleblowing – Law and Practice, Oxford 2007.
Briegel, Torsten
Einrichtung und Ausgestaltung unternehmensinterner Whistleblowing-Systeme, Wiesbaden 2009.
Brox, Hans/Rüthers, Bernd/Henssler, Martin
Arbeitsrecht, 18. Auflage, Stuttgart 2011.
Büchting, Hans-Ulrich/Heussen, Benno
Beck`sches Rechtsanwalts-Handbuch, 10. Auflage, München 2011.
(zitiert als: Beck`sches Rechtsanwalts-Handbuch/*Bearbeiter)*
Bussmann, Kai/Nestler, Claudia/Salvenmoser, Steffen
Wirtschaftskriminalität 2011, PricewaterhouseCoopers AG Wirtschaftsprüfungsgesellschaft/Martin-Luther-Universität Halle Wittenberg (Hrsg.).
Byers, Philipp
Die Videoüberwachung am Arbeitsplatz unter besonderer Berücksichtigung des neuen § 32 BDSG, Frankfurt/Main 2010.
Collin, Peter H./Janssen, Sigrid/Kornmüller, Anke
PONS Fachwörterbuch Recht Englisch-Deutsch/Deutsch-Englisch, 2. Auflage (Nachdruck), Stuttgart 2005.
Daub, Falko C.
New Whistleblowing Regulations in the USA – How Sarbanes-Oxley failed to implement a working concept, Saarbrücken 2007.
Däubler, Wolfgang
Gläserne Belegschaften? Datenschutz in Betrieb und Dienststelle, 5. Auflage, Frankfurt/Main 2010.
Deiseroth, Dieter
Whistleblowing in Zeiten von BSE – Der Fall der Tierärztin Dr. Margit Herbst, Berlin 2001.
–. Berufsethische Verantwortung in der Forschung: Möglichkeiten und Grenzen des Rechts, Münster 1997.

Dölling, Dieter
Handbuch der Korruptionsprävention für Wirtschaftsunternehmen und öffentliche Verwaltung, München 2007.
(zitiert als: Döllling/*Bearbeiter*, Handbuch Korruptionsprävention)
Donato, Jessica
Whistleblowing – Handlungsempfehlungen für eine nutzenstiftende Umsetzung in deutschen börsennotierten Unternehmen, Frankfurt/Main, 2009.
Fahrig, Stephan
Die Einführung eines Verhaltenskodex und das Whistleblowing, Baden-Baden 2010.
Ganßauge, Klaus
Datenverarbeitung und -nutzung von Kreditwürdigkeitsdaten durch fremdnützige Verarbeiter; Mit einer Darstellung der Rechtstatsachen bei der SCHUFA und der Organisation Creditreform, Berlin 1995.
Gola, Peter/Wronka, Georg
Handbuch zum Arbeitnehmerdatenschutz, Rechtsfragen und Handlungshilfen unter Berücksichtigung der BDSG-Novellen, 5. Auflage, Heidelberg 2010.
(zitiert als: Gola/Wronka, Handbuch Arbeitnehmerdatenschutz)
Graser, Daniela
Whistleblowing – Arbeitnehmeranzeigen im US-amerikanischen und deutschen Recht, Frankfurt/Main 2000.
Groneberg, Rut
Whistleblowing – Eine rechtsvergleichende Untersuchung des US-amerikanischen, englischen und deutschen Rechts unter besonderer Berücksichtigung des Entwurfs eines neuen § 612a BGB, Berlin 2011.
Hauschka, Christoph E.
Corporate Compliance – Handbuch der Haftungsvermeidung im Unternehmen, 2. Auflage, München 2010.
(zitiert als: Hauschka/*Bearbeiter*, Corporate Compliance)
Hillgruber, Christian
Der Schutz des Menschen vor sich selbst, München 1992.
Von Hippel, Thomas
Der Ombudsmann im Bank- und Versicherungswesen, Tübingen 2000.
Hoeren, Thomas/Sieber, Ulrich
Handbuch Multimedia-Recht, Rechtsfragen des elektronischen Geschäftsverkehrs, Loseblattsammlung, Berlin, Stand: August 2011.
(zitiert als: Hoeren/Sieber/*Bearbeiter*, Handbuch Multimedia-Recht)
Holznagel, Bernd
Recht der IT-Sicherheit, München 2003.

Ibbeken, Arne
Das TRIPs-Übereinkommen und die vorgerichtliche Beweishilfe im gewerblichen Rechtsschutz, Köln 2004.
Kilian, Wolfgang/Heussen, Benno
Computerrechts-Handbuch, Informationstechnologie in der Rechts- und Wirtschaftspraxis, Loseblattsammlung, München, Stand: September 2011.
(zitiert als: Kilian/Heussen/*Bearbeiter*, Computerrecht)
Koch, Arnd
Denunciatio – Zur Geschichte eines strafprozessualen Rechtsinstituts, Frankfurt/Main 2006.
Kühling, Jürgen/Seidel, Christian/Sividris, Anastasios
Datenschutzrecht, 2. Auflage, Heidelberg 2011.
Leisinger, Klaus M.
Whistleblowing und Corporate Reputation Management, München und Mering 2003.
Mengel, Anja
Compliance und Arbeitsrecht, Implementierung – Durchsetzung – Organisation, München 2009.
Menzies, Christof
Sarbanes-Oxley und Corporate Compliance – Nachhaltigkeit, Optimierung, Integration, Stuttgart 2006.
Mester, Britta A.
Arbeitnehmerdatenschutz – Notwendigkeit und Inhalt einer gesetzlichen Regelung, Edewecht 2008.
Miceli, Marcia P./Near, Janet P.
Blowing the Whistle – The Organizational and Legal Implications for Companies and Employees, New York 1992.
Michalski, Lutz
Arbeitsrecht, 7. Auflage, Heidelberg 2008.
Moll, Wilhelm
Münchener Anwaltshandbuch Arbeitsrecht, 2. Auflage, München 2009.
(zitiert als: Moll/*Bearbeiter*)
Neumann, Anneli
Whistleblowing und die Frage nach dem rechtspolitischen Erfordernis einer gesetzlichen Schutzregelung, Berlin 2010.
Nicklisch, Annette Christina
Die Auswirkungen des Sarbanes-Oxley Act auf die deutsche Corporate Governance, Berlin 2007.
Peemöller, Volker H./Hofmann, Stefan
Bilanzskandale – Delikte und Gegenmaßnahmen, Berlin 2005.

Pieroth, Bodo/Schlink, Bernhard
Grundrechte Staatsrecht II, 27. Auflage, Heidelberg 2011.
Pittroff, Esther
Whistle-Blowing-Systeme in deutschen Unternehmen – Eine Untersuchung zur Wahrnehmung und Implementierung, Wiesbaden 2011.
Pohl, Joachim
Informationsbeschaffung beim Mitbürger, Berlin 2002.
Richardi, Reinhard/ Wißmann, Hellmut/ Wlotzke, Otfried/ Oetker, Hartmut
Münchener Handbuch zum Arbeitsrecht, Band 1, 3. Auflage, München 2009.
(zitiert als: Münchener Handbuch zum Arbeitsrecht/*Bearbeiter*, Bd.1)
–. Münchener Handbuch zum Arbeitsrecht, Band 2, 3. Auflage, München 2009.
(zitiert als: Münchener Handbuch zum Arbeitsrecht/*Bearbeiter*, Bd. 2)
Richardi, Reinhard/Wlotzke, Otfried
Münchener Handbuch zum Arbeitsrecht, Band 1, 2. Auflage, München 2000.
(zitiert als: Münchener Handbuch zum Arbeitsrecht/*Bearbeiter*, Bd. 1 (2. Aufl.))
Rossi, Matthias
Informationszugangsfreiheit und Verfassungsrecht – Zu den Wechselwirkungen zwischen Informationsfreiheitsgrenzen und der Verfassungsordnung in Deutschland, Berlin 2004.
(zitiert als: Rossi, Informationszugangsfreiheit)
Roßnagel, Alexander
Handbuch Datenschutzrecht, München 2003.
(zitiert als: Roßnagel/*Bearbeiter*, Handbuch Datenschutzrecht)
Rüthers, Bernd/Fischer, Christian
Rechtstheorie, 5. Auflage, München 2010.
Sänger, Marc
Whistleblowing in der börsennotierten Aktiengesellschaft, Frankfurt/Main 2011.
Sauerland, Karol
Dreissig Silberlinge – Denunziation: Gegenwart und Geschichte, Berlin 2000.
Schemmel, Alexander/Ruhmannseder, Felix/Witzigmann, Tobias
Hinweisgebersysteme: Implementierung in Unternehmen, Heidelberg 2012.
Schimansky, Herbert/Bunte, Hermann-Josef/Lwowski, Hans-Jürgen
Bankrechts-Handbuch, Band I, München 2011.
(zitiert als: Schimansky/Bunte/Lwowski/*Bearbeiter*, Bankrechts-Handbuch)
Schmitt, Bettina A.
Whistleblowing – „Verpfeifen“ des Arbeitgebers, Hamburg 2003.

Schoch, Friedrich/Kloepfer, Michael
Informationsfreiheitsgesetz (IFG-ProfE) – Entwurf eines Informationsfreiheitsgesetzes für die Bundesrepublik Deutschland, Berlin 2002.
(zitiert als: Schoch/Kloepfer, IFG-ProfE)
Schormann, Gerhard
Hexenprozesse in Deutschland, Göttingen 1981.
Schwacke, Peter
Juristische Methodik mit Technik der Fallbearbeitung, 5. Auflage, Stuttgart 2011.
Sitsen, Michael
Das Informationsfreiheitsgesetz des Bundes – Rechtsprobleme im Zusammenhang mit dem Anspruch auf Informationszugang nach dem IFG, Hamburg 2009.
Sproll, Hans-Dieter
Individualrechtliche Probleme des Arbeitnehmerdatenschutzes, Tübingen 1982.
Steidle, Roland
Multimedia-Assistenten im Betrieb – Datenschutzrechtliche Anforderungen, rechtliche Regelungs- und technische Gestaltungsvorschläge für mobile Agentensysteme, Wiesbaden 2005.
Thüsing, Gregor
Arbeitnehmerdatenschutz und Compliance – Effektive Compliance im Spannungsfeld von reformiertem BDSG, Persönlichkeitsschutz und betrieblicher Mitbestimmung, München 2010.
Tinnefeld, Marie-Theres/ Ehmann, Eugen/ Gerling, Rainer W.
Einführung in das Datenschutzrecht: Datenschutz und Informationsfreiheit in europäischer Sicht, 4. Auflage, München 2005.
(zitiert als: Tinnefeld/Ehmann/Gerling, Einführung Datenschutzrecht)
Triskatis, Claudina
Ethikrichtlinien im Arbeitsrecht, Frankfurt/Main 2008.
Wächter, Michael
Datenschutz im Unternehmen, 3. Auflage, München 2003.
Westman, Daniel P.
Whistleblowing – The Law of Retaliatory Discharge, Washington 1991.
Wohlgemuth, Hans H.
Datenschutz für Arbeitnehmer – Eine systematische Darstellung, 2. Auflage, Neuwied 1988.
Wolz, Matthias
Whistle Blowing und Concern Management, Neue Herausforderungen für Unternehmen und ihre Prüfer, Frankfurt/Main 2007.

Wuermeling, Ulrich
Handelshemmnis Datenschutzrecht, Köln 2000.
Wybitul, Tim
Handbuch Datenschutz im Unternehmen, Frankfurt/Main 2011.
Zander, Ulrike
Ethik- und Verhaltensrichtlinien im Betrieb, Berlin 2010.
Zippelius, Reinhold
Juristische Methodenlehre, 10. Auflage, München 2006.
Zwetsloot S.J., Hugo
Friedrich Spee und die Hexenprozesse, Die Stellung und Bedeutung der Cautio Criminalis in der Geschichte der Hexenverfolgungen, Trier 1954.

C. Aufsätze

Abraham, Jens
Whistleblowing – Neue Chance für eine Kurswende!?, ZRP 2012, 11-13.
Altenburg, Johannes
Whistleblowing – Korruptionsbekämpfung durch Business Keeper Monitoring System, Bucerius Law Journal, Heft 1/2008, 3-8.
Annuß, Georg
Der Eingriff in den Arbeitsvertrag durch Betriebsvereinbarung, NZA 2001, 756-763.
Bachmann, Gregor/Prüfer, Geralf
Korruptionsbekämpfung und Corporate Governance, ZRP 2005, 109-113.
Backes, Otto
Alle Macht dem Staatsanwalt! Zu neueren Entwicklungen im Wirtschaftsstrafrecht, StV 2006, 712-719.
Backes, Volker/Eul, Harald/Guthmann, Markus/Martwich, Robert/Schmidt, Mirko
Entscheidungshilfe für die Übermittlung personenbezogener Daten in Drittländer, RDV 2004, 156-163.
Barthel, Thomas/Huppertz, Christiane
Ethik-Richtlinien – Arbeitsrecht und Datenschutz bei „Whistleblower-Klauseln“, AuA 2006, 204-209.
Barton, Dirk-Michael
Risiko-/Compliance-Management und Arbeitnehmerdatenschutz – eine nach wie vor unbefriedigende Kollisionslage – Anmerkung zu § 32 BDSG, RDV 2009, 200-204.

Beckschulze, Martin/Natzel, Ivo
Das neue Beschäftigtendatenschutzgesetz – Eine Darstellung des aktuellen Gesetzentwurfs vom 25.8.2010, BB 2010, 2368-2375.
Behrendt, Markulf/Kaufmann, Mario
Whistleblowing-Hotlines aus arbeits- und datenschutzrechtlicher Sicht – Lösungswege im Unternehmen, CR 2006, 642-648.
Berndt, Thomas/Hoppler, Ivo
Whistleblowing – ein integraler Bestandteil effektiver Corporate Goverance, BB 2005, 2623-2629.
Bitter, Georg/Rauhut, Tilman
Grundzüge zivilrechtlicher Methodik – Schlüssel zu einer gelungenen Fallbearbeitung, JuS 2009, 289-298.
Bleckmann, Albert
Probleme des Grundrechtsverzichts, JZ 1988, 57-108.
Boese, Hans-Günter
Veranstaltungsbericht RDV-Forum „DV-Mitbestimmung und Arbeitnehmerdatenschutz“ am 9.3.1987 in Köln, RDV 1987, 107-108.
Brandt, Jochen
Betriebsvereinbarungen als datenschutzrechtliche „Öffnungsklauseln“?, DuD 2010, 213-215.
–. Compliance und Datenschutz – Möglichkeiten des Betriebsrats, AiB 2009, 288-291.
Breinlinger, Astrid/Krader, Gabriela
Whistleblowing – Chancen und Risiken bei der Umsetzung von anonym nutzbaren Hinweisgebersystemen im Rahmen des Compliance-Managements von Unternehmen, Recht der Datenverarbeitung, RDV 2006, 60-70.
Brühann, Ulf
Mindeststandards oder Vollharmonisierung des Datenschutzes in der EG – Zugleich ein Beitrag zur Systematik von Richtlinien zur Rechtsangleichung im Binnenmarkt in der Rechtsprechung des Europäischen Gerichtshofs, EuZW 2009, 639-644.
Buchert, Rainer
Der externe Ombudsmann – Ein Erfahrungsbericht, Hinweisgeber brauchen Vertrauen und Schutz, CCZ 2008, 148-152.
Bürkle, Jürgen
Corporate Compliance – Pflicht oder Kür für den Vorstand der AG, BB 2005, 565-570.
–. Weitergabe von Informationen über Fehlverhalten in Unternehmen (Whistleblowing) und Steuerung auftretender Probleme durch ein Compliance-System, DB 2004, 2158-2161.

Büser, Frank
Rechtliche Probleme im Rahmen der Datenübermittlung beim Franchising, BB 1997, 213-218.
Callahan, Elletta Sangrey/Dworkin, Terry Morehead
The State of State Whistleblower Protection, 38 American Business Law Journal, 99-175 (2000).
Casper, Johannes
Arbeitnehmerdatenschutz – Im Spannungsfeld zwischen informationeller Selbstbestimmung und betrieblicher Kontrolle, DuD 2011, 687-693.
Cherry, Miriam A.
Whistling in the dark? Corporate fraud, whistleblowers, and the implications of the Sarbanes-Oxley Act for employment law, 79 Washington Law Review, 1029-1123 (2004).
Dammann, Ulrich
Internationaler Datenschutz, RDV 2002, 70-77.
Deinert, Olaf
Ethik, Whistleblower und Mitbestimmung, AuR 2008, 90-91.
Deiseroth, Dieter
Stärkung von Zivilcourage zur Verbesserung der Qualität der stationären Pflege, ZRP 2007, 25-28.
–. Whistleblower-Schutz – Rechtsvergleichende Anmerkungen zur Situation in den USA und in Deutschland, Betrifft JUSTIZ 2004, 296-308.
Deiseroth, Dieter/Derleder, Peter
Whistleblower und Denunziatoren, ZRP 2008, 248-251.
Deutsch, Markus/Diller, Martin
Die geplante Neuregelung des Arbeitnehmerdatenschutzes in § 32 BDSG, DB 2009, 1462-1465.
Diewald-Kerkmann, Gisela
Politische Denunziation im NS Regime. Die kleine Macht der »Volksgenossen«, in: Jerouschek, Günter/ Marßolek, Inge/ Röckelein, Hedwig (Hrsg.), Denunziation – Historische, juristische und psychologische Aspekte, Tübingen 1997, 146-156.
(zitiert als: Diewald-Kerkmann, Denunziation)
Diller, Martin/Powietzka, Arnim
Drogenscreenings und Arbeitsrecht, NZA 2001, 1227-1233.
Döse, Annegret
Arbeitnehmerschutz bei Whistleblowing – weiterhin eine offene Flanke, AuR 2009, 189-192.

Duhr, Elisabeth/Naujok, Helga/Peter, Martina/Seiffert, Evelyn
Neues Datenschutzrecht für die Wirtschaft, Erläuterungen und praktische Hinweise zu § 1 bis § 11 BDSG, DuD 2002, 5-36.
Dworkin, Terry Morehead
SOX and Whistleblowing, 105 Michigan Law Review, 1757- 1780 (2007).
Dworkin, Terry Morehead/Callahan, Elletta Sangrey
Employee disclosures to the media: when is a „source" a „ourcerer"?, 15 Hastings Communications & Entertainement Law Journal, 357-397 (1993).
Dyck, Alexander/Morse, Adair/Zingales, Luigi
Who blows the whistle on corporate fraud?, Working Paper 12882, National Bureau of Economic Research, Cambridge, MA (2007).
Earle, Beverley H./Madek, Gerald A.
The Mirage of Whistleblower Protection under Sarbanes Oxley: A Proposal for Change, 44 American Business Law Journal, 1-54 (2007).
Eisenbeis, Ernst/Nießen, Christoph
Auf Kollisionskurs: Ethikrichtlinien nach US-amerikanischem Vorbild und deutsches Arbeitsrecht, in: Düwell, Franz Josef/Stückemann, Wolfgang/Wagner, Volker (Hrsg.), Bewegtes Arbeitsrecht, Festschrift für Wolfgang Leinemann zum 70. Geburtstag, Neuwied 2006, 697-721.
(zitiert als: Eisenbeis/Nießen, FS Leinemann)
Elliston, Frederick A.
Anonymity and Whistleblowing, 1 Journal of Business Ethics, 167-177 (1982).
Erfurth, René
Der „neue" Arbeitnehmerdatenschutz im BDSG, NJOZ 2009, 2914-2927.
Fahrig, Stephan
Die Zulässigkeit von Whistleblowing aus arbeits- und datenschutzrechtlicher Sicht, NZA Online Aufsatz, 1/2011, 1-5.
Fisher, Bruce D.
The Whistleblower Protection Act of 1989: A false hope for whistleblowers, 43 Rutgers Law Review, 355-416 (1991).
Fleck, Ulrike
Brauchen wir ein Arbeitnehmerdatenschutzgesetz?, BB 2003, 306-310.
Fleischer, Holger
Zukunftsfragen der Corporate Governance in Deutschland und Europa: Aufsichtsräte, institutionelle Investoren, Proxy Advisors und Whistleblowers, ZGR 2011, 155-181.
–. Kartellrechtsverstöße und Vorstandsrecht, BB 2008, 1070-1076.

–. Vorstandsverantwortlichkeit und Fehlverhalten von Unternehmensangehörigen – Von der Einzelüberwachung zur Errichtung einer Compliance-Organisation, AG 2003, 291-300.
Fleischer, Holger/Schmolke, Klaus Ulrich
Finanzielle Anreize für Whistleblower im Europäischen Kapitalmarktrecht? Rechtspolitische Überlegungen zur Reform des Marktmissbrauchsregimes, NZG 2012, 361-368.
Forst, Gerrit
Wie viel Arbeitnehmerdatenschutz erlaubt die EG-Datenschutzrichtlinie, RDV 2010, 150-155.
Fox, Dirk
Compliance und Datenschutz, DuD 2008, 409-411.
Franzen, Martin
Arbeitnehmerdatenschutz – rechtspolitische Perspektiven, RdA 2010, 257-263.
Freise, Cornelia/Wohlgemuth, Hans H.
Rechtsfragen der konzernweiten Personaldatenverarbeitung – Zur Reichweite und Wirksamkeit einer Betriebsvereinbarung über die Einführung eines konzernweiten Personalinformationssystems, DVR 1982, 285-310.
Freund, Bernhard/Schnabel, Christoph
Bedeutet IPv6 das Ende der Anonymität im Internet? Technische Grundlagen und rechtliche Beurteilung des neuen Internet-Protokolls, MMR 2011, 495-499.
Gänßle, Peter
Der Whistleblower im Spannungsfeld zwischen Korruptionsbekämpfung und arbeitsrechtlichen Pflichten, Kritische Justiz 2007, 265-277.
Geiger, Andreas
Die Einwilligung in die Verarbeitung persönlicher Daten als Ausübung des Rechts auf informationelle Selbstbestimmung, NVwZ 1989, 35-38.
Gliss, Hans
Frankreich: Neue Richtlinie zum Whistleblowing, DSB Nr. 12 vom 15. Dezember 2005, 13-14.
Gobert, James/Punch, Maurice
Whistleblowers, the Public Interest and the Public Interest Disclosure Act 1998, 63 The Modern Law Review, 25-54 (2000).
Gola, Peter
Beschäftigtendatenschutz und EU-Datenschutz-Grundverordnung, EuZW 2012, 332-337.
–. Die Einwilligung als Legitimation für die Verarbeitung von Arbeitnehmerdaten, RDV 2002, 109-116.

Gola, Peter/Jaspers, Andreas
§ 32 Abs. 1 BDSG – eine abschließende Regelung?, RDV 2009, 212-214.
Grentzenberg, Verena/Schreibauer, Marcus/Schuppert, Stefan
Die Datenschutznovelle (Teil II), K&R 2009, 535-543.
Gruson, Michael/Kubicek, Matthias
Der Sarbanes-Oxley-Act, Corporate Governance und das deutsche Aktienrecht (Teil I), AG 2003, 337-352.
–. Der Sarbanes-Oxley-Act, Corporate Governance und das deutsche Aktienrecht (Teil II), AG 2003, 393-406.
Von Hartz, Nikolaus
Beweissicherungsmöglichkeiten im Urheberrecht nach der Enforcement-Richtlinie im deutschen Recht, ZUM 2005, 376-384.
Hauschka, Christoph E.
Compliance, Compliance-Manager, Compliance-Programme: Eine geeignete Reaktion auf gestiegene Haftungsrisiken für Unternehmen und Management?, NJW 2004, 257-261.
–. Compliance am Beispiel der Korruptionsbekämpfung – Eine Erwiderung aus der Praxis auf Uwe H. Schneiders Vorschläge, ZIP 2003, 645, ZIP 2004, 877-883.
Haußmann, Katrin/Kaufmann, Muriel
Auswirkungen absehbarer Änderungen im Datenschutzrecht auf Whistleblowing-Systeme, ArbRAktuell 2011, 186-188.
Hefendehl, Roland
Alle lieben Whistleblowing, in: Sternberg-Lieben, Detlev/Böse, Martin (Hrsg.), Festschrift für Knut Amelung zum 70. Geburtstag, Berlin 2009, 619-645.
(zitiert als: Hefendehl, FS Amelung)
Heinson, Dennis/Sörup, Thorsten/Wybitul, Tim
Der Regierungsentwurf zur Neuregelung des Beschäftigtendatenschutzes, CR 2010, 751-759.
Heppe, Hansjörg/Tielmann, Jörgen
Die Neuregelungen des Dodd-Frank Wall Street Reform and Consumer Protection Act – Eine Auswahl, WM 2011, 1883-1893.
Herbert, Manfred/Oberrath, Jörg-Dieter
Schweigen ist Gold? Rechtliche Vorgaben für den Umgang des Arbeitnehmers mit seiner Kenntnis über Rechtsverstöße im Betrieb, NZA 2005, 193-199.
Hergemöller, Bernd-Ulrich
Accusatio und denunciatio im Rahmen der spätmittelalterlichen Homosexuellenverfolgung in Venedig und Florenz, in: Jerouschek, Günter/ Marßolek,

Inge/ Röckelein, Hedwig (Hrsg.), Denunziation – Historische, juristische und psychologische Aspekte, Tübingen 1997, 64-76.
(zitiert als: Hergemöller, Denunziation)

Hilber, Marc. D.
Die datenschutzrechtliche Zulässigkeit intranet-basierter Datenbanken internationaler Konzerne, RDV 2005, 143-192.

Hilber, Marc/Hartung, Jürgen
Auswirkungen des Sarbanes-Oxely Act auf deutsche WP-Gesellschaften: Konflikte mit der Verschwiegenheitspflicht der Wirtschaftsprüfer und dem Datenschutzrecht, BB 2003, 1054-1060.

Hjort, Jens Peter
Compliance – Nur Spielwiese für Betriebsräte?, AiB 2010, 262.

Hoeren, Thomas
Anonymität im Web – Grundfrage und aktuelle Entwicklungen, ZRP 2010, 251-253.

–. Die Vereinbarkeit der jüngsten BDSG-Novellierungspläne mit der Europäischen Datenschutzrichtlinie, RDV 2009, 89-95.

–. Risikoprüfung in der Versicherungswirtschaft – Datenschutz und wettbewerbsrechtliche Fragen beim Aufbau zentraler Hinweissysteme, VersR 2005, 1014-1023.

Hofmann, Stefan
Whistleblowing: Heldentat oder Verrat? Hinweisgeber im Spannungsfeld zwischen Zivilcourage und Denunziantentum, ZCG 2006, 121-126.

Hold, Dieter
Arbeitnehmer-Datenschutz – Ein Überblick, RDV 2006, 249-259.

Hornung, Gerrit
Eine Datenschutz-Grundverordnung für Europa? Licht und Schatten im Kommissionsentwurf vom 25.1.2012, ZD 2012, 99-106.

Humborg, Ludwig
Die Hexenprozesse in der Stadt Münster, Ein Beitrag zur Kulturgeschichte Münsters, in: Meister, Aloys, Münstersche Beiträge zur Geschichtsforschung, 43. Heft, Münster 1914.
(zitiert als: Humborg, Hexenprozesse in der Stadt Münster)

Hunton, James E./Rose, Jacob M.
Effects of Anonymous Whistle-Blowing and Perceived Reputation Threats on Investigations of Whistle-Blowing Allegations by Audit Committee Members, 48 Journal of Management Studies, 75-98 (2011).

Hütten, Christoph/Stromann, Hilke
Umsetzung des Sarbanes-Oxley Act in der Unternehmenspraxis, BB 2003, 2223-2227.

Jacob, Joachim
Die EG-Datenschutzrichtlinie aus Sicht des BfD, RDV 1993, 11-14.
Jerouschek, Günter/ Marßolek, Inge/ Röckelein, Hedwig
Denunziation – ein interdisziplinäres Forschungsfeld, in: Jerouschek, Günter/ Marßolek, Inge/ Röckelein, Hedwig (Hrsg.), Denunziation – Historische, juristische und psychologische Aspekte, Tübingen 1997.
(zitiert als: Jerouschek/Marßolek/Röckelein, Denunziation)
Joussen, Jacob
Die Zulässigkeit von vorbeugenden Torkontrollen nach dem neuen BDSG, NZA 2010, 254-259.
Jubb, Peter B.
Whistleblowing: A Restrictive Definition and Interpretation, 21 Journal of Business Ethics, 77-94 (1999).
Kamann, Hans-Georg/Simpkins, Martina
Sarbanes-Oxley Act – Anlass zu verstärkter internationaler Kooperation im Bereich der Corporate Governance?, RIW 2003, 183-189.
Kersting, Christian
Auswirkungen des Sarbanes-Oxley-Gesetzes in Deutschland: Können deutsche Unternehmen das Gesetz befolgen?, ZIP 2003, 233-242.
–. Das Audit Committee nach dem Sarbanes-Oxley-Gesetz – Ausnahmeregelungen für ausländische Emittenten, ZIP 2003, 2010-2017.
Király, Andrei
Der rechtliche Schutz des Whistleblowers, Lehren aus US-amerikanischen Regelungen, ZRP 2011, 146-149.
Klebe, Thomas/Roth, Siegfried
Betriebsrat und Personaldatenverarbeitung, AiB 1985, 131-136.
Knöfel, Oliver L.
Whistleblowing und Sarbanes-Oxley – kein extraterritorialer Arbeitnehmerschutz?, RIW 2007, 493-495.
Koch, Arnd
Korruptionsbekämpfung durch Geheimnisverrat? Strafrechtliche Aspekte des Whistleblowing, ZIS 2008, 500-505.
Koch, Frank A.
Verwendung von Beschäftigtendaten bei Verdacht einer Straftat – Zur Auslegung von § 32 Abs. 1 Satz 2 BDSG, ITRB 2010, 164-166.
Kock, Martin
Compliance in Unternehmen – Ethisch sei der Mensch, hilfreich und gut!, ZIP 2009, 1406-1412.
–. Einführung einer Ethikrichtlinie im Unternehmen, MDR 2006, 673-676.

Kock, Martin/Franke, Julia
Mitarbeiterkontrolle durch systematischen Datenabgleich zur Korruptionsbekämpfung, NZA 2009, 646-651.
König, Reimar
Die Beweisnot des Klägers und der Besichtigungsanspruch nach § 809 BGB bei Patent- und Gebrauchsmusterverletzungen, Mitteilungen der deutschen Patentanwälte 2002, 153-165.
Kopp, Ferdinand
Tendenzen der Harmonisierung des Datenschutzrechts in Europa, DuD 1995, 204-212.
Kort, Michael
Lückenhafte Reform des Beschäftigtendatenschutzes – Offene Fragen und mögliche Antworten in Bezug auf die geplanten 32ff. BDSG, MMR 2011, 294-299.
–. Individualarbeitsrechtliche Fragen des Whistleblowing, in: Hönn, Günther/Oetker, Hartmut/Raab, Thomas (Hrsg.), Festschrift für Peter Kreutz zum 70. Geburtstag, Köln 2010, 247-262.
(zitiert als: Kort, FS Kreutz)
–. Ethik-Richtlinien im Spannungsfeld zwischen US-amerikanischer Compliance und deutschem Konzernbetriebsverfassungsrecht, NJW 2009, 129-133.
–. Verhaltensstandardisierung durch Corporate Compliance, NZG 2008, 81-86.
Kremer, Thomas/Klahold, Christoph
Compliance-Programme in Industriekonzernen, ZGR 2010, 113-143.
Lambrich, Thomas/Cahlik, Nina
Austausch von Arbeitnehmerdaten in multinationalen Konzernen – Datenschutz- und betriebsverfassungsrechtliche Rahmenbedingungen, RDV 2002, 287-299.
Lanfermann, Georg/Maul, Silja
Auswirkungen des Sarbanes-Oxley Acts in Deutschland, DB 2002, 1725-1732.
Latendorf, Michael
Möglichkeiten und Grenzen der Telefondatenerfassung, Zugleich eine Anmerkung zum Beschluss des BAG vom 27. Mai 1986 – 1 ABR 48/84, CR 1987, 242-246.
Latendorf, Michael/Rademacher, Axel
Betriebsvereinbarungen als andere Rechtsvorschriften – Widersprüchliche Rechtsprechung des BAG zur Ausweitung des § 3 S. 1 Ziff. 1 BDSG, CR 1989, 1105-1108.

Lindemann, Michael
Staatlich organisierte Anonymität als Ermittlungsmethode bei Korruptions- und Wirtschaftsdelikten, ZRP 2006, 127-130.
Linnenkohl, Karl/Rauschenberg, Hans-Jürgen/Schütz, Regina
Auf dem Weg zu einem „kollektiven Datenschutz"? Gedanken zum Beschluß des Bundesarbeitsgerichts vom 27. Mai 1986 über die Mitbestimmung bei Telefondatenerfassung, BB 1987, 1454-1456.
Lösler, Thomas
Spannungen zwischen der Effizienz der internen Compliance und möglichen Reporting-Pflichten des Compliance-Officers, WM 2007, 676-683.
Mähner, Nicolas
Neuregelung des § 32 BDSG zur Nutzung personenbezogener Mitarbeiterdaten – Am Beispiel der Deutschen Bahn AG, MMR 2010, 379-382.
Mahnhold, Thilo
Global Whistle" oder „deutsche Pfeife" – Whistleblowing-Systeme im Jurisdiktionskonflikt, NZA 2008, 737-743.
Mallmann, Otto
Zum datenschutzrechtlichen Auskunftsanspruch des Betroffenen, GewA 2000, 354-360.
Marchini, Renzo
Conflict of Laws: Anonymous Whistleblowing Hotlines under Sarbanes Oxley and European Data Protection Laws, Privacy & Data Security Review, 309-313 (May 2006).
Margedant, Jochen
Das „in-camera"-Verfahren, NVwZ 2001, 759-764.
Maschmann, Frank
Corporate Compliance – Neue Herausforderungen für das Arbeitsrecht, AuA 2009, 72-77.
Mayen, Thomas
Verwertbarkeit von geheim gehaltenen Verwaltungsvorgängen im gerichtlichen Verfahren, NVwZ 2003, 537-544.
Mengel, Anja
Arbeitsrechtliche Besonderheiten der Implementierung von Compliance-Programmen in internationalen Konzernen, CCZ 2008, 85-91.
Mengel, Anja/Hagemeister, Volker
Compliance und arbeitsrechtliche Implementierung im Unternehmen, BB 2007, 1386-1393.
–. Compliance und Arbeitsrecht, BB 2006, 2466-2471.
Mensching, Christian
Das Informationsfreiheitsgesetz des Bundes, VR 2006, 1-8.

Meyer, Sebastian
Mitarbeiterüberwachung: Kontrolle durch Ortung von Arbeitnehmern, K&R 2009, 14-20.
Meyer, Uwe
Ethikrichtlinien internationaler Unternehmen und deutsches Arbeitsrecht, NJW 2006, 3605-3609.
Moberly, Richard E.
Unfulfilled Expectations: An Empirical Analysis of Why Sarbanes-Oxley Whistleblowers Rarely Win, 49 William & Mary Law Review, 65-155 (2007).
Mowrey, Megan E./Cash, L. Stephan/Dickens, Thomas L.
Does Sarbanes-Oxley protect whistleblowers? The recent experience of companies and whistleblowing workers under SOX, 1 William & Mary Business Law Review, 431-449 (2010).
Mückenberger, Ulrich
Die Umwertung des Persönlichkeitsschutzes bei technischen Überwachungseinrichtungen im Betrieb, Der Betriebsrat 1987, 249-270.
Müller, Michael
Whistleblowing – Ein Kündigungsgrund?, NZA 2002, 424-437.
Müller-Bonanni, Thomas/Schell, Jan
Datenschutzrechtliche Aspekte sog. „Whistleblower Hotlines", ArbRB 2006, 299-302.
Near, Janet P./Miceli, Marcia P.
Effective whistle-blowing, 20 The Academy of Management Review, 679-708 (1995).
Nezmeskal-Berggötz, Susanna
Einführung und Inhalte von Ethikrichtlinien in multinationalen Unternehmen, CCZ 2009, 209-215.
Niedostadek, André
Datenschutzrechtliche Aspekte des Whistleblowing, in: Beck, Wolfgang (Hrsg.), Datenschutzrecht – Grundlagen und Herausforderungen, Ostbevern 2009, 153-169.
(zitiert als: Niedostadek)
Niehus, Rudolf J.
Transparenz der Rechnungslegung nunmehr auch durch Denunziation?, DB 2004, Heft 23 v. 4.6.2004, 1.
Peter, Gabriele/Rhode-Liebenau, Björn
Whistleblowing – ein neues Thema für die Betriebsratsarbeit, AiB 2004, 615-621.

Pfitzmann, Andreas
Möglichkeiten und Grenzen von Anonymität, in: Sokol, Bettina (Hrsg.), Datenschutz und Anonymität, Erkrath 2000, 9-20.
(zitiert als: Pfitzmann, Datenschutz und Anonymität)
Puschke, Jens
Online-Strafanzeigen aus kriminologischer Sicht, Monatsschrift für Kriminologie und Strafrechtsreform 2005, 380-390.
(zitiert als: Puschke, MSchrKrim)
Ramirez, Mary Kreiner
Blowing the whistle on whistleblower protection: A tale of reform versus power, 76 University of Cincinnati Law Review, 183-233 (2007).
Räther, Philipp/Seitz, Nicolai
Übermittlung personenbezogener Daten in Drittstaaten – Angemessenheitsklausel, Safe Harbor und die Einwilligung, MMR 2002, 425-433.
Rauhofer, Judith
Blowing the Whistle, International Review Of Law, Computers & Technology, Volume 21, No. 3, p. 363-376.
Rebmann, Georg Friedrich
Die Wächter der Burg Zion, Nachricht von einem geheimen Bunde gegen Regenten- und Völkerglück und Enthüllung der einzigen wahren Propaganda in Deutschland, in: ders., Werke und Briefe in drei Bänden, Bd. 2, Berlin 1990, 55-88.
(zitiert als: Rebmann, Werke und Briefe)
Reiter, Christian
Der Schutz des Whistleblowers nach dem Sarbanes-Oxley Act im Rechtsvergleich und im internationalen Arbeitsrecht, RIW 2005, 168-178.
Reufels, Martin J./Deviard, Katja
Die Implementierung von Whistleblower-Hotlines aus US-amerikanischer, europäischer und deutscher Sicht, CCZ 2009, 201-209.
Riesenhuber, Karl
Die Einwilligung des Arbeitnehmers im Datenschutzrecht, RdA 2011, 257-265.
Robbers, Gerhard
Der Grundrechtsverzicht – Zum Grundsatz ‚volenti non fit iniuria‘ im Verfassungsrecht, JuS 1985, 925-931.
Römer, Wolfgang
Der Ombudsmann für private Versicherungen, NJW 2005, 1251-1255.
Roßmann, Ray
Grundlagen der EDV-Mitbestimmung – Ansätze eines kollektiv-rechtlichen Datenschutzrechts, DuD 2002, 286-290.

Roßnagel, Alexander
Die Novellen zum Datenschutzrecht – Scoring und Adresshandel, NJW 2009, 2716-2722.
–. Konflikte zwischen Informationsfreiheit und Datenschutz?, MMR 2007, 16-21.
Roxin, Claus
Das Zeugnisverweigerungsrecht des Syndikusanwalts, NJW 1992, 1192-1136.
Runte, Christian/Schreiber, Mark E./Held, Jeffrey M./ Bond, Robert T.J./Dana, Raphaël/Flower, Kate
Anonymous Hotlines for Whistleblowers – The U.S. Sarbanes Oxley Act and European Compliance Issues, CRi 2005, 135-140.
Salvenmoser, Steffen/Kruse, Lars-Heiko
Whistleblower-Hotlines – Betrügern auf der Spur, Die Bank – Zeitschrift für Bankpolitik und Praxis, 2/2007, 75-78.
Sasse, Stefan
Hilfspolizist Arbeitnehmer – oder sinnvolle Neuregelung?, NZA 2008, 990-993.
Sassenberg, Thomas/Bamberg, Niclas
Betriebsvereinbarung contra BDSG?, DuD 2006, 226-229.
Sauer, Olaf
„Whistleblowing" – notwendiger Bestandteil moderner Personalpolitik?, DÖD 2005, 121-124.
Schaar, Peter
Datenschutzrechtliche Einwilligung im Internet, MMR 2001, 644-648.
Schaffer, Ian L.
An International Train Wreck Caused in Part by a Defective Whistle: When the Extraterritorial Application of SOX Conflicts with Foreign Laws, 75 Fordham Law Review, 1829-1881 (2006).
Schafft, Thomas/ Ruoff, Andreas
Nutzung personenbezogener Daten für Werbezwecke zwischen Einwilligung und Vertragserfüllung, CR 2006, 499-504.
Schaub, Günter
Die arbeitsrechtliche Stellung des Betriebsbeauftragten für den Umweltschutz, DB 1993, 481-486.
Schmidl, Michael
Datenschutz für Whistleblowing-Hotlines, DuD 2006, 353-359.
–. Die Whistleblowing-Stellungnahme der Artikel-29-Gruppe, DuD 2006, 414-418.

Schmidt, Bernd
Datenschutzrechtliche Anforderungen und internationale Rechtspflichten zum Betrieb von Whistleblowing-Systemen, in: Haneberg, Lars/Heinicke, Thomas/Mülchen, Roman (Hrsg.), Governance – Entscheidungsfindung und -umsetzung innerhalb staatlicher und wirtschaftlicher Strukturen, Oldenburg 2009, 57-71.
(zitiert als: Schmidt, Governance)
–. Arbeitnehmerdatenschutz gemäß § 32 BDSG – Eine Neuregelung (fast) ohne Veränderung der Rechtslage, RDV 2009, 193-200.
–. Beschäftigtendatenschutz in § 32 BDSG – Perspektiven einer vorläufigen Regelung, DuD 2009, 207-212.
Schmitz, Heribert/Jastrow, Serge-Daniel
Das Informationsfreiheitsgesetz des Bundes, NVwZ 2005, 984-995.
Schneider, Jochen
Auslegung des § 32 BDSG im Rahmen des Verbotsprinzips – zur Systemwidrigkeit der Regelung des Arbeitnehmerdatenschutzes 2009, in: Festschrift für Winfried Hassemer, Heidelberg 2010, 1211-1233.
(zitiert als: Schneider, FS Hassemer)
Schneider, Uwe H.
Compliance als Aufgabe der Unternehmensleitung, ZIP 2003, 645-650.
Schneider, Uwe H./Nowak, Claudia
Sind die Einrichtung einer Whistleblowing-Stelle und der Schutz des Whistleblowers Teil guter Corporate Compliance?, in: Hönn, Günther/Oetker, Hartmut/Raab, Thomas (Hrsg.), Festschrift für Peter Kreutz zum 70. Geburtstag, Köln 2010, 855-865.
(zitiert als: Schneider/Nowak, FS Kreutz)
Schneider, Wolfgang
Lidl und die grundrechtsfreien Zonen, Was ist zu tun?, AiB 2008, 243-247.
Schulz, Mike
Compliance – Internes Whistleblowing, Die Verpflichtung zur Meldung von Fehlverhalten Dritter aus den arbeitsvertraglichen Nebenpflichten, BB 2011, 629-634.
Schürrle, Thomas/Fleck, Franziska
„Whistleblowing Unlimited“ – Der U.S. Dodd Frank-Act und die neuen Regeln der Sec zum Whistleblowing, CCZ 2011, 218-221.
Schuster, Doris-Maria/Darsow, Ingebjörg
Einführung von Ethikrichtlinien durch Direktionsrecht, NZA 2005, 273-277.

Schweikhardt, Friedrich
Die Beweislast bei Verletzung von Schutzrechen auf Verfahren und Vorrichtungen, deren Verwendung am fertigen Erzeugnis nicht zu erkennen ist, GRUR 1962, 116-125.
Seffer, Adi/Mayer-Wegelin, Clemens
Whistleblowing – Chancen und Risiken von Hinweisgebersystemen für Unternehmen, ITRB 2009, 41-44.
Seiler, Christian
Abteilung Öffentliches Recht, in: Tagungsbericht, Der 62. Deutsche Juristentag in Bremen 1998, JZ 1999, 136-143.
Selk, Robert
Datenschutz bei Unternehmenstransaktionen – Ein Überblick über Rechtslage und Diskussionsstand sowie Auswirkungen der BDSG-Novelle II, RDV 2009, 254-263.
Sieg, Rainer
Arbeitnehmer im Banne von Compliance-Programmen – zwischen Zivilcourage und Denunziantentum, in: Bauer, Jobst-Hubertus/Kort, Michael/Möllers, Thomas M. J./Sandmann, Bernd (Hrsg.), Festschrift für Herbert Buchner zum 70. Geburtstag, München 2009, 859-874.
(zitiert als: Sieg, FS Buchner)
Simitis, Spiros
Arbeitnehmerdatenschutzgesetz – Realistische Erwartung oder Lippenbekenntnis, AuR 2001, 429-433.
–. Zur Mitbestimmung bei der Verarbeitung von Arbeitnehmerdaten – eine Zwischenbilanz, RDV 1989, 49-60.
Simon, Oliver/Schilling, Jan Moritz
Kündigung wegen Whistleblowing?, BB 2011, 2421-2428.
Sinzdak, Gerard
An Analysis of Current Whistleblower Laws: Defending a More Flexible Approach to Reporting Requirements, 96 California Law Review, 1633-1669 (2008).
Spindler, Gerald/Weber, Marc Philipp
Der Geheimnisschutz nach Art. 7 der Enforcement Richtlinie, MMR 2006, 711-714.
Stadler, Astrid
Geheimnisschutz im Zivilprozess aus deutscher Sicht, ZZP 123 (2010), 261-282.
–. Der Schutz von Unternehmensgeheimnissen im Zivilprozess, NJW 1989, 1202-1206.

Von Steinau-Steinrück, Robert/Glanz, Peter
Compliance im Arbeitsrecht – Ein Muss für jedes Unternehmen, NJW-Spezial 2008, 146-147.
Von Steinau-Steinrück, Robert/Mosch, Ulrich
Datenschutz für Arbeitnehmer – Bestandsaufnahme und Ausblick, NJW-Spezial 2009, 450-451.
Steinkühler, Bernhard/Raif, Alexander
„Verpfeifen leicht gemacht", Wird Whistleblowing künftig einfacher?, AuA 2008, 406-408.
Studt, Norma
Ethikrichtlinie: Verhaltenskodex oder Code of Conduct – die neue Herausforderung für deutsche Unternehmen, GmbHR 2008, R 177-R 178.
Stürner, Rolf
Die gewerbliche Geheimsphäre im Zivilprozess, JZ 1985, 452-461.
Thüsing, Gregor
Verbesserungsbedarf beim Beschäftigtendatenschutz, NZA 2011, 16-20.
–. Licht und Schatten im Entwurf eines neuen Beschäftigtendatenschutzgesetzes, RDV 2010, 147-149.
–. Datenschutz im Arbeitsverhältnis – Kritische Gedanken zum neuen § 32 BDSG, NZA 2009, 865-870.
Thüsing, Gregor/Forst, Gerrit
Der geplante Beschäftigtendatenschutz: Strenger oder großzügiger als das geltende Recht?, RDV 2011, 163-170.
Thüsing, Gregor/Lambrich, Thomas
Das Fragerecht des Arbeitgebers – aktuelle Probleme zu einem klassischen Thema, BB 2002, 1146-1153.
Tinnefeld, Marie-Theres/Petri, Thomas/Brink, Stefan
Aktuelle Fragen um ein Beschäftigtendatenschutzgesetz – Ein Update, MMR 2011, 427-432.
–. Aktuelle Fragen um ein Beschäftigtendatenschutzgesetz, MMR 2010, 727-735.
Tinnefeld, Marie-Theres/Rauhofer, Judith
Whistleblower: Verantwortungsbewusste Mitarbeiter oder Denunzianten?, DuD 2008, 717-723.
Trittin Wolfgang/Fischer, Esther D.
Datenschutz und Mitbestimmung, Konzernweite Personaldatenverarbeitung und die Zuständigkeit der Arbeitnehmervertretung, NZA 2009, 343-346.
Vogel, Florian/Glas, Vera
Datenschutzrechtliche Probleme unternehmensinterner Ermittlungen, DB 2009, 1747-1754.

Vollnhals, Clemens
Denunziation und Strafverfolgung im Auftrag der „Partei". Das Ministerium für Staatssicherheit in der DDR, in: Ross, Friso/Landwehr, Achim (Hrsg.), Denunziation und Justiz. Historische Dimensionen eines sozialen Phänomens, Tübingen 2000, 247-281.
(zitiert als: Vollnhals, Denunziation)

Wächter, Michael
Datenschutz in der betrieblichen Praxis – ein Opfer der Rechtspolitik?, DuD 1988, 600-603.

Wagner, Ralph
Novelle im Beschäftigtendatenschutz – offene Fragen zu Systematik und Anwendungsbereich „kurz vor Zwölf", RDV 2011, 69-71.

Warg, Gunter
Auskunftsbefugnisse der Strafverfolgungsbehörden und Anonymität des E-Mail-Anzeigeerstatters, MMR 2006, 77-83.

Watnick, Valerie
Whistleblower protections under the Sarbanes-Oxley Act: A primer and a critique, 12 Fordham Journal of Corporate & Financial Law, 831-879 (2007).

Weber-Rey, Daniela
Whistleblowing zwischen Corporate Governance und Better Regulation, AG 2006, 406-411.

Wedde, Peter
Die wirksame Einwilligung im Arbeitnehmerdatenschutzrecht, DuD 2004, 169-174.

Weichert, Thilo
Dauerbrenner BDSG-Novellierung, DuD 2010, 7-14.

Wiehen, Michael
Werte als Faktor der Korruptionsprävention, in: Wieland, Josef (Hrsg.), Handbuch Wertemanagement, Erfolgsstrategien einer modernen Corporate Governance, Hamburg 2004, 222-259.
(zitiert als: Wiehen, Handbuch Wertemanagement)

Winteler, Daniel
Betrugs- und Korruptionsbekämpfung vs. Arbeits- und Datenschutzrecht in: Taeger, Jürgen/Wiebe, Andreas (Hrsg.), Inside the Cloud, Edewecht 2009, 469-481.
(zitiert als: Winteler, Inside the Cloud)

Wisskirchen, Gerlinde/Körber, Anke/Bissels, Alexander
„Whistleblowing" und „Ethikhotlines" – Probleme des deutschen Arbeits- und Datenschutzrechts, BB 2006, 1567-1572.

Wohlgemuth, Hans H.
Konfliktfälle bei grenzüberschreitender Personaldatenverarbeitung, BB 1991, 340-344.
Wybitul, Tim
EU-Datenschutz-Grundverordnung – Überblick und arbeitsrechtliche Betrachtung des Entwurfs, BB 2012, 509-515.
–. „Whistleblowing" – datenschutzkonformer Einsatz von Hinweisgebersystemen? Für und Wider zum rechtskonformen Betrieb, ZD 2011, 118-122.
–. Das neue Bundesdatenschutzgesetz: verschärfte Regeln für Compliance und interne Ermittlungen – Vertrauen ist gut, Kontrolle verboten?, BB 2009, 1582-1585.
Zikesch, Philipp/Reimer, Bernd
Datenschutz und präventive Korruptionsbekämpfung – kein Zielkonflikt, DuD 2010, 96-98.
Zilkens, Martin
Datenschutz am Arbeitsplatz, DuD 2005, 253-261.
Von Zimmermann, Georg
Whistleblowing – Anforderungen des Sarbanes-Oxley-Acts, WM 2007, 1060-1065.
–. Whistleblowing und Datenschutz, RDV 2006, 242-249.
Zscherpe, Kerstin A.
Anforderungen an die datenschutzrechtliche Einwilligung im Internet, MMR 2004, 723-727.

Verzeichnis der Internetquellen

All-about-qui-tam
State qui tam and false claims laws for whistleblowers
http://www.all-about-qui-tam.org/statelaws.shtml

Baseler Ausschuss für Finanzaufsicht
Verbesserung der Unternehmensführung in Banken, Februar 2006
http://www.bis.org/publ/bcbs122de.pdf

Bundesbeauftragter für den Datenschutz und die Informationsfreiheit
Opinion 1/2006 on the application of EU data protection rules to internal whistleblowing schemes in the field of accounting, internal accounting controls, auditing matters, fight against bribary, banking and financial crime
http://www.bfdi.bund.de/cae/servlet/contentblob/417396/publicationFile/24924/WP117_de.pdf

Business Keeper AG
http://www.business-keeper.com/whistleblowing-compliance.html

Carnero v. Boston Scientific Corporation, 433 F. 3d 1 (1ST Cir. 2006)
http://fsnews.findlaw.com/cases/1st/041801.html

Commission nationale de l'informatique et des libertés
Guideline document adopted by the „Commission nationale de l'informatique et des libertés“ (CNIL) on 10 November 2005 for the implementation of whistleblowing systems in compliance with the French Data Protection Act of 6 January 1978, as amended in August 2004, relating to information technology, data filing systems and liberties.
http://www.cnil.fr/fileadmin/documents/en/CNIL-recommandations-whistleblowing-VA.pdf

Délibération n°2005-305 du 8 décembre 2005 portant autorisation unique de traitements automatisés de données à caractère personnel mis en œuvre dans le cadre de dispositifs d'alerte professionnelle
http://www.cnil.fr/en-savoir-plus/deliberations/deliberation/delib/83/

Deutsche Bahn
Ombudsmann des DB-Konzerns
http://www.deutschebahn.com/de/konzern/compliance/hinweise_abgeben/ombudsmann.html;jsessionid=08F74242C3901480801F2095A4BABC08.ecm-ext-cae-slave1-buchholz

Deutscher Bundestag
Petitionen im Deutschen Bundestag – Verfahren und Antrag, Berlin 2010
https://www.btg-bestellservice.de/pdf/20079000.pdf
Deutscher Corporate Governance Kodex
http://www.corporate-governance-code.de/ger/kodex/index.html
European Commission
Opinions and recommendations of the Article 29 Working Party
http://ec.europa.eu/justice/data-protection/article-29/documentation/opinion-recommendation/index_en.htm
Other documents of the Article 29 Working Party
http://ec.europa.eu/justice/data-protection/article-29/documentation/other-document/index_en.htm#h2-7
Financial Times Deutschland
Von Tiesenhausen, Friederike, Koalition schleift Datenschutz für Arbeitnehmer, Meldung vom 9.2.2012
http://www.ftd.de/politik/deutschland/:spitzelattacken-koalition-schleift-datenschutz-fuer-arbeitnehmer/60166640.html
Flake v. New World Pasta Co., 2003-SOX-18 (ALJ July 7, 2003)
http://www.scribd.com/doc/1751942/Department-of-Labor-03-126
Grün digital – Das grüne Blog zur Netzpolitik
Notz, Konstantin, Grüne Bundestagsfraktion legt Gesetzentwurf zum Whistleblowerschutz vor – und ermöglicht Online-Diskussion
http://gruen-digital.de/2011/11/gruene-bundestagsfraktion-legt-gesetzentwurf-zum-whistleblowerschutz-vor-und-ermoeglicht-online-diskussion/
Handelsblatt
Daimler holt sich ehemaligen Verfassungsrichter, Meldung vom 2.2.2012
http://www.handelsblatt.com/unternehmen/management/koepfe/winfried-hassemer-daimler-holt-sich-ehemaligen-verfassungsrichter/6143166.html
Hans Böckler Stiftung
www.boeckler.de
Heise online
Schulzki-Haddouti, Christiane, Umstrittene Normänderung zum Whistleblowing, Meldung vom 1.6.2008
http://www.heise.de/newsticker/meldung/Umstrittene-Normaenderung-zum-Whistleblowing-211481.html
Krempl, Stefan, US-Senat verabschiedet Gesetz zum Whistleblower-Schutz
http://www.heise.de/newsticker/meldung/US-Senat-verabschiedet-Gesetz-zum-Whistleblower-Schutz-1573937.html

Knabe, Axel/Albrecht, Florian
Online Kommentar zum Entwurf einer Datenschutz-Grundverordnung KOM (2012) 11 endgültig, Stand: 27.3.2012
http://www.datenschutz-grundverordnung.eu/index.php?id=130
Linn, Susanne/Sobolewski, Frank
So arbeitet der Deutsche Bundestag – Organisation und Arbeitsweise/Gesetzgebung des Bundes, 25. Auflage 2012
https://www.btg-bestellservice.de/pdf/10041000.pdf
REWE Group
Antikorruptionssystem der REWE Group
http://www.rewe-group.com/unternehmen/antikorruptionssystem/
Securities Lawyer` s Deskbook, published by The University of Cincinnati College of Law
Securities Act of 1933
http://www.law.uc.edu/CCL/33Act
General Rules and Regulations promulgated under the Securities Exchange Act of 1934
http://taft.law.uc.edu/CCL/34ActRls/rule3b-4.html
United States Department of Labor
Michael T. Morefield v. Exelon Services, Inc., 2005-SOX-00002 (ALJ v. 28.1.2004)
http://www.oalj.dol.gov/PUBLIC/WHISTLEBLOWER/Decisions/ALJ_Decisions/SOX/MOREFIELD_MICHAEL_T_V_EXELON_SERVICES_2004SOX00002_(FEB_14_2005)_151132_CADEC_SD.PDF
Powers v. Pinnacle Airlines, Inc., OALJ Case No. 2003-AIR-00012 (Mar. 5, 2003)
http://www.oalj.dol.gov/Decisions/ALJ/AIR/2003/POWERS_COLEEN_L_v_PINNACLE_AIRLINES_2003AIR00012_(MAR_05_2003)_144330_ORDER_SD.PDF
U. S. Office of Special Counsel
http://www.osc.gov/Intro.htm
U.S. Securities and Exchange Commission
Standards related to listed company audit committees
http://www.sec.gov/rules/final/33-8220.htm
Disclosure Required by Sections 406 and 407 of the Sarbanes-Oxley Act of 2002
http://www.sec.gov/rules/final/33-8177.htm
Implementation of the Whistleblower Provisions of Section 21F of the Securities Exchange Act of 1934
http://sec.gov/rules/final/2011/34-64545.pdf

Volkswagen AG
Ombudsmann-System der Volkswagen AG
http://www.volkswagenag.com/content/vwcorp/content/de/the_group/complia nce/ombudsmann_system.html
Whistleblower Protection Enhancement Act
http://www.gpo.gov/fdsys/pkg/BILLS-112s743es/pdf/BILLS-112s743es.pdf

Rechtsprechung und Literatur ist auf dem Stand August 2012. Internetfundstellen wurden zuletzt am 3.9.2012 abgerufen.

www.ingramcontent.com/pod-product-compliance
Ingram Content Group UK Ltd.
Pitfield, Milton Keynes, MK11 3LW, UK
UKHW021847290926
8980IPUK00005B/691

9 783631 641002